教育部　财政部职业院校教师素质提高计划成果系列丛书

教育部　财政部职业院校教师素质提高计划职教师资开发项目

"物流管理"专业职教师资培养资源开发项目（VTNE077）（负责人：白世贞）

采 购 管 理

主　编　霍　红

副主编　张玉斌　徐玲玲

科学出版社

北　京

内 容 简 介

本书以采购流程为主线、以采购方法技术和企业实践为辅线；以"任务驱动"、"工作过程为导向"的新理念，从基本知识和基本理论入手，注重理论性与实践性相结合，突出实践技能的培养。全书共七章，主要包括：采购与采购管理组织、采购需求分析与采购计划、供应商选择与管理、采购谈判与合同管理、招标采购、电子采购、国际采购。每章都有学习目标、案例引导、复习思考题、案例思考与解析、教学实践、教学评价等内容。

本书既可作为职教本科物流管理专业师资学习和参考教材，也可作为应用型本科院校经管专业的教材，同时也可以作为从事采购相关工作人员的学习参考书。

图书在版编目〔CIP〕数据

采购管理 / 霍红主编. —北京：科学出版社，2018.2

（教育部　财政部职业院校教师素质提高计划成果系列丛书）

ISBN 978-7-03-056413-9

Ⅰ. ①采…　Ⅱ. ①霍　Ⅲ. ①采购管理-高等职业教育-教材　Ⅳ. ①F253.2

中国版本图书馆 CIP 数据核字（2018）第 016312 号

责任编辑：张　宁　王京苏 / 责任校对：彭珍珍
责任印制：霍　兵 / 封面设计：蓝正设计

科　学　出　版　社 出版
北京东黄城根北街 16 号
邮政编码：100717
http://www.sciencep.com
文林印务有限公司 印刷
科学出版社发行　各地新华书店经销
＊
2018 年 2 月第 一 版　开本：787×1092　1/16
2018 年 2 月第一次印刷　印张：14
字数：330 000
定价：45.00 元
（如有印装质量问题，我社负责调换）

教育部　财政部职业院校教师素质提高计划
职教师资培养资源开发项目专家指导委员会

主　任：刘来泉

副主任：王宪成　郭春鸣

成　员：（按姓氏笔画排列）

刁哲军	王乐夫	王继平	邓泽民	石伟平	卢双盈	刘正安
刘君义	汤生玲	米　靖	李仲阳	李栋学	李梦卿	吴全全
沈　希	张元利	张建荣	周泽扬	孟庆国	姜大源	夏金星
郭杰忠	徐　流	徐　朔	曹　晔	崔世钢	韩亚兰	

出 版 说 明

　　《国家中长期教育改革和发展规划纲要（2010—2020 年）》颁布实施以来，我国职业教育进入到加快构建现代职业教育体系、全面提高技能型人才培养质量的新阶段。加快发展现代职业教育，实现职业教育改革发展新跨越，对职业学校"双师型"教师队伍建设提出了更高的要求。为此，教育部明确提出，要以推动教师专业化为引领，以加强"双师型"教师队伍建设为重点，以创新制度和机制为动力，以完善培养培训体系为保障，以实施素质提高计划为抓手，统筹规划，突出重点，改革创新，狠抓落实，切实提升职业院校教师队伍整体素质和建设水平，加快建成一支师德高尚、素质优良、技艺精湛、结构合理、专兼结合的高素质专业化的"双师型"教师队伍，为建设具有中国特色、世界水平的现代职业教育体系提供强有力的师资保障。

　　目前，我国共有 60 余所高校正在开展职教师资培养，但由于教师培养标准的缺失和培养课程资源的匮乏，制约了"双师型"教师培养质量的提高。为完善教师培养标准和课程体系，教育部、财政部在"职业院校教师素质提高计划"框架内专门设置了职教师资培养资源开发项目，中央财政划拨 1.5 亿元，系统开发用于本科专业职教师资培养标准、培养方案、核心课程和特色教材等系列资源。其中，包括 88 个专业项目，12 个资格考试制度开发等公共项目。该项目由 42 家开设职业技术师范专业的高等学校牵头，组织近千家科研院所、职业学校、行业企业共同研发，一大批专家学者、优秀校长、一线教师、企业工程技术人员参与其中。

　　经过三年的努力，培养资源开发项目取得了丰硕成果。一是开发了中等职业学校 88 个专业（类）职教师资本科培养资源项目，内容包括专业教师标准、专业教师培养标准、评价方案，以及一系列专业课程大纲、主干课程教材及数字化资源；二是取得了 6 项公共基础研究成果，内容包括职教师资培养模式、国际职教师资培养、教育理论课程、质量保障体系、教学资源中心建设和学习平台开发等；三是完成了 18 个专业大类职教师资资格标准及认证考试标准开发。上述成果，共计 800 多本正式出版物。总体来说，培养资源开发项目实现了高效益：形成了一大批资源，填补了相关标准和资源的空白；凝聚了一支研发队伍，强化了教师培养的"校—企—校"协同；引领了一批高校的教学改革，带动了"双师型"教师的专业化培养。职教师资培养资源开发项目是支撑专业化培养的一项系统化、基础性工程，是加强职教教师培养培训一体化建设的关键环节，也是对职教师资培养培训基地教师专业化培养实践、教师教育研究能力的系统检阅。

　　自 2013 年项目立项开题以来，各项目承担单位、项目负责人及全体开发人员做了大量深入细致的工作，结合职教教师培养实践，研发出很多填补空白、体现科学性和前瞻性的成果，有力推进了"双师型"教师专门化培养向更深层次发展。同时，专家指导委员会的各位专家以及项目管理办公室的各位同志，克服了许多困难，按照两部对项目开发工作的总体要求，为实施项目管理、研发、检查等投入了大量时间和心血，也为各个项目提供了专业的咨询和指导，有力地保障了项目实施和成果质量。在此，我们一并表示衷心的感谢。

教育部　财政部职业院校教师素质
提高计划成果系列丛书编写委员会
2016 年 3 月

前　言

　　采购与供应管理逐渐发展成为与公司战略和供应链管理密切相关的综合性管理活动，是跨职能部门的综合协调活动，是企业竞争优势的来源之一。将现代采购管理理论、方法和技术有效地应用于企业经营管理中，是企业在全球化市场竞争中生存与发展的必然要求。

　　本书根据人才培养目标和教学改革的需要，在借鉴和吸收国内外采购管理基本理论、最新研究成果、知名企业采购实践、国内外高校采购课程教学的基础上，以"任务驱动"、"工作过程为导向"的新理念，从基本知识和基本理论入手，注重理论性与实践性相结合，突出实践技能的培养，通过对采购职业活动的深入分析，在多个工作任务总结归纳的基础上，确立了具有职业代表性的典型工作任务，按照企业完成工作人的职业行为，科学合理地设计出相应的工作任务内容。以采购流程为主线、以采购方法技术和企业实践为辅线，主要内容包括：采购与采购管理组织、采购需求分析与采购计划、供应商选择与管理、采购谈判与合同管理、招标采购、电子采购、国际采购。每章都有学习目标、案例引导、复习思考题、案例思考与解析、教学实践、教学评价等内容。

　　本书由哈尔滨商业大学霍红任主编，张玉斌和徐玲玲任副主编，陈宇、詹帅、魏胜参编；张玉斌编写第一章，陈宇编写第二章，徐玲玲编写第三章，詹帅编写第五章和第六章，魏胜编写第四章和第七章，朱婧参与了教材资料的整理工作。

　　在本书的编写过程中，参考和借鉴了大量相关文献，在此向这些文献的作者表示衷心的感谢。

　　由于编者水平有限，书中难免存在不足之处，恳请广大读者批评指正。

编　者

2018 年 1 月 15 日

目　　录

第一章

采购与采购管理组织

➤学习目标

◇知识目标

理解采购的含义、分类，理解采购在企业中的作用、企业采购管理的目标、企业采购组织结构的基本形式；熟悉采购业务的基本作业流程、集中采购与分散采购的优缺点，企业采购组织的岗位设置及职责要求。

◇能力目标

能够把握采购的内涵与外延，把握采购在企业中的定位、作用、目标、流程；能够把握集中采购与分散采购应用情况；能够按照企业采购组织的岗位职责要求及采购人员的素质要求进行能力提升。

◇素质目标

学习掌握采购的概念、分类、目标、流程、组织、岗位职责、采购人员的素质要求，沟通协作、团队意识、实事求是、客观公正。

➤本章实施体系

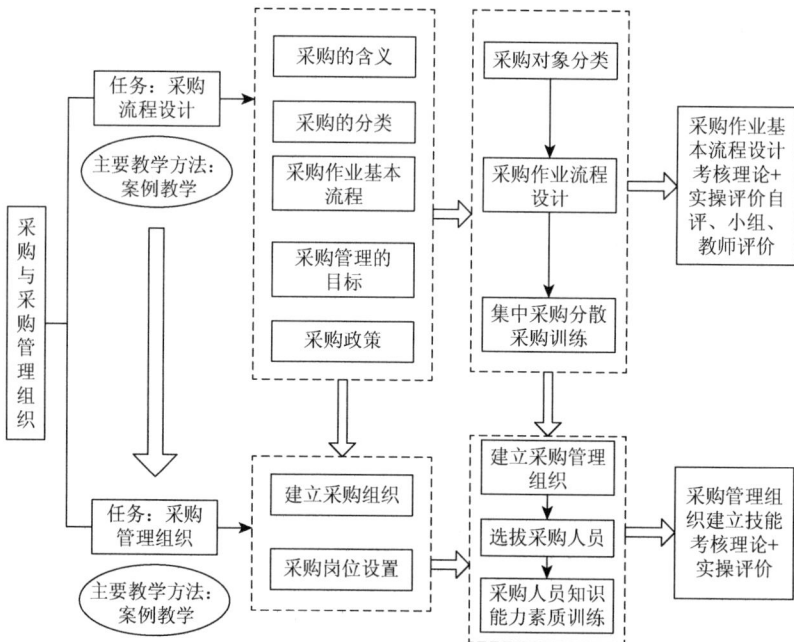

➤案例引导

在美国采购与供应管理界，戴维·尼尔森是个教父级人物。他先后在汽车大厂本田（美国）、生产重型农用机械的迪尔和汽车零部件供应商德尔福担任首席采购官，系统提升这些公司的采购与供应管理部门，成绩卓著。在担任迪尔的首席采购官时，迪尔荣获美国《采购》杂志的"采购金牌"。该奖项在美国每年评选一次，颁发给采购与供应管理做得最好的公司。

在美国供应管理协会（Institute for Supply Management, ISM）的年会上，尼尔森讲了一句很有意思的话：采购部门的战略地位体现在与内部客户的关系上。这话说到了点子上。对供应商作威作福决定不了采购的地位，如果内部客户看来采购无非是打杂的，与内部客户的关系不平等，采购部门就很难体现战略重要性。要提升地位，就得彰显价值。如果自己出不了点子，办不了大事，凡事都得唯工程师马首是瞻，采购就注定是跑腿的料，跟内部客户的关系不在一个层面上。要得到尊敬，先得值得尊敬。要值得尊敬，先要把本职工作做好，做到位。资深的工程师受尊重，因为他们是技术行家，图纸出得有条有理，规范定得切实可行；财务受尊重，因为他们的财务工作做得井井有条，现金、库存平衡，账务管得清清楚楚。采购的工作对象是供应商。采购要得到尊重，就得有系统，把供应商管得有条不紊。

采购做得好的公司，解决问题是在供应商层面，如供应商选择、开发、淘汰等；采购是跑腿的公司，解决问题的重点往往在零件、料号层面，整天忙的都是头痛医头、脚痛医脚的事。如果你整天围着劣质、断料转，你就远离战略层，也就是在打杂。"要得到尊敬，先得值得尊敬。要值得尊敬，先要把本职工作做好，做到位"，其实这也是一种换位思考模式，而"到位"的水平如何，又取决于采购人员的职业化和专业化程度。

请思考：采购人员的专业化、职业化与采购部门的地位以及采购的作用。

第一节　采购管理概述

一、采购的含义

采购活动是人类经济活动的基本环节，无论是生产领域还是流通领域，都离不开采购活动。特别是进入 20 世纪 90 年代以后，世界经济进入了一个新的发展阶段，企业之间的竞争加剧，采购被赋予了新的含义，采购管理也越来越引起人们的重视。

关于采购，国内外的组织和学者中有很多不同的定义与理解。从目标的观点来看，采购被定义为从合适的货源那里获得合适数量和质量的物资，并以适当的价格送到合适的收货地点。从外部资源管理的观点来看，采购被定义为从企业外部资源中获取所有对经营、维护和管理公司的基本业务活动与辅助业务活动的必需品，并使它们处于最佳状态的商品和服务。从过程的观点来看，贝雷在《采购与供应管理》一书中将采购定义为"组织采购是这样一个过程，组织确定他们对货物与服务的需要，确认和比较现有的供应商与供应品，同供应商进行谈判或以其他方式同其达成一致的交易条件,签订合同并发出订单,最后接受货物或服务并支付货款。"肯尼斯·莱桑斯(Kenneth Lysons)和迈克尔·吉林厄姆(Michael Gillingham)在其合著的《采购与供应链管理》中将采购定义为:"采购是一个由组织机构实施的过程,不论是作为一种功能还是作为集成供应链的一部分,它既负责采办合适的质量、数量、时间和价格的货物,又负责管理供应商,并由此对企业的竞争优势和企业共同的战略目标做出贡献。"

本书中所讨论的采购主要是指企业采购并且是生产企业的采购,因此将采购定义为:企业根据对货物与服务的需求制订采购计划、选择供应商和供应品,经过谈判或以其他方式同供应商达成一致的交易条件,然后签订合同,最后按要求接受货物或服务并支付货款的过程。

事实上,对采购含义的理解还要注意以下几点。

(1)采购是从资源市场获取资源的过程。采购能够提供生产和生活所需要的资源,这是采购的基本职能之一。采购的范围既包括生产资料又包括生活资料,既包括物质资料(如原材料、设备和工具等)又包括非物质资料(如信息、技术和软件等)。从资源市场上获取这些资源都是通过采购的方式进行的。

(2)采购是商流过程与物流过程的统一。采购是将资源从供应方转移到需求方的过程。这个过程既包括所有权转移,即资源所有权从供应者手中转移到需求者手中;又包括实体的转移,即物质实体从供应者手中转移到需求者手中。前者是商流过程,主要通过商品交易、等价交换来实现;后者是物流过程,主要通过运输、存储、包装、流通加工、配送等手段来实现。采购是这两个过程的完整结合,只有这两个方面都实现了,采购过程才算完成。

(3)采购是一种经济管理活动。采购是企业活动的重要组成部分,它是一项经济活动,要获取资源保证企业的正常经营与生产,要进行收益与成本分析,实现企业的效益;采购还是一项管理活动,在采购过程中需要进行计划、组织、协调、信息管理、控制等。

(4)采购除了以购买的方式占有物品或服务,还可以用各种途径取得物品或服务的使用权,如租赁、借贷、交换、征收,以达到满足需求的目的。

(5)采购的意义不仅包括采买(buying),还包括开发(sourcing)和供应(supply)。

二、采购的分类

根据不同的分类标准,可以将采购分为不同类别的采购。

1. 按采购主体分类

根据采购主体不同,可以把采购分为企业采购、政府采购、军队采购及其他社会团体采购。其中,企业采购占了全社会采购总额的绝大部分。政府采购是指各级国家机关、事业单位和团体组织使用财政性资金进行的集中采购目录以内或者采购限额标准以上的货物、工程和服务的采购。政府采购是利用财政款项进行采购的主流,是提高各级政府及事业单位的采购质量和效益，减少采购中腐败现象的重要措施。

2. 按采购对象的形态分类

根据采购对象的形态不同，可以把采购分为有形采购和无形采购。

有形采购是指对有形物品的采购，如原材料、零部件、半成品、成品、能源、辅助材料和低值易耗品等。

无形采购是指不具有实物形态的对象的采购，包括服务、工程、技术、信息等，如制造某种产品的技能知识、安装服务、培训服务、维修服务等。

3. 按采购的制度分类

根据采购的制度（政策）不同，可以把采购分为集中采购、分散采购和混合采购。

集中采购是把采购集中到一个部门管理，最极端的情况是，总公司各部门、分公司以及各个工厂均没有采购权责。

分散采购是指将采购分散给各个需用部门自行办理。

混合采购是兼有集中采购和分散采购性质的一种制度。一般地，凡属共性物料、采购金额比较大或进口品等，可集中于企业采购部办理；小额、因地制宜、临时性的采购则授权各部门、分公司或分厂进行采购。

4. 按采购的范围分类

根据采购的范围不同，可以把采购分为国内采购和国际采购。

国内采购是指在本国境内进行的采购。例如，国内机械制造企业向国内的钢铁企业采购钢材，服装厂向纺织厂采购布料等。通常，国内采购机动性强、手续比较简单、物流费用较低、遵循本国的法律法规、一般以本币进行结算。但国内采购的物品并不一定是本国企业生产的，外资及合资企业在本国生产的物品、国外生产而在本国市场销售的物品都是国内采购的对象。

国际采购是指利用全球的资源，在全世界范围内寻找供应商，寻找质量最好、价格合理的产品（货物与服务）的采购。这种采购一般直接向国外厂商咨询，同国外厂商谈判，或者向国外厂商设在本地的代理商咨询采购。随着经济全球化的发展，国际采购已经成为企业发展的重大战略。

5. 按采购时间分类

按采购时间，可以把采购分为长期固定采购与非固定性采购、计划性采购与紧急采购。

长期固定采购是指长期且固定的采购行为；非固定性采购是指采购行为是非固定性的，需要时就采购。

计划性采购是指根据材料计划或采购计划而进行的采购行为；紧急采购是指物料急用时毫无计划性的临时性加急的采购行为。

6. 按采购性质分类

按采购性质,可以把采购分为公开采购与秘密采购、大量采购与零星采购、特殊采购与普通采购、正常性采购与投机性采购、计划性采购与市场性采购。

(1)公开采购与秘密采购。公开采购是指采购行为公开化;秘密采购是指采购行为在秘密中进行。

(2)大量采购与零星采购。大量采购是指采购数量多的采购行为;零星采购是指采购数量零星化的采购行为。

(3)特殊采购与普通采购。特殊采购是指采购目的特殊,采购人员事先必须花很多时间从事采购情报收集的采购行为,如采购特殊规格、特殊用途的机器;普通采购是指采购项目极为普通的采购行为。

(4)正常性采购与投机性采购。正常性采购是指采购行为正常化而不带投机性;投机性采购是指物料价格低时大量买进以期涨价时转手图利的采购行为。

(5)计划性采购与市场性采购。计划性采购是指依据材料计划或采购计划而进行的采购行为;市场性采购是指依据市场的情况、价格的波动而从事的采购行为,此种采购行为并非依据材料计划而进行。

7. 按采购的科学化程度分类

按采购的科学化程度,可以把采购分为传统采购和科学采购。

传统采购是在季(年、月)末,企业各部门申报下季采购申请单,由采购部门汇总,制订统一的采购计划,采购计划被批准后于下季采购,用于填充库存,满足下季企业各部门的供应。传统采购的特点是管理简单、粗糙,市场响应不灵敏,库存量大,资金积压多,库存风险大。

科学采购就是在科学的理论指导下,采用科学的方法和现代科技手段实施的采购。科学采购是相对于传统采购而言的,主要是采购数量、采购价格、采购时间、采购方式的确定及采购操作更加科学有效。科学采购主要包括招标采购、订货点采购、物料需求计划(material requirement planning,MRP)采购、准时化(just in time,JIT)采购、供应链采购、电子采购等。

(1)招标采购。招标采购是指采购方作为招标方,事先提出采购的条件和要求,邀请众多企业参加投标,然后由采购方按照规定的程序和标准选择最优投标方的采购方法。整个招标过程要求公开、公正和公平。

(2)订货点采购。它既是一种采购方法,也是一种库存控制的实施方法。订货点就是仓库必须发出订货的警戒点;到了订货点,就必须发出订货,否则就会出现缺货。因此,订货点也就是订货的启动控制点,是仓库发出订货的时间。

(3)MRP 采购。即物料需求计划采购,根据物料需求计划(据物料清单和生产计划所形成的一份计划)来进行采购的方式。

(4)JIT 采购。即准时化采购,其基本思想是:在恰当的时间、恰当的地点,以恰当的数量、恰当的质量提供恰当的物品。JIT 采购是准时化生产管理模式的必然要求。

（5）供应链采购。即从整个供应链的角度来控制采购成本，解决采购中存在的问题。

（6）电子采购。即使用互联网、电子数据交换或电子文件传输来进行的企业间的采购行为。电子采购从采购要求的提出、订单的产生、商品运输和存货管理等方面都有重大变化，一般是通过应用相关的信息技术和软件来实现。

三、采购作业基本流程

一个高效的采购系统是保证企业正常运营的重要环节。由于采购品的来源、采购方式、采购对象和采购主体不同，所以采购流程可能在细节上略有差异，但基本的程序大致相同，如图 1-1 所示。

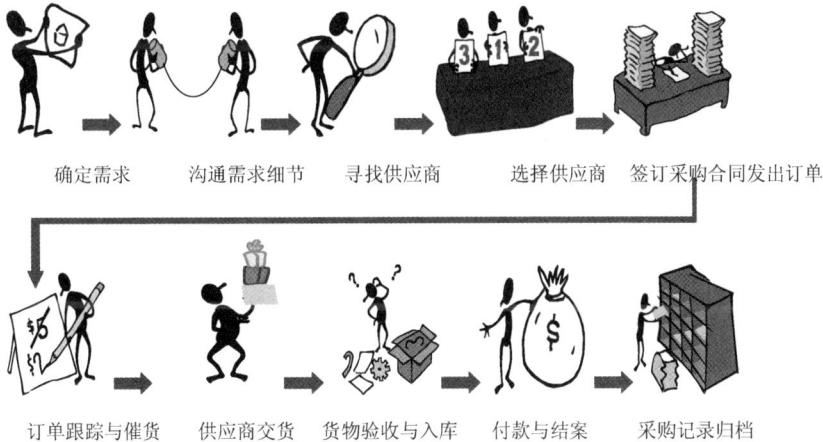

| 确定需求 | 沟通需求细节 | 寻找供应商 | 选择供应商 | 签订采购合同发出订单 |

| 订单跟踪与催货 | 供应商交货 | 货物验收与入库 | 付款与结案 | 采购记录归档 |

图 1-1　采购作业基本流程

1. 确定需求

任何采购都产生于企业中某个部门的确切需求。生产或使用部门的人应该清楚地知道本部门独特的需求：需要什么、需要多少、何时需要。这样，库存部门会收到这个部门发出的物料需求单，经汇总后，将物料需求信息传递给采购部门。有时，这类需求也可以由其他部门的富余物料来加以满足。当然，或迟或早企业必然要进行新的物料采购，采购部门必须有通畅的渠道能及时发现物料需求信息。

同时，采购部门应协助生产部门一起来预测物料需求。采购管理人员不仅应要求需求部门在填写请购单时尽可能地采用标准化格式，尽量少发特殊订单，而且应督促其尽早地预测需求以避免太多的紧急订单，从而减少因特殊订单和紧急订货而增加的采购成本。另外，由于了解价格趋势和总的市场情况，有时为了避免供应中断或价格上涨，采购部门必然会发出一些期货订单。这意味着对于任何标准化的采购项目，采购部门都要将正常供货前日期或其他的主要变化通知使用部门，对物料需求做出预测。因此，要求采购部门和供应商能早期介入（通常作为新产品开发团队的一个成员），这样会给企业带来许多有用信息和帮助，从而使企业避免风险或减少成本，加速产品推向市场的速度，并能带来更大的竞争优势。

2. 沟通需求细节

确认需求之后，对需求的细节如品质、包装、售后服务、运物及检验方式等，均加以准确说明和描述，以便使货物来源选择及价格谈判等作业能顺利进行。采购部门如果不了解使用部门到底需要什么，就不可能进行采购。出于这个目的，采购部门就必须对所申请采购物料的品名、规格、型号等有一个准确的说明。如果采购部门的人员对申请采购的产品不熟悉，或关于请购事项的描述不够准确，应该向请购者或采购团队咨询，采购部门不能单方面想当然地处理。由于在具体的规格要求交给供应商之前，采购部门是能见到它的最后一个部门，因而，需要对其最后检查一次。这一步完成之后要填写请购单。

3. 寻找选择供应商

选择什么样的供应商是采购成功的重要保证。企业可以根据需求描述，在原有供应商群体中选择供应业绩良好者，通知其报价，也可以以刊登公告等方式公开征集供应商，甚至开发新的供应源。选择供应商需要企业明确目标，包括供应商能否满足自己需求的质量、数量、交付、价格、服务等目标。洽谈的过程是一个反复讨价还价的过程。是否具备良好的议价能力是衡量一个优秀采购者的首要标准。供需双方就质量、数量、价格、交货期、付款方式、违约责任等进行洽谈，在互利共赢的基础上签订采购合同，实现成交。

4. 签订采购合同发出订单

合同和订单是具有法律效力的书面文件，规定了买卖双方的责任、权利和义务。订货签约手续包括订单和合约两种方式，它们均属于具有法律效力的书面文件，对买卖双方的要求、权利及义务，必须在订单或合约中予以说明。绝对不允许（除非是金额微不足道的情况）没有书面的订单就进行物料采购。所有公司都有准备好的采购订单。不过，通常情况下到底选用哪一方准备的文书有时取决于双方相对实力的强弱、采购物品的特点、交易的复杂程度，以及在确定或发出订单方面所制定的战略。

5. 订单跟踪与催货

为了促使供应商按期、按质、按量交货，应督促供应商按规定履约，这就是订单的跟踪与催货。对于大型采购，应设专职的跟踪催货人员。通过跟踪，及时发现并解决问题，保证订单的正常履行。跟踪通常需要经常询问和落实供应商的进度，跟踪的主要内容有采购品的设计情况、供应商备料情况、生产进度、关键环节的控制、检验问题等，直至商品包装入库。跟踪一般通过电话进行，有时也制定采购订单跟踪明细表，以查询订单完成情况。必要时，还要到供应商工厂实地跟踪。

在跟踪的过程中，如果发现供应商不能履行合约，应及时修改或取消订单，调整交易对象或数量，以免影响企业的供应。在货物匮乏时，跟踪催货更加具有重要意义。

6. 供应商交货、货物的验收与入库

供应商按承诺发货后，采购部门应根据物品的检验体系，对物品进行严格检验，合格则入库，不合格也应按照合同的规定进行处理。货物的验收与入库一般由仓库管理部门负责。货物的正确接收有重要意义，大部分有经验的企业采用将所有货物的接收活动集中于一个部门的方法。货物验收的基本目的是确保以前发出的订单所采购的货物已经实际到达，并检查是否完好无损，是否符合数量、规格等要求。这样才能将货物送往应该到达的下一个目的地，以便进行储存、检验或使用。凡所交货品与合约规定不符而验收不合格者，应依据合约规定退货，并立即办理重购。

7. 付款与结案

供应商交货验收合格后，仓库管理部门会签发"入库单"，并以此作为货款结算的依据。采购部门根据入库单核查供应商开具的发票，并通知财务部门按照合同规定向供应商支付货款。无论是合格付款还是不合格退货，均需办理结案手续，查清各项书面资料有无缺失、绩效好坏等，签报上级管理部门或权责部门核阅批示。

8. 采购记录归档

结案后，采购过程中的各种文件、资料均应列入档案，登记、编号、分类，予以保管，以备参阅或事后发生问题时查考。归档的文件应确定保管期限，一般为三年，具体视文件性质和公司实际情况而定。

四、采购管理的作用

采购管理的作用主要有以下几方面。

1. 保障供应

采购管理为企业建立货源，保障供应，维持正常生产，降低缺货风险做出了贡献。

2. 利润杠杆

采购管理可以降低企业实际成本，提高利润。如果采购成本构成了物资生产成本的主体部分，当采购成本降低一个百分点时，企业的利润率将会上升更高的比例。对比分析表明，用降低采购成本的方法来提高企业利润率比其他方法更加有效。另外，通过与供应商一起对物流进行更好的安排，采购管理能为减少库存和更高的资本周转率做出贡献。

3. 质量控制

采购供应物资的质量好坏直接决定了企业生产的产品的质量好坏。

4. 信息源

采购是企业和资源市场的信息接口与关系接口。由于直接与市场接触，采购部门可以广泛地收集各种信息，这些信息对销售、财务、研发和高层管理部门都有一定的意义，可以间接地为企业做出贡献。

5. 支持产品研发

采购管理可以在产品标准化、增强柔性、对产品设计和革新方面做出贡献。

6. 企业竞争优势

采购部门运作的有效性将直接反映在其他部门的运作上。例如，当采购部门选择的供应商不能按照既定的质量标准送来原材料或零部件时，可能会造成废品率升高或返修成本增加，此外还会产生过多的直接人工成本；如果供应商不能按既定计划送货，那么企业就可能要付出很大的代价重新规划生产，这样就会降低生产效率，甚至可能会导致生产线的停产。这时，尽管没有产出，但固定成本依旧存在。很多采购部门现在都把企业中的其他部门视为内部顾客或客户，并且注重提高自身的效率和效益，以便能为内部顾客或客户提供优质服务，提升企业的营运效率。

科学的采购流程管理，能够对企业的业务流程重组及组织结构的改革做出贡献。采购部门的行动还会直接影响公共关系和企业形象。如果采购部门的行为为企业带来了良好的形象，那么企业就会和供应商建立良好的关系，带来企业待续的成本节减，增强企业的竞争力。

五、采购管理的目标

采购管理的目标可以概括为：在确保适当质量的前提下，能够以适当的价格，在适当的时间从适当的供应商那里获得适当数量的物资和服务，即"5R"。

1. 适当的供应商（right supplier）

选择合适的供应商是采购管理的首要目标。对采购方来讲，选择的供应商是否合适会直接影响采购方的利益。例如，供应商提供的数量、质量是否有保证，价格是否降到最低，能否按时交货等，都对采购方具有重大的影响。供应商的选择，主要应考察供应商的整体实力、生产供应能力、信誉等，以便建立双方相互信任的长期合作关系，实现采购与供应的"双赢"战略。

2. 适当的质量（right quality）

采购方进行采购，是为了满足企业需要。因此，为了保证企业生产的产品质量，首先应保证所采购材料的质量，能够满足企业生产的质量标准要求。保证质量应该做到"适当"，一方面如果产品质量过高，会加大采购成本，同时也造成功能过剩；另一方面所采购原材料质量太差，就不能满足企业生产对原材料品质的要求，影响最终的产品质量，甚至会危及人的生命财产安全，例如，水泥、钢材的质量不合格，可能造成楼房、桥梁等"豆腐渣"工程。

3. 适当的时间（right time）

采购管理对采购时间有严格的要求，即要选择适当的采购时间。一方面要保证供应不间断，库存合理；另一方面又不能过早采购而出现积压，占用过多的仓库面积，加大库存成本。

4. 适当的数量（right quantity）

采购数量决策也是采购管理的一个重要目标，即要科学地确定采购数量。在采购中要防止超量采购和少量采购。如果采购量大，易出现积压现象；如果采购量小，可能出现供应中断，采购次数增加，使采购成本增大。因此，采购数量一定要适当。

5. 适当的价格（right price）

采购价格的高低是影响采购成本的主要因素。因此，采购中能够做到以"适当的价格"完成采购任务是采购管理的重要目标之一。采购价格过高，加大了采购方的生产成本，产品将失去竞争力，供应商也将失去一个稳定的客户，这种供需关系也不能长久；采购价格过低，供应商利润空间小，或无利可图，将会影响供应商供货的积极性，甚至出现以次充好、降低产品质量以维护供应的局面，时间稍长，采购方将失去一个供应商。

从企业管理采购职能而言，其基本工作就是在保障企业需求的基础上降低成本，具体工作就是寻找供应商、执行采购管理以及在这过程中降低成本，这是比较理论化的描述。采购管理的层次如表 1-1 所示。另外，Hackett Group 则把采购管理分为五个发展阶段：供料、价格、总成本、需求管理和全面增值。

表 1-1　采购管理的层次

层次	名称	作用	能力需求
一	严防死守	出订单、保障供料	时间控制
二	追求低价	想尽办法降低采购价格、谈判降价	采购支出分析、选择、谈判、时间控制
三	总成本观	总成本最低	协调综合采购，考虑采购、使用、维护等各方面成本，使总成本最低
四	战略视角	战略采购、支持公司核心业务、需求管理、全面增值	集成采购战略、供应商战略、解决方案和供应链管理

六、采购政策

企业中的采购可以集中进行，也可以分散进行。集中采购就是企业中的采购任务由一个专门的部门负责；分散采购是指企业各部门自行处理各自的采购业务。分散采购与集中采购各有其优缺点，企业在进行分散采购还是集中采购的决策时，一方面，要切实认真地分析各自的优缺点，本着扬长避短、切合实际的原则做出合理的选择；另一方面，采用分散采购还是集中采购，必须符合采购业务的特征要求。

1. 集中采购

集中采购是指企业的采购部门全权负责企业的采购工作。即企业生产所需的物资都由一个部门负责，其他部门（包括分厂、分公司）均无采购职权。

（1）集中采购的优点。集中采购具有很多优点：可以获得采购规模效益，降低进货成本和物流成本；便于企业实施采购方针，可统筹安排采购物资，合理配置资源，最大限度降低库存；企业不需要设立多采购机构，精简人力，提高工作的专业化程度，减少管理上的重复劳动；便于控制采购成本，促进采购流程的规范化；有利于建立各部门共同物料的标准规格，简化种类，互通有无，也可节省检验工作；易于稳定与供应商之间的关系，也可以推动供应商有效管理；采购责任重大，采取公开招标、集体决策的方式，有效地制止腐败。

（2）集中采购的缺点。集中采购的缺点主要表现在：采购流程过长，时效性差，缺乏柔性，难以适应零星采购、地域采购、紧急情况采购；采购与需求分开，有时难以准确了解内部需求，降低采购绩效；对于非共用性物资，集中采购难以获得价格优惠；专业性强，对采购人员要求高、采购人员责任重大。

（3）集中采购的适用范围。一般来说，集中采购主要适用于集团范围实施的采购活动，跨国公司的采购，连锁经营、OEM（Original Equipment Manufacture）厂商和特许经营企业的采购。集中采购是政府采购的重要组织实施形式。由政府将具有规模（包括批量规模）的采购项目，纳入集中采购目录，统一由集中采购机关（通常指政府采购中心）开展采购活动，从而获得政府采购的规模效益。

集中采购主要适用于大宗或大批量物品物资，关键零部件、原材料或其他战略资源，容易出现质量问题的物品，需求稳定、定期采购的物品，价值较高的物资。

2. 分散采购

分散采购是指按照需要，由单位设立的部门自行组织采购，以满足生产经营的需要。

（1）分散采购的优点。在分散采购中，企业下属各单位都享有自主采购的权利，可以使采购与生产经营需要结合得更加紧密；分散采购减少了集中汇总、层层审批的烦琐程序，可以很快做出采购决策并立即组织实施，提高了工作效率，使采购具有较好的时效性；分散采购也有利于激励机制的贯彻实施，可增强基层工作的责任心，调动采购人员的积极性。

（2）分散采购的缺点。分散采购的缺点也很明显：下属单位都具有采购自主权，企业采购管理的难度就会加大，特别是资金控制的难度会加大，权利分散，不利于采购成本的有效降低；各下属单位均自设采购组织，显然会增大整体采购组织的人员数量，决策层次低，易产生暗箱操作，市场调研分散，难于培养采购专家；对供应商的政策可能不一致。

（3）分散采购的适用范围。分散采购适用于各下属单位（二级法人单位、子公司、分厂、车间）分布比较分散的企业的采购，离主厂区或集团供应基地较远，其供应成本低于集中采购成本的情况；企业需求的共性不是很强，通过集中采购不能取得规模采购优势；企业的零星需求、紧急需求及地域性很强的需求（如小批量、单件、价值低物品，产品开发研制、试验所需的物品），都需要采取分散采购方式。

第二节　采购管理组织

一、建立采购组织

（一）设置原则和组织形式

1. 采购组织设置原则

（1）目标可行原则。采购部门设置应同企业采购目标和方针相适应，采购组织是实现采购目标的工具，因而首先必须确定企业的采购目标，依据不同的采购目标来建立企业的采购管理组织。

（2）管理水平原则。采购部门设置应同企业的管理水平相适应，如在建立采购管理组织时，应合理确定管理的幅度、采购业务环节的复杂程度等。

（3）性质和规模原则。采购部门设置应同企业的性质和规模相适应，如企业规模的大小和企业组织结构的复杂程度。

（4）合理分工原则。采购部门设置应同企业采购品种的数量和性质相适应。

2. 采购管理组织形式

由于不同的企业有不同的管理方式，而且不同的企业有不同的采购组织机构，按照采购组织设置的原则，在充分考虑影响采购组织设置因素的前提下，通常有以下几种采购管理组织的形式。

（1）根据企业规模大小设置采购组织。如果企业规模较小、产品结构较单一（如单一的工厂或企业），设置单一的采购部门并直接向总经理汇报工作较好，如图 1-2 所示。如果企业规模较大，可以设置如图 1-3 所示的大型企业的采购组织。

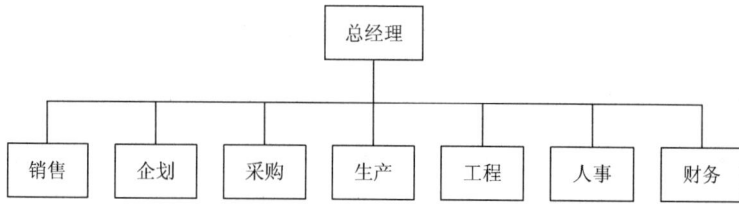

图 1-2　单一采购部门

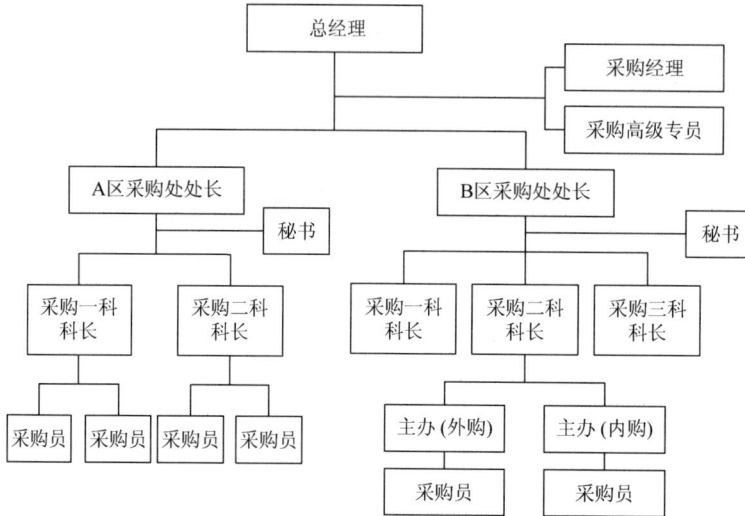

图 1-3　大型企业的采购组织

（2）根据采购地区范围设置采购组织。企业采购的货源来自不同的地区，按照采购地区的划分，可以将采购分成不同的组织形式，这些采购组织有的负责国内采购，有的则负责国外采购，如图 1-4 所示。

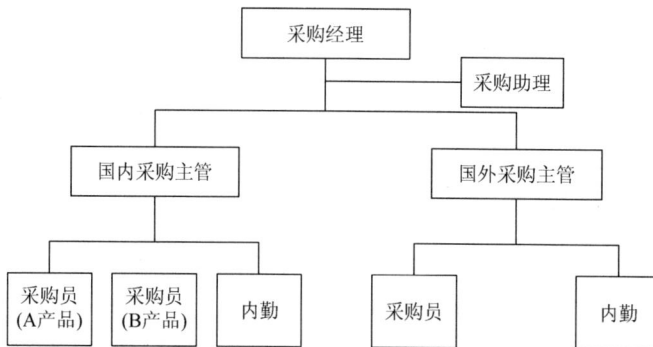

图 1-4　按采购地区范围设置的采购组织

（3）根据采购物品类别设置采购组织。按采购物品类别设置的采购组织如图 1-5 所示。

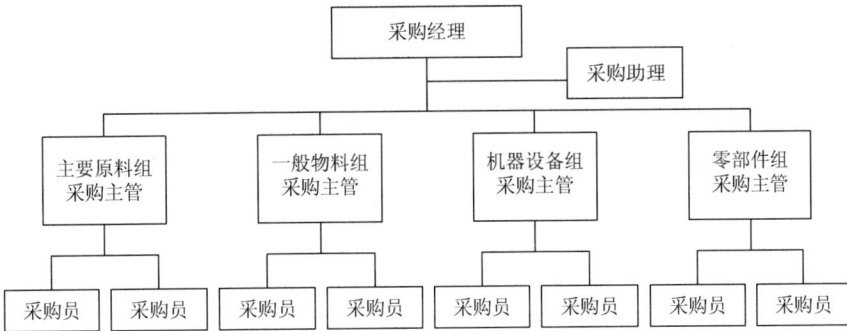

图 1-5　按采购物品类别设置的采购组织

（4）根据采购职能和流程设置采购组织。根据采购职能和流程设置，采购的不同环节设置不同的采购人员，将采购计划的制订、询价比价、签订合同、催货等工作，按照采购职能和业务流程交给不同人员办理的方式，如图 1-6 和图 1-7 所示。这种组织形式适合采购量大、采购物品品种较少、交货期长的企业采用，这样便于采购人员更好地熟悉业务，精通招标、谈判等技能，同时，有利于各个环节之间相互监督，避免浪费和腐败现象，减少内部审计成本，还有利于培养大家的团队合作精神。但这要求内部更好地协调和合作，否则会造成采购效率低下，管理混乱。

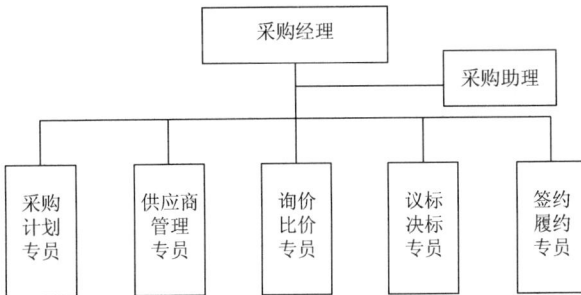

图 1-6　按采购流程业务分工设置的采购组织

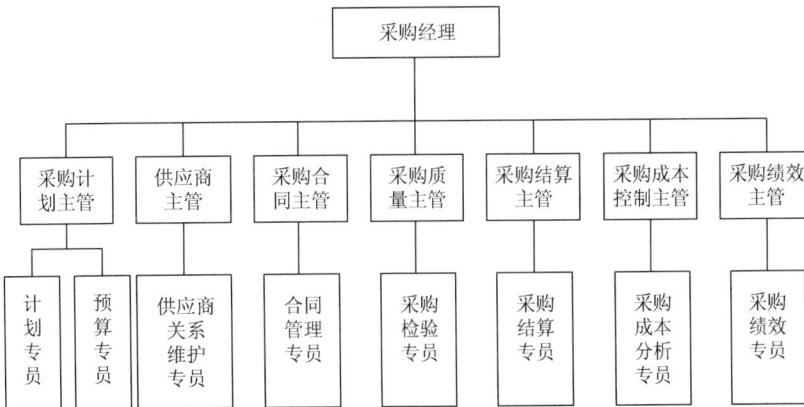

图 1-7　按采购职能分工设置的采购组织

（5）混合型采购组织。混合型采购组织是指企业既在核心管理层建有采购组织机构，又在各经营单位设置采购组织或岗位。对于一些规模大、产品种类多、原材料需求差异性大、各子公司的地理位置距离远的企业，比较适合建立混合型采购组织。在公司总部设采购部，负责总公司采购战略和计划的制订、供应市场研究，协调各子公司之间的采购行动，避免企业内部的恶性竞争、集中采购共性的产品和服务等，实现采购总成本最低。同时，在各子公司或某一地理区域分设采购部，具体的采购工作由各经营单位的采购组织来完成，这样便于各子公司满足个性化的需求，保持同供应商之间的密切联系，以此促进公司的发展，如图1-8所示。

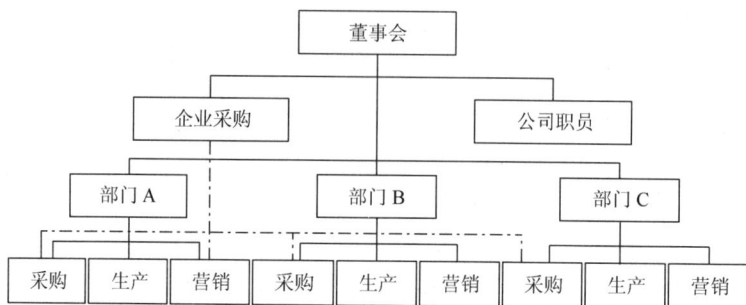

图 1-8　混合型采购组织

（二）采购部门职责与任务

1. 部门职责

生产制造企业采购部职责举例

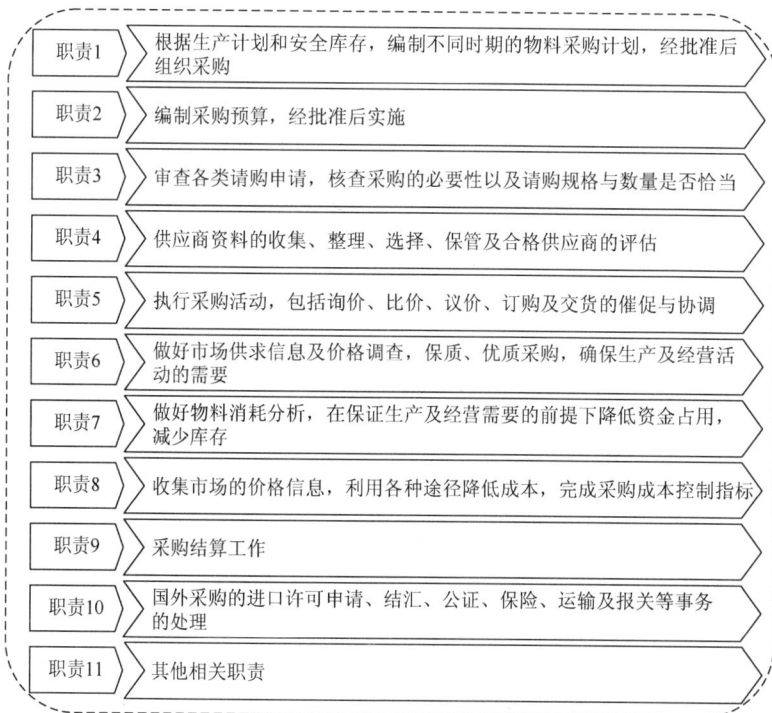

职责1	根据生产计划和安全库存，编制不同时期的物料采购计划，经批准后组织采购
职责2	编制采购预算，经批准后实施
职责3	审查各类请购申请，核查采购的必要性以及请购规格与数量是否恰当
职责4	供应商资料的收集、整理、选择、保管及合格供应商的评估
职责5	执行采购活动，包括询价、比价、议价、订购及交货的催促与协调
职责6	做好市场供求信息及价格调查，保质、优质采购，确保生产及经营活动的需要
职责7	做好物料消耗分析，在保证生产及经营需要的前提下降低资金占用，减少库存
职责8	收集市场的价格信息，利用各种途径降低成本，完成采购成本控制指标
职责9	采购结算工作
职责10	国外采购的进口许可申请、结汇、公证、保险、运输及报关等事务的处理
职责11	其他相关职责

商场、超市采购部职责举例

职责1	确定商品定位取向，开发引进适销商品
职责2	通过市场调研，把握市场动态，及时调整商品结构
职责3	负责确定、调整商品在店内的陈列位置，增强商品的展示程度
职责4	根据市场需要，组织、审核落实商品促销活动，跟踪促销效果，提高市场竞争力
职责5	跟踪分店销售情况及配送中心的配送信息，及时补充货源
职责6	及时处理滞销、损坏的商品
职责7	管理采购部驻店人员，加强与各分店的沟通与协调，及时传递和反馈信息
职责8	根据季节和促销需要对商品进行组合、加工、拆分，提高商品适销性
职责9	负责商品资料的维护，保证商品资料信息的准确性
职责10	负责采购部与分店、配送中心以及供应商之间的信息沟通
职责11	跟踪分析商品销售数据，为业务决策提供依据
职责12	负责商品采购合同档案的管理工作

2. 岗位职责

采购经理的岗位职责举例

职责1	拟定和执行采购战略，拟定采购部门的工作方针与目标
职责2	制订采购计划，保证满足经营活动需要，降低库存成本
职责3	编制年度采购预算，报批后监督实施
职责4	全面负责规划、指导和协调企业所需物资及相关服务的采购工作
职责5	组织对采购物品国内外市场行情进行跟踪，并预测价格变化趋势
职责6	寻找物料供应来源，调查和掌握供应渠道
职责7	负责采购物流、资金流、信息流的相关管理工作
职责8	参与协调采购、提货、供应工作
职责9	参与开发、选择、处理与考核供应商，建立供应商档案管理制度

职责10	采购合同的制定、审核、签署与监督执行
职责11	废料、质量事故的预防与处理
职责12	控制采购成本和费用，审核采购订单和物资调拨单
职责13	向企业管理层提供采购报告
职责14	负责采购人员的绩效、培训等管理工作
职责15	负责本部门的日常管理工作，以及与其他部门的协调工作
职责16	完成上级交办的其他工作

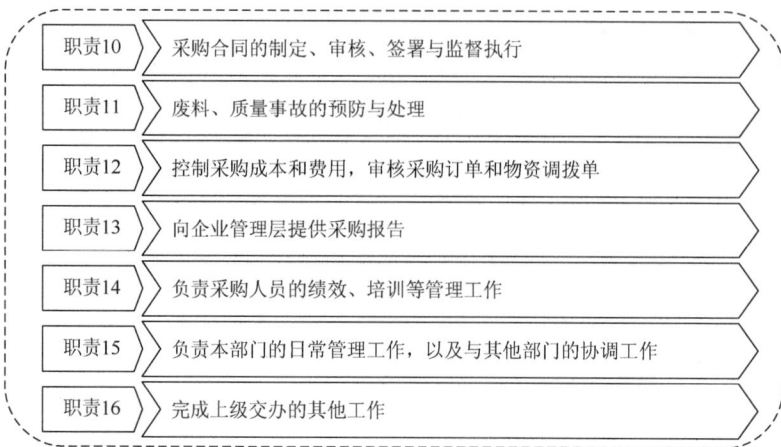

采购主管的岗位职责举例

职责1	全面协助采购部经理开展采购及部门管理等工作
职责2	分派采购部所有人员的日常工作
职责3	编制单项材料的采购计划，并监督实施
职责4	在部门经理的指导下，参与编制采购预算，并控制采购费用
职责5	参与供应商信息的分析，参与供应商的选择与评估
职责6	签订和送审小额采购合同
职责7	协助采购稽核员规范采购政策和行为，确保公司利益
职责8	制作物资入库相关单据，积极配合仓储部保质、保量地完成采购货物的入库
职责9	编制单项采购活动的分析总结报告
职责10	完成采购经理交办的其他工作

二、采购人员知识能力素质要求

采购工作面临很多实际的问题，例如，采购的定位如何？生产部要速度、财务部要低价、品保部要质量、市场部要速度等，夹在中央的采购管理何去何从？互联网等新技术的崛起，是否将采购商和供应商站得更近？采购价低，是否为公司省钱？如何有效采购？如何与供应商保持友好和竞争的关系？如何应用供应链来为公司获利？

因此，采购工作要求从业人员拥有较丰富的知识和较高的综合能力与素质才能胜任。美国、法国等许多国家通过成立采购管理协会，为采购人员进行专业培训的方式来提高采购人员的综合能力与素质。与西方发达国家相比，我国在采购人员资格要求、教育培训和资格认证方面还比较落后。目前，国内某些机构与国外某些采购协会也联合开始了国内采购人员的培训与认证工作。Moaya（美国最大的第三方采购公司之一）副总裁认为：采购人员的期望是一个多面手、战略家、分析家、公司外交大使、小组领导、小组成员以及销售人员；同时接受过计算机、生产控制、库存管理、经济学和会计学等知识的培训。

采购人员必须具备与工作复杂性相适应的知识能力和素质，要通过专业化的工作及能力培训达到其至超过与企业和市场要求相适应的水平。采购人员的管理与发展作为企业或企业人力资源管理与发展的一个重要组成部分，是保障采购能力形成与培养、采购队伍建设与发展的基本内容，因此采购人员的选用对企业的发展是非常重要的。据此，建立采购人员的知识能力素质模型，如图 1-9 所示。

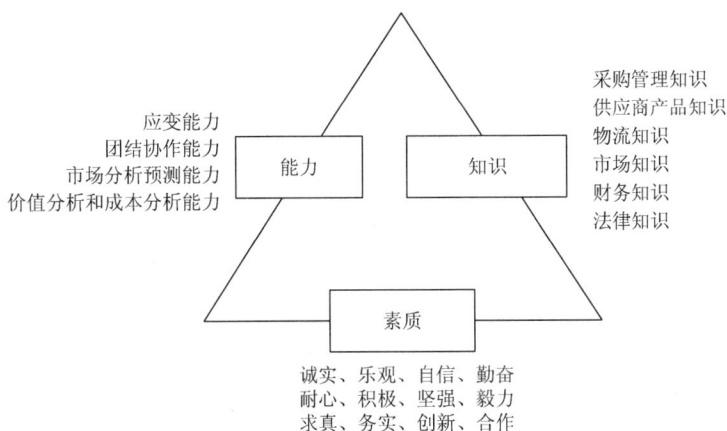

图 1-9　采购人员知识能力素质模型

1. 素质（attitude）

采购工作没有固定规则，而且采购行为难以控制，致使在实际工作中，有许多采购员拿回扣，要好处费，或借采购之机游山玩水，造成企业采购费用开支过大，或采购商品质量低劣，给企业造成巨大损失。因此，在选择采购人员时必须将素质放在首位。觉悟高、品行端正是一个采购员应有的基本素质，只有思想品德高尚，才能大公无私、克己奉公，处处为企业大局着想，不贪图个人小利。由于采购人员的工作直接与金钱联系在一起，采购人员所处理的"订购单"就是金钱，因此，拥有采购权的业务人员经常会被各种各样的供应商所包围。他们或是通过人际关系向采购人员打起感情战，或是利用红包、回扣等各种物质条件进行利诱。但是，面对这种种诱惑，采购人员必须保持廉洁，不能以牺牲企业的利益来换取个人财富的增加。君子爱财，取之有道，违背法律道德的做法终将害人害己。企业在选择采购人员时一定要对候选人员进行这一方面的考察。只有拥有正直人格的人才能给企业带来财富，才是企业宝贵的人力资源。

拥有敬业精神是做好本职工作的基本要求，采购业务要求从事采购的人员拥有敬业精神，没有敬业精神，再有才华的人也无法做好本职工作。采购人员对待工作的态度决定他在采购过程中付出的努力的大小，认真的工作态度会促使采购人员对市场多做一分了解，而马马虎虎的工作态度只会让采购人员存有侥幸心理，不愿意为工作多尽一份力量。良好的敬业精神可以保证企业供应的稳定，从而保证生产顺利进行。

采购工作是一项重要、艰巨的工作，要与企业内、外方方面面的人打交道，经常会受到来自企业内外的"责难"，因此，采购人员具有应付复杂情况和处理各种纠纷的能力，在工作中被误解时，能在心理上承受得住各种各样的"压力"。

采购人员在与供应商打交道的过程中往往占据主动地位，拥有局面的控制权。但采购人员对供应商一定要保持公平互惠的态度，甚至要做到不懂就问，虚心求教，不可趾高气扬，傲慢无理。与供应商建立良好的合作伙伴关系的过程充满了艰辛，这要求采购人员要有足够的耐心，有良好的涵养。只有虚心和耐心地同供应商沟通，诚心诚意地与供应商交往，才会换来对方的合作，达到我们的目的。

2. 能力（skill）

（1）应变能力、团结协作能力。采购过程是一个复杂的过程，采购员在进行采购之前先要了解各部门的需求状况，也要了解库存现状。在采购实施的过程中，采购人员要与企业内部各部门打交道，例如，与财务部门打交道解决采购资金、报销等问题；与仓储部门打交道，了解库存现状及变化等；同时采购人员要与供应商打交道，如询价、谈判等。因此，采购过程是一个与人沟通的过程，采购人员要具有良好的团结协作能力，能处理好与供应商和企业内部各方面的关系，为以后工作的开展打下基础。

（2）表达能力。表达能力是采购人员必须具备的基本能力。采购人员必须做到正确、清晰地表达所欲采购的各种条件，如规格、数量、价格、交货期限、付款方式等。如果表达不清，就会造成误解、浪费时间，甚至导致交易失败。因此，采购人员的表达能力尤为重要，采购人员必须加强表达技巧的学习锻炼。

（3）市场分析预测能力。分析市场状况及发展趋势，分析消费者购买心理，分析供货商的销售心理，从而在采购工作中做到心中有数，知己知彼。在市场经济条件下，商品的价格和供求在不断变化，采购人员应根据各种产销资料及供应商的态度等来预测将来市场上该种商品的供给情况，如商品的价格、数量等。这样采购工作才能在合适的时间购买到使自己企业利益最优的物资。

（4）价值分析和成本分析能力。采购人员必须了解供应商的产品，具有成本分析能力，能够为企业节省资金，同时最大化实现公司的利益。采购的商品品质太好，虽然可以保证质量，但价更高，加大成本，若盲目追求"价廉"，则必须支付品质低劣的代价或伤害其与供应商的关系。因此，对于供应商的报价，要结合其提供的商品的品质、功能、服务等因素综合分析，以便买到适宜的商品。

3. 知识（knowledge）

采购人员必须具备丰富的知识与经验。为了完成采购任务，不但要具备有关采购管理知识，还应具备商品、物流、市场、财务、法律知识和一般常识。例如，对于生产用料、生产工艺过程和手段、产品的性能和成本以及设计原理等的掌握，以使采购更具有针对性和主动性；对于商品检验技术、资金结算等知识；采购人员还必须掌握和了解一般的社会常识和人际关系，促使采购顺利完成。

➤ 知识扩展

从美国三大协会的演变看采购与供应链管理的发展

供应链管理是对从供应商到客户的实物流、信息流和资金流的集成管理，以实现供应链价值的最大化。企业的竞争优势也不再单纯体现在企业与企业的竞争，而是更多地体现在供应链与供应链的竞争。

在美国，这种集成的管理概念不是一蹴而就，而是经过几十年的演进，由传统的采购与供应管理、生产运营管理和物流管理分别向两头延伸而成。这里就美国三大供应管理行业协会的演变，来阐明采购与供应链管理未来的格局。

供应管理协会

供应管理协会是世界上规模最大、影响最大的供应管理组织，拥有四万多名会员。它关于生产、库存、订单量等变化的报告（ISM business report）是美国经济的风向标，被广泛引用于新闻媒体、学术研究和政策制定。它的前身是美国采购经理协会（National Association of Purchasing Managers，NAPM）。在一百多年的发展过程中，伴随着供应管理在美国公司的重要性不断上升，其侧重点从采购发展到供应管理，再到供应链管理。但是，供应管理协会的核心仍然是采购与供应管理，而不是广义上的供应链管理。供应管理协会推出"注册采购经理"认证。注册采购经理（certified purchasing manager，C.P.M.）已有三十多年的历史，全球认证人数超过四万，认证内容覆盖价格、质量、交货、合同管理、供应商选择、供应商谈判、国际贸易、公司管理及人力资源管理等。为适应采购向供应管理的发展，供应管理协会在2008年推出供应管理专业人士认证（certified professional in supply management，CPSM），以取代C.P.M.，标志着与供应链管理更近一步。

运营管理协会

APICS是American Production and Inventory Control Society（美国生产与库存管理学会）的缩写。与供应管理协会侧重于采购相对应，APICS历来侧重于生产与库存管理。为适应向供应链管理发展的趋势，该组织在2004年更名为APICS-运营管理协会（APICS-The Association for Operations Management）。考虑到APICS在美国乃至世界的影响，运营管理协会仍旧保留APICS字眼，也预示着它不会放弃在生产与库存控制方面的传统优势。

在美国宏观经济中，APICS的地位没有供应管理协会高；但在生产与库存管理领域，APICS享有崇高的声望。它的生产与库存认证（certified in production and inventory management，CPIM）在生产企业很受重视。其认证内容侧重于生产规划、控制和实施，即如何把销售计划转变为主生产计划（master production schedule，MPS），然后一步步细化到物料需求计划（materials requirement planning，MRP），再到工厂的各个生产车间、生产线的进度规划、生产实施和控制，内容包罗万象。在四十多年的历史中，全球总共有七万五千人左右得到此项认证。伴随着更名，APICS 在 2005 年推出"供应链专业人士认证"（certified supply chain professional, CSCP）。从字面上看，该认证是针对供应链管理；从内容上看，该项认证确实试图覆盖供应链管理的三大范畴（采购与供应管理、生产运营管理、物流管理）；从级别上看，该认证比 CPIM 高，它要求一定年限的相关工作经验，而 CPIM 则没有。该项认证将与 CPIM 并存。在相当一段时间，该项认证会被工业界视为 CPIM 向供应链管理的延伸，以实现运营管理协会在供应链管理领域与供应管理协会两分天下的目的。

供应链管理专业人士协会

供应链管理专业人士协会（Council of Supply Chain Management Professionals, CSCMP）是美国第三个与供应链管理相关、有相当影响的协会。它的前身是物流管理协会（Council of Logistics Management, CLM）。顺应物流管理向供应链管理的过渡，供应管理专业人士协会试图从物流管理的角度来"蚕食"供应链管理这一热门行业。

CLM 的影响更多是在物流教育领域，这从他们的主席人选可见一斑：物流专业的一些知名教授曾担任过该组织的主席，如国内熟悉的 D. J. Bowersox（密歇根州立大学教授，1964～1965 年任主席）、J. T. Mentzer（田纳西大学教授，2000～2001 年任主席）等。相信在短时间内，CSCMP 没法大幅增加在工业界的影响，也很难短期内成为一个纯粹意义上的供应链管理协会。从认证角度而言，该机构尚没有与供应管理协会和运营管理协会相匹敌的认证。相比而言，CSCMP 更注重在中国的发展，如与中华企业协会、中国物流与采购联合会等组织开展合作培训项目，在深圳、天津召开专业会议等。

➤实践　采购管理组织调研

一、实践目的

1. 了解不同类型企业采购的地位和作用。
2. 认识企业的采购模式。
3. 熟悉企业的采购流程。
4. 了解企业采购组织的设置和采购部门的岗位职责。

二、实践准备

1. 推荐各类企业若干家，包括大中小型的生产企业和流通企业。
2. 布置调查内容。
3. 学生完成调查提纲。

三、实践步骤

1. 4～6人一组，以小组为单位到企业实地调查，收集相关资料。
2. 以小组为单位交流调查收获，推荐代表发言。
3. 全班交流，相互提问。
4. 教师进行实践总结。

四、注意事项

1. 调查过程中注意安全，注意言行举止。
2. 资料收集尽可能全面，包括企业采购现状、采购方式、采购地位和作用、采购相关规定、采购人员的管理等。
3. 提倡收集企业采购中的实际故事。

本 章 小 结

本章包括采购管理概述和采购管理组织两节内容，首先介绍了采购的含义、采购的分类、企业采购的基本作业流程，阐明了采购在企业运作中的作用、企业采购管理的目标，然后讨论了集中采购与分散采购的优缺点和适用范围；最后介绍了采购组织设置原则和组织形式以及采购部门岗位职责任务、采购人员素质要求等内容。

➢复习思考题

一、单选题

1. 以下不属于集中采购优点的是（　　）
   A. 可以获得采购规模效益
   B. 精简人力，提高工作的专业化程度，减少了管理上的重复劳动
   C. 便于控制采购成本，促进采购流程的规范化
   D. 可以很快做出采购决策并立即组织实施，工作效率高，采购具有较好的时效性
2. 分散采购的优点是（　　）
   A. 企业下属各单位享有自主采购的权利，可以使采购与生产经营需要结合得更紧密
   B. 有利于建立各部门共同物料的标准规格，简化种类，互通有无，节省检验工作

C. 采购流程过长，时效性差，缺乏柔性，难以适应零星采购、紧急情况采购

D. 易于稳定与供应商之间的关系，也可以推动供应商有效管理

二、多选题

1. 关于采购，下列说法正确的是（　　　）

　　A. 采购是从资源市场上取得资源的过程

　　B. 采购是商流过程和物流过程的统一

　　C. 采购是一种经济管理活动

　　D. 采购就是购买物品

　　E. 采购的意义就是采买

2. 按采购的科学化程度分，采购可以分为（　　　）

　　A. 传统采购　　　　　　B. 科学采购　　　　　　C. 有形采购

　　D. 无形采购　　　　　　E. 集中采购

3. 采购管理的目标包括（　　　）

　　A. 适当的价格　　　　　B. 适当的数量　　　　　C. 适当的时间

　　D. 适当的供应商　　　　E. 适当的分销商

4. 采购组织设置的原则有（　　　）

　　A. 采购部门设置应同企业采购目标和方针相适应

　　B. 采购部门设置应同企业的管理水平相适应

　　C. 采购部门设置应同企业的性质和规模相适应

　　D. 合理分工原则

　　E. 扁平化原则

三、简答题

1. 简述采购的分类。

2. 简述采购基本流程。

3. 简述采购管理的作用。

4. 简述采购管理的目标。

5. 简述集中采购的优缺点。

6. 简述分散采购的优缺点。

7. 简述采购管理组织设置原则。

8. 举例说明采购管理组织的类型。

9. 简述采购人员知识能力素质要求 SAK 模型。

➤案例思考与解析

北京某企业集中采购

一、企业概况

北京东方俱乐部是一家健身俱乐部，在北京共有 19 家连锁健身中心，总部设在海淀

区。俱乐部为私人所有，已有15年历史。俱乐部没有专门的采购部，只有一位专门负责采购事务的人员，在该俱乐部内部推行实施了一套集中采购计划。

二、原来的分散采购模式

为了维持各健身中心的运作，东方俱乐部需要许多不同的物品，包括机器和设备的部件，如自行车配件、磨砂灯泡、办公和卫生等各种用品。

在实行集中采购以前，每一家俱乐部各自负责自己的采购事务，绝大多数健身中心不设自己的库存而是随需随买，如需要办公用品时就随时到附近的商店购买。

在总部也曾经有一位兼职人员负责采购和库存控制，不过他只负责总部而不负责其他健身中心的物品采购，对其他健身中心的物品采购只是做些采购记录。

三、现在的集中采购模式

经过调查分析，俱乐部采购管理人员认识到，以前所使用的以各健身中心为主的随需随买的采购体系存在很大问题，应该采用效果最佳的集中采购体系。

集中采购体系确实可以为俱乐部节省一大笔开支。例如，可找到一家供应商，俱乐部向其批量购买卫生用品，供应商可以向其提供优惠价格，如把价格降低一半。于是，采购人员开始寻找更多的提供不同物品的供应商，并制定了集中采购体系的一系列细则。

这套集中采购体系基本上把所有的采购都集中到公司总部，各连锁俱乐部的经理不能再像以前那样各自随意地购买所需的物品。如果有需求，则需要事先填写请购单，然后传真到总部。传真到总部的最后期限是每周五下午5点。在下个周一，各健身中心所需采购的物品将由总部的相关部门及时派人送达。

采购管理人员如发现各中心所请购的物品不合适，有权加以否定或减少其采购量。但是每一个健身中心都另有1000元的现金用于应付可能随时发生的紧急采购需求。

四、集中采购遇到的困难

集中采购体系实施一个月之后，受到了一些挫折。有几家健身中心的经理对集中采购有些抵制，最棘手的是朝阳区的3家健身中心的经理，曾联合起来拒绝接受集中采购，他们的理由是手续太烦琐。

根据案例讨论分析下列问题：

（1）集中采购和分散采购的优缺点。

（2）集中采购和分散采购适用的情况。

（3）针对案例中企业存在的问题，提出合理的解决方案。

案例解析：

（1）集中采购和分散采购适用的主体和客体不同。

（2）采购管理人员要进一步取得总经理的坚定支持，为变革的实施提供组织上的保证。

（3）建立一支有力的采购团队，这是实施采购方式变革的关键。

（4）对各健身中心的经理组织培训，帮助他们尽快地接受新的采购管理方式。

➤教学实践

章	节	任务	形式与方法	课时分配	知识目标	能力目标	素质目标
采购与采购管理组织	采购管理概述	1. 采购的含义 2. 采购的分类 3. 采购作业基本流程 4. 采购管理的作用 5. 采购管理的目标 6. 采购政策	启发式教学＋案例教学＋课堂讲授＋讨论式 多媒体教学＋网络教学＋实践教学手段 1. 教师讲解采购的含义、分类、采购管理的作用、采购管理的目标、采购政策 2. 学生分析、讨论采购作业基本流程、集中采购、分散采购的优缺点和适用情况 3. 教师总结归纳学生讨论分析的情况	2	理解采购的含义分类，采购的作用、采购管理的目标、采购组织的基本形式；熟悉采购基本作业流程、集中采购与分散采购优缺点	能够把握采购的内涵与外延，把握采购在企业中的定位、作用、目标、流程；能够把握集中采购与分散采购应用情况	分析学习沟通协作团队意识实事求是
	采购管理组织	1. 建立采购管理组织 2. 采购人员知识能力素质要求	案例教学＋课堂讲授＋启发式＋讨论式＋探究式 多媒体教学＋网络教学＋实践教学手段 1. 教师讲解采购管理组织设置原则和组织形式、采购部门职责与任务、采购人员知识能力素质要求 2. 学生撰写采购管理组织、采购部门职责与任务调查报告 3. 教师总结学生撰写调查报告情况	2	熟悉企业采购组织的岗位设置及职责要求	能够按照企业采购组织的岗位职责要求及采购人员的素质要求进行能力提升	分析学习沟通协作团队意识客观公正

➤教学评价

评价类别	评价项目	评价标准	评价依据	评价方式			权重
				学生自评	学生互评	教师评价	
				0.1	0.1	0.8	
过程评价	学习能力	学习态度，学习兴趣，学习习惯，沟通表达能力，团队合作精神	学生考勤，课后作业完成情况，课堂表现，收集和使用资料情况，合作学习情况				0.2
	专业能力	理解把握采购的内涵与外延，能够把握采购在企业中的定位、作用、目标、流程；理解企业采购组织结构的基本形式。能够把握集中采购与分散采购应用情况；能够按照企业采购组织的岗位职责要求及采购人员的素质要求进行能力提升	采购流程优化；采购组织岗位职责、采购人员要求调查报告				0.3
	其他方面	探究、创新能力	积极参与研究性学习,有独到的见解,能提出多种解决问题的方法				0.1
结果评价		理论考核					0.2
		实操考核					0.2

名称：采购与采购管理组织

第二章

采购需求分析
与采购计划

➤学习目标

◇知识目标

掌握采购物品分析方法；掌握采购申请的制定和请购表单设计；掌握采购计划编制的方法及内容。

◇能力目标

能够利用 80/20 原则为大型企业采购物品进行分析；能够根据采购计划的方法及内容来编制采购计划。

◇素质目标

协同沟通，实事求是，职业礼仪，适应能力，团队意识。

➤本章实施体系

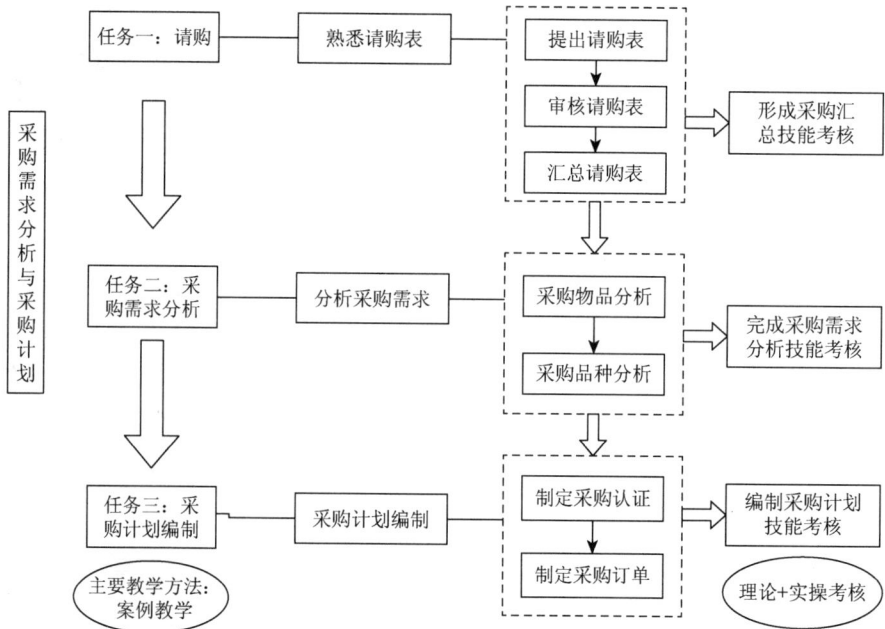

➤案例引导

邯郸钢铁集团是在 1958 年建厂投产并逐步发展起来的特大型钢铁企业，拥有总资产 245 亿元，净资产 121 亿元。1991 年以来，企业主动适应社会主义市场经济的客观要求，经过改革创新，在企业内部创立并推行了以市场、推动、否决、全员为主要内容"模拟市场核算，实行成本否决"的经营机制，有效地促进了企业经营机制转换和各个方面管理工作的加强。在采购管理方面，邯郸钢铁集团从以下方面强化了管理：在企业内部，通过"模拟市场核算",将各部门之间的物料往来的隐性成本显性化,并分解为具体的成本控制指标,其中采购成本指标是对采购部门责任者的考核依据,从而明确界定了采购部门的责任,如采购部门 2006 年的成本下降指标是 8 亿元;在企业外部,在铁矿石等主要原料的国际市场波动加剧的条件下,通过与宝山钢铁集团等国内多家钢厂建立采购联盟,共同参与全球采购,并与国内外大型矿山企业进行战略合作,稳定的供货渠道,从而保证了市场波动情况下的供应量稳定和价格稳定。

请思考:邯郸钢铁集团在企业内部创立并推行了以市场、推倒、否决、全员为主要内容的"模拟市场核算,实行成本否决"的经营机制,其中推倒是以物料需求计划为原理开展的,试阐述物料需求计划再制造企业中的应用原理。

第一节　熟悉请购表单

采购申请又称请购,是指由企业各需求部门向负责采购的部门提出在未来一段时间内所需物品的种类和数量等相关的信息,并填制一定的表格交由采购的部门。

采购申请由物料的使用者提出。物料的使用者就是提出使用需求的企业内的各部门或人员。他们可能来自生产部门,也可能来自管理部门,如各个车间、各个科室或各个班组。提出采购申请的物料使用者就是采购申请者。

在正常情况下,采购申请的时间一般是在月末、季末或年末;但是一些特殊情况,特别是紧急需求的情况,也可以随时提出申请。

一、识读请购表单

(一)采购请购表单的内容

采购请购表单是采购作业的起点,通常是指由使用部门或需求部门填发签发的单据,其内容通常包括以下几方面。

(1)需求单位。申请者所在的单位或部门,也就是需要物料的单位或部门。

(2)需求品种、规格、型号。如需要的是螺母,那么需要的是外六角螺母还是内六角螺母,直径是 14mm 的还是 17mm 的等。

(3)需求数量。需求单位或部门需求物料的确切数量。

(4)需求时间。物料需求一定要在规定的时间送到需求单位,否则就会影响正常生产。

(5)物料的用途,所需的物料做什么用,是否是必需品,如果所申请的不是必需品,那么就不需要采购。

（6）特别要求。所需要的物料是不是有特殊的要求，如防水、防火或者耐磨等。

（二）采购申请的文件名称

在不同的企业中，采购申请的文件名称主要有采购申请表、采购申请单、请购单、请购计划（表）和物料需求计划（表）等，但无论哪种文件名称，除了其主要内容随请购的物料特性和用途的不同而不同，在表现形式上大体相同，只是细节上有差别，如表 2-1 所示的某企业采购申请单和表 2-2 所示的某企业请购单。

表 2-1　采购申请单

序号	物料名称	料号	规格	申购数量	库存数量	单位	需求日期	标准用量

　年　　月　　日

注：本表由申购部门填写，一式两份，一份留底，一份送采购部。

表 2-2　请购单

申请部门：　　　　　　　　　　　　　　　　　申请人：

序号	品名	品牌	规格	数量	估计单价	预算金额	采购地	用途

采购人：　　　　　　　　　　　　　　　　　　经理审批：

　年　　月　　日

（三）采购申请的格式

1. 单相独立物品的采购申请单

单项独立物品的采购申请单用于申请单项独立物品，一般是临时性采购物品的采购申请单，如表 2-3 所示。

表 2-3　物品采购申请单

申请部门	实训部	申请时间	2014 年 9 月 8 日
物资名称	座机电话	型号	TCL908
技术标准	带来电显示	数量	5 部

续表

预计价格	88 元/部	要求到位时间	2014 年 10 月 10 日
用途描述		用于校内实训基地内线	
申请原因		学院校内实训基地建成所需硬件	

申购单编号：SHJD—2011-001

申请人：汪洋　　　　　　　　　　　　　　　　日期：2014 年 9 月 8 日

2. 多项独立物品的采购申请单

多项独立物品的采购申请单用于申请多项独立物品，一般是一个单位的申请采购物品的汇总清单，如表 2-4 所示的学院实训部请购单。

表 2-4　学院实训部申请单

序号	品名	品牌	规格型号	单位	数量	估计单价/元	预算金额/元	用途
1	U 盘	金士顿	2GB	只	10	65	650	资料存储
2	移动硬盘	希捷	40GB	只	2	450	900	资料存储
3	录音笔	译迅通	32MB/9 小时	支	10	200	2000	资料存储
4	激光打印机	联想		台	2	1200	2400	资料打印
合计					24		5950	

申请部门：学院实训部　　　　　　　　　　　　申请人：汪洋

采购人：汪洋　　　　　　　　　　　　　　　　院长审批：李伟

2014 年 10 月 20 日

3. 同一产品相关多项原材料的采购申请单

同一产品相关多项原材料的采购申请单主要用于同一个产品（或部件）的多项相关原材料的采购申请。它实际上是该产品（或部件）的物料需求清单，各种物料互成一定比例，写在一起，以方便计算和审核，如表 2-5 所示的采购申请计划表。

表 2-5　采购申请计划表

序号	品名	品牌型号	单位	数量	估计单价/元	预算金额/元	用途
1	资料袋	得力 5519	个	100	3	300	
2	中性笔	天卓 0.5mm	支	2000	2	4000	奖品（套）发放
3	笔记本	齐德胜铁钉本	本	100	5	500	
4	计算器	得利 213	台	100	80	8000	
合计				2300		12 800	

二、请购表单的处理

（一）采购申请的审核

对采购申请进行审核是很必要的，因其需要考虑采购的可行性、采购的价值成本和库存控制问题。因此，对采购申请审核时需要提出以下问题：第一，是不是非要采购这个品种，考虑资源市场的产品变革，有没有其他更好的替代品？第二，是不是非要采购这么多的数量，考虑采购价值和成本及库存控制的需求，能不能少一点或多一点？第三，这个品种的需求时间是不是可靠，考虑采购价值和成本及库存控制的需要，可不可以推后或提前？第四，这个品种采购有没有什么特别要求，考虑采购价值和成本及库存控制的需要，这些要求是不是必要，有没有实现的可能性？

（二）采购任务清单的形成

在规定的时间内，各需求部门根据部门需求填写并向采购部门递交了采购申请，然后，采购部门就要进行统计归纳，具体做法如下。

（1）按品种汇总，把相同的品种按不同的采购要求依次分别汇总成同一个品种的不同采购要求序列。

（2）按品种类别汇总，形成同一个大类小类的品种序列。

（3）按供应商汇总，形成同一个供应商的品种序列。

（4）按采购地区汇总，形成各个地区的供应商和品种序列。

例如，表 2-6 是某企业按品种、类别、供应商和地区汇总的采购任务清单，而表 2-7 是按地区、供应商、品种和类别汇总的采购任务清单。

表 2-6　按品种、类别、供应商和地区汇总的采购任务清单

品牌	硬盘 1000				光驱 1000			
类别	80G 500		160G 500		8X 500		16X 500	
供应商	希捷 200	三星 300	希捷 200	三星 300	三星 300	Sony 200	三星 300	Sony 200
地区	北京	深圳	北京	深圳	深圳	北京	深圳	北京

表 2-7　按地区、供应商、品种和类别汇总的采购任务清单

地区	北京				深圳			
供应商	希捷		Sony		三星			
品种	硬盘		光驱		硬盘		光驱	
类别	80G 200	160G 200	8X 200	16X 200	80G 300	160G 300	8X 300	16X 300

这样汇总，不但弄清了需要采购什么、采购多少、到哪里去采购的问题，而且为解决怎样采购的问题提供了线索。例如，弄清哪些品种可以实现联合采购，哪些品种需要单独采购，哪些品种需要紧急采购等，从而为制定采购战略、选择采购方法、制订采购计划、分派采购任务提供了依据。

第二节　采购需求分析方法

一、采购物品分析

1983 年 Kraljc 提出了采购物品分类模块。分类模块主要基于两个要素：一是供应风险，主要指短期、长期供应保障能力、供应商的数量、供应竞争程度、自制可能性大小等，依据不同采购物品的重要性及供应风险，可将采购物品分为战略采购物品、瓶颈采购物品、集中采购物品和正常采购物品；二是采购物品对本企业的重要性，主要指采购物品对企业生产、质量、供应、成本和产品等影响的大小，主要包括产品供应策略、80/20 法则、ABC 分类法在现实生活中的应用等。

（一）采购物品分类策略

1. 战略采购物品——建立长期伙伴关系

对于战略采购物品，首要的策略是要找到可靠的供应商并发展同他们的伙伴关系，通过双方的共同努力去改进产品质量，降低产品成本，提高交货可靠性，并组织供应商早期参与本公司的产品开发。

2. 集中采购物品——集中竞价

对于集中采购物品，由于供应充足，产品的通用性强，其主要着眼点是想方设法降低采购成本，追求最低价格。通常可采取两种做法：一是将不同时期或不同单位的产品集中起来统一与供应商谈判；二是采用招标的方式组织不同的供应商参与竞价。需要注意的是，在追求价格最低化的同时要保证物品质量和供应的可靠性，一般情况下这类物品不宜签订长期合同，且采购时要密切关注供应市场的价格走向与趋势。

3. 瓶颈采购物品——确保供应

瓶颈采购物品的策略主要是要求供应商确保产品供应，必要时甚至可以提高一些价格或增加一些成本，采购的行动是通过风险分析制订应急计划，同时与其供应商改善关系(最好建立伙伴关系），以确保供应。

4. 正常采购物品——系统化采购

正常采购物品仅占价值的 20%以下，在采购管理不善的情况下，采购人员往往会花费大量的时间和精力投入。因此，这些物品的采购策略是要提高工作效率，采用程序化、规范化、系统化的作业方式等，主要措施有：提高物品的标准化、通用化程度以减少物品种类；减少供应商数量；采用计算机系统、程序化作业以减少开单、发单、跟单、跟发票等工作时间，提高工作的准确性及效率。

（二）确定产品的供应策略

确定产品的供应策略应该从产品的质量水平、创新、供应链的连续性和前置期，供应商的服务和响应，以及总成本的降低等方面为采购行为设定供应目标。确定产品的供应策略意味着应该知道如何实现这些供应目标。由于企业采购的各种产品或服务在支出水平、对企业的重要性和供应风险的程度等方面存在不同，在采购不同产品或服务时需采用不同的供应策略。总体来讲，确定供应采购策略需要明确以下几个问题。

（1）供应市场的选择。例如，应该明确：应该从同一个供应市场采购所有产品还是从多个供应市场（或细分市场）采购。

（2）供应商的选择。例如，应该明确：应该与一个供应商进行业务往来，还是与两个或多个供应商同时进行业务往来。

（3）同供应商保持的关系类型。例如，应该采用长期交易型的关系还是采用合作型的关系。

（4）为了保持这种关系而采用的合同类型。例如，应该明确：应采用长期合同还是短期合同，应该采用什么类型的合同条款，合同应该被用于强制遵守还是鼓励创新。

（5）运营采购策略的选择。运营采购策略是与供应商签订合同后要遵守的策略，包括对一些问题的处理，例如，应该保有多少库存，是否实施价值分析和价值工程。

（三）采购物品的 80/20 规则

企业采购物品的数量很大，品种规格繁多，如果不管重要次要、长线短线，不分需要量大小、单价高低，都采用同一管理模式给予同等的注意，这样不但会造成采购人员工作千头万绪，忙乱不堪，而且由于分散了精力，效果也不会好，甚至有些重要的、资源紧缺的物品会因得不到足够的重视而发生缺货，生产、供应中断。因此，在采购工作中要抓重点，通过解决重点而带动一般，这样往往会收到事半功倍的效果。

根据上述分类，针对不同的物品应采取不同的采购策略，同时，采购工作精力分配也各有侧重，科学的做法是遵循 80/20 规则，即重要的少数和次要的多数原则，它包括以下含义：一是通常数量或种类为 80%的采购物品只占有 20%的价值（次要的多数），而剩下 20%的物品数量或种类则占有 80%的价值（重要的少数）；二是在采购总量或总品种中有 50%的物品数的价值在 20%以下。80/20 的特性为采购物品策略的制定提供了有益的启示，也就是采购工作的重点应放在价值占80%而数量只占20%的物品上，这些物品即为采购物品分类模块中的战略采购品和集中采购品（亦称A类物品），此外有50%的物品数可不予重视，其运作好坏对成本、生产等影响甚微（亦称C类物品）。其余均为B类物品。

ABC分类法又称帕累托分析法、ABC分类管理法、重点管理法等。它是根据事物在技术或经济方面的主要特征，进行分类、排队，分清重点和一般，已有区别的实施管理的一种分析方法。由于它把分析的对象分为A、B、C三类，所以称为ABC分类法。

（1）一个单位采购多个品种，这是一种最普遍的情况。一个单位一般都是要采购多个品种的，这时为了确定采购的优先顺序，就要进行产品的重要程度分析。由于各类存货的重要程度不同，一般可以采用以下控制方法。

①对A类存货的控制，要计算每个项目的经济订货批量和订货点，尽可能适当增加订购次数，以减少存货积压，也就是减少其昂贵的费用和大量的资金占用；同时还可以为该类存货分别设置永续盘存卡片，以加强日常控制。

②对B类存货的控制，也要事先为每个项目计算经济订货批量和订货点，同时也可以分项设置永续盘存卡片来反映库存状态，但要求不必像A类存货那样严格，只要定期进行概括性的检查就可以，以节省存储和管理成本。

③对C类的存货控制，由于它们为数众多，而且单价又很低，存货成本也比较低，因此可以适当增加每次订货数量，减少全年的订货次数。对于这类物资的日常控制方法，一般可以采用一些较为简化的方法进行管理。最常用的是"双箱法"，所谓"双箱法"，就是将某项库存物资分装两个货箱，第一箱的库存量是达到订货点的耗用量，当第一箱用完时，就意味着必须马上提出订货申请，以补充生产中已经领用和即将领用的部分。

生产企业中有一些情况不能简单地采用上述方法，如配套产品。企业为了生产某种产品，需要成套的零部件，少了某一个零部件，就不能生产出同一件产品。在这种情况下，一般要成套采购。在品种上不能够分类，但可以在采购数量上进行比例控制，并且持续进行库存数量跟踪监控，多次轮番采购，轮番供应，切实保障成套供应。

有些情况下，企业生产某个产品所需的各个零部件并不是同等重要的，即有关键零部件和普通通用零部件的区别。哪些是关键零部件，哪些是普通通用零部件，只有生产过程中的人员最清楚。关键零部件，一般或是产品的主体部分、或是用量大、或是核心功能和重要功能、或是价值高、或是精度高、或是稀缺品、或是代用品少、或是获取不容易等。普通通用零部件，一般或是用量少、或是代用品多、或是不稀缺、或是不重要、或是获取很容易等。如果要想确定多个产品的相对重要性，也有多种分析方法，可以采用定量分析，也可以采用定性分析。在定性分析中，常用的是评分法。评分法的原理就是聘请一些专家，针对所有需采购的物品品种关于某个或某些指标的相对重要性进行评分，然后将评分结果进行统计分析而得出各个品种的相对重要性。

（2）多个单位采购同一产品。多个单位采购同一个产品，一般是一次订货，然后一次进货。如果使用持续时间长，也可以进行多次进货。在不能一次采购齐全的情况下，一般是采用多次轮番采购、轮番供应的方式，依次保障各个单位的供应。这时每个单位的供应优先顺序一般根据各个单位需求时间的先后顺序确定，先需要的先供应，后需要的后供应。

（3）多个单位采购多个品种。这是一般情况。它是以上两种情况的综合运用，既要用到 ABC 分类法确定各个品种采购的优先程度，又要根据需求单位的情况，确定各个单位之间的供应先后顺序。合理采用适时轮番采购、依次轮番采购等办法进行多单位多品种的采购供应工作。

二、采购品种分析

采购品种分析是在采购中我们所要了解的商品规格，主要指产品规格和服务规格。商品规格说明就是要界定我们所需采购的产品或服务要求。

商品规格说明是用于定义功能、设计、生产能力、运行可靠性、耐用性、灵活性、回收利用能力和处置方法等要素。此外，商品的尺寸、颜色、安全要求、使用条件和标签等也要包括在商品规格说明中。商品规格说明的详细程度可根据规定的程度变化，有时详细的规格要求是必需的，但是过于详细的规格要求会限制供应商提供更多低成本的解决方案，而且采购方还要承担采购的产品或服务不能按期交付的风险。

（一）产品规格

在产品规格的含义中，最常见的是"默示的质量"，如钢笔具备书写功能、雨伞具备遮阳避雨功能。但是默示的质量在很多情况下是无法全面说明规格要求的。我们常见的不同类型的规格主要有品牌或商品名称、样品、技术规格、构成规格、功能和性能规格等几种。

1. 品牌或商品名称

品牌或商品名称是产品规格的简单形式。品牌或商品名称，加上特定的型号信息足以向供应商传达所需的采购信息。在采购中，因为品牌产品的质量较稳定，易于采购，所以采购方比较喜欢采购品牌产品；特别是在采购一些专利产品时，必须采购品牌产品。但是，品牌产品一般价格比较高；此外，在采购品牌产品时，因为供应商单一，一般很少有多个供应商参与竞争，所以采购方需要综合考虑采购对象。

2. 样品

在采购中使用样品作为规格说明的标的物，主要是在无法准确描述采购产品时使用。采用样品作为产品规格可以让采购方在购买之前就能了解这种产品的性能，但是供应商必须能够确保实际供货与样品完全一样。

3. 技术规格

技术规格具有较高的规定性，它能够全面定义采购需要。一般技术规格的内容包括物理性质（尺寸、强度等）、设计细节、公差、使用材料、生产过程和方法、维护条件、操作要求等。

技术规格中可以包括文字信息和图纸信息，这样可以更加清晰地描述要求。作为采购方，应该向供应商提交一份详细的技术规格，这样供应商就有责任严格按照技术规格供货。利用技术规格进行产品说明可以严格界定买卖双方的责任。但是，采购方必须能够制定和提供技术规格。

4. 构成规格

构成规格主要描述一个产品的构成，一般是从化学和物理性质方面进行描述，如纯度、密度、成分、添加剂等。这类规格通常用于原材料以及食品和化学品的采购。采购方利用构成规格作为产品规格说明时，必须确保自身具备对构成规格进行认证的能力。

5. 功能和性能规格

功能规格通常描述采购产品所要执行或达到的功能，性能规格通常描述有关如何更好地达到这种功能的附加要求。

在供应商具备比采购方更强的设计技能和技术时，采购方提供的功能规格和性能规格一般不描述所需的功能和性能是如何实现的。这时采购方必须依赖供应商，所以采购方最好选择信誉良好的供应商。

（二）服务规格

采购的服务类型包括运输、广告、薪酬管理、安保服务、银行服务、餐饮服务、培训、设计服务、管理咨询等。采购服务不同于采购有形产品，但是详细地描述服务规格是非常必要和有效的。

明确服务规格比明确产品规格的难度更大。许多产品的需求可以被准确地描述，但是服务是无形的，很难对其定义。为了尽可能精确，一般根据产出对服务进行描述，即通过服务要达到什么结果，同时还应该明确实现产出的时间表。这些产出应该是可以量化的，并可以清楚准确表达出来的。例如，对于运输服务，可以表述为"在不超过 15 天的期限内将指定的货物无货损货差地送达指定目的地"。

服务不同于产品。一般相同产品的加工过程是无变化的，除非产品在材料和工艺上有个别缺陷。但是服务是由个人完成的，每个人都是不一样的，因此服务质量取决于提供服务的特定人。个人提供服务的能力是很重要的，所以服务规格有时可以明确指定执行这项服务的人应该具备的资格条件。

第三节　采购计划编制

一、采购计划的内容

（一）采购计划的概念

计划是评估当前及未来的环境，确认问题、设定目标，以及决定如何采取措施达到目标的过程。换句话说，就是拟定未来的工作方向与方法，把未知的未来纳入管理。在采购领域里，合理、完善的采购计划是企业成功的关键因素之一。采购计划是采购管理进行运作的前提，也是企业生产计划体系中的重要组成部分。它指的是为维持正常的产销活动，在某一特定的期间内应在何时购入何种材料及购买数量的估计作业。制订采购计划的目的是根据市场的需求、企业的生产能力和采购环境等制定采购清单和采购日程表，包含采购计划和采购订单计划的制订两部分内容。只有充分综合平衡这两部分工作，才能保证企业采购工作的正常进行。

采购计划是在计划期（年、季或月）安排和组织物品市场采购的计划，是在进行一系列采购决策之后编制的，是采购决策的落实和具体化。

（二）编制采购计划的目的

编制采购计划有多方面的作用：一是采购是商业企业经营活动的起始阶段，按计划组织采购，是实现有计划组织生产经营活动的重要保证；二是采购提高了购进物品的稳定性、可靠性、及时性，与企业完成销售等任务计划紧密衔接，提高了商品供应保证程度；三是采购要求具有运输、仓储、资金、人员等实施条件，因而，采购计划是企业编制和落实财务计划、储运计划、人力资源计划等计划的重要依据；四是采购计划的编制，增加了企业内部采购、库存、销售等工作环节的协调，促进企业内部进销存的整合与外部供应单位的衔接，提高了预见性，减少了不确定性，对供应商也是很有好处的。供应商能据此适时备料，更好地计划和安排其生产经营活动，避免商品库存积压或因缺货而错过销售机会。有些供应商对买方能事先填报采购计划的，给予价格优惠。

一般而言，制造业的经营开始于购入原料、物料后，经加工制造或经组合装配成为产品，再通过销售过程获取利润。其中，如何获取足够数量的原料、物料是采购数量计划的重点。因此，数量计划乃是为维持正常的产销活动，在某一特定的期间内应在何时购入何种材料及多少数量的估计作业，此项数量计划应达到以下目的。

（1）预估材料需用数量与时间，防止供应中断，影响产销活动。

（2）避免材料储存过多，积压资金及占用堆积的空间。

（3）配合公司生产计划与资金调度。

（4）使采购部门事先准备，选择有利时机购入材料。

（5）确立材料耗用标准，以便管制材料购用数量及成本。

二、编制采购计划的环节

采购计划的制订主要包括两部分内容：采购认证计划的制订和采购订单计划的制订。具体流程可分为八个环节，即准备认证计划、评估认证需求、计算认证容量、制订认证计划、准备订单计划、评估订单需求、计算订单容量、制订订单计划。

（一）采购认证计划的制订

1. 准备认证计划

采购认证是指企业采购人员对采购环境进行考察并建立采购环境的过程。对需要与供应商合作开发项目的采购方来说，就有必要进行采购认证。采购认证根据项目的大小、期限的长短等采取不同的认证方法。准备认证计划可以从四个方面来阐述。

（1）接收开发批量需求。开发批量需求是能够启动整个供应程序流动的牵引项，要想制订比较准确的认证计划，首先要做的是熟悉开发需求计划。目前开发批量需求计划通常有两种情形：一种是在以前或是目前采购环境中就能够发掘的物料供应，如以前接触的供应商的范围比较大，就可从供应商的供应范围中找到企业需求的批量物料需求；另一种是新物品，新物品是采购环境中无法提供的，需要寻找新物品的供应商或与供应商一起研究、开发新物品。

（2）掌握余量需求。随着市场需求变得越来越大，企业销售量随之增加，旧的采购环境容量不足以支持企业的物料需求，或者因为采购环境缩小而无法满足采购的需求。这两种情况都会产生余量需求，余量需求又产生了对采购环境扩容的要求。采购环境容量的信息一般是由认证人员和订单人员提供的。

（3）准备认证环境资料。通常采购环境的内容包括认证环境和订单环境两部分。有些供应商的认证容量比较大，但是其订单容量比较小；有些供应商的情况却相反。产生这两种情况的原因是认证过程本身是对供应商样件的小批量试制过程，需要强有力的技术支持，有时甚至需要与供应商一起开发。但是订单过程是供应商的规模化的生产过程，突出的表现就是自动化机器流水作业及稳定的生产，技术工艺已经固化在生产流程中，所以它的技术支持难度比认证容量要小。

（4）制订认证计划说明书。在做好以上三个步骤后，最后要制订认证计划说明书，就是准备好认证计划所需要的材料，主要内容包括认证计划说明书，同时附有开发需求计划、余量需求计划、认证环境资料等。

2. 评估认证需求

评估认证需求的主要内容包括三个方面：分析开发批量需求、分析余量需求、确定认证需求。

（1）分析开发批量需求。开发批量需求的分析不仅需要数量上的需求，而且要掌握物料的技术特征等信息。开发批量需求的样式是各种各样的，按照需求的环节可以分为研发物料开发认证需求和生产批量物料认证需求；按照采购环境可以分为环境内物料需求和环境外物料需求；按照供应情况可以分为直接供应物料和需要定做物料等。对于如此复杂的情况，计划人员应该对开发物料需求做详细的分析，计划人员还应具备计划知识、开发知识、认证知识等，兼有从战略高度分析问题的能力。

（2）分析余量需求。分析余量需求要求首先对余量需求进行分类，余量认证的来源有两种：一是市场销售需求的扩大，二是采购环境订单容量的萎缩。这两种情况都导致目前采购环境的订单容量难以满足客户的需求，因此需要增加采购环境容量。对于市场销售需求造成的，可通过市场及生产需求计划得到各种物料的需求量和时间；对于订单容量萎缩造成的，可通过分析现实采购环境的总体订单容量与原定容量之间的差别得到。

（3）确定认证需求。确定认证需求可以根据开发批量需求和余量需求的分析结果来确定。认证需求是指通过认证手段，获得具有一定订单容量的采购环境。

3. 计算认证容量

计算认证容量主要包括以下几个方面的内容。

（1）分析项目认证资料。分析项目认证资料是计划人员的一项重要任务，不同的认证项目，其过程及周期也是千差万别的。机械、电子、软件、设备、生活用品等物料项目，它们的加工过程各种各样，非常复杂。作为从事某种行业的实体来说，需要认证的物料项目为上千种物料中的某几种，熟练分析几种物料的认证资料是可能的，但对于规模比较大的企业，分析上千种甚至上万种物料，其难度要大得多。

（2）计算总体认证容量。在采购环境中，供应商订单容量与认证容量是两个不同的概念，有时可以互相借用，但绝不是等同的。一般认证供应商时，要求供应商提供一定的资料用于支持认证操作，或者一些供应商只做认证项目。总之，在供应商认证合同中，应说明认证容量与订单容量的比例，防止供应商只做批量订单，而不愿意做样件认证。计算采购环境的总体认证容量的方法是把采购环境中所有物供应商的认证容量叠加即可，但对于有些供应商的认证容量需要加以适当的系数。

（3）计算承接认证量。供应商的承接认证量等于当前供应商正在履行认证的合同量。一般认为认证容量的计算是一个相当复杂的过程，各种各样的物料项目的认证周期也是不一样的，一般是要求计算某一时间段的承接认证量。最恰当的、最及时的处理方法是借助电子信息系统，模拟显示供应商已承接的认证量，以便认证计划决策使用。

（4）确定剩余认证容量。某一物料所有供应商群体的剩余认证容量的总和，称为该物料的"认证容量"，可以用下面的公式简单说明，即

物料认证容量 = 物料供应商群体总体认证容量–承接认证量

这种计算过程也可以被电子化，一般 MRP 系统不支持这种算法，因而可以单独创建系统。认证容量是一个近似值，仅作为参考，认证计划人员对此不可过高估计，但它能指导认证过程的操作。采购环境中的认证容量不仅是采购环境的指标，而且是环境不断创新、维持持续发展的动力源。源源不断的新产品问世是认证容量价值的体现，也由此能生产出各种各样的产品新部件。

例如，某电视机厂去年生产的某型号电视机销量达到 10 万台，根据市场反应状况，预计今年的销售量会比去年增加 30%。为生产 10 万台电视机，公司需采购某零件 40 万件，公司供应这种零件的供应商主要有两家，A 的年产能力为 50 万件，已有 25 万件的订单，B 的年产能力为 40 万件，已有 20 万件的订单，求出认证过程。

解：第一步，分析认证需求。

今年销售预测：$10 \times (1 + 30\%) = 13$（万件），该种零件的需求量：$13 \times 4 = 52$（万件）。

第二步，计算认证容量。

A 与 B 的供应量是：$(50–25) + (40–20) = 45$（万件），$52–45 = 7$（万件），公司再采购 7 万件才能满足需求。

4. 制订认证计划

制订认证计划主要内容包括对比需求与容量、综合平衡、确定余量认证计划、制订认证计划四个方面。

（1）对比需求与容量。认证需求与供应商对应的认证容量之间一般都会存在差异，如果认证需求小于认证容量，则没有必要进行综合平衡，直接按照认证需求制订认证计划；如果认证需求大大超出认证容量，就要进行认证综合平衡，对于剩余认证需求需要制订采购环境之外的认证计划。

（2）综合平衡。综合平衡就是指从全局出发，综合考虑生产、认证容量、物料生命周期等要素，判断认证需求的可行性，通过调节认证计划来尽可能地满足认证需求，并计算认证容量不能满足的剩余认证需求，这部分剩余认证需求需要到企业采购环境之外的社会供应群体之中寻找容量。

（3）确定余量认证计划。确定余量认证计划是指对于采购环境不能满足的剩余认证需求，应提交给采购人员分析并提出对策，与之一起确认采购环境之外的供应商认证计划。采购环境之外的社会供应群体如果没有与企业签订合同，那么制订认证计划时要特别小心，并由具有丰富经验的认证计划人员和认证人员联合操作。

（4）制订认证计划。制订认证计划是认证计划的主要目的，是衔接认证计划和订单计划的桥梁。只有制订好认证计划，才能根据该认证计划做好订单计划。下面给出认证物料数量及开始认证时间的确定方法。

认证物料数量 = 开发样件需求数量 + 检验测试需求数量 + 样品数量 + 机动数量

开始认证时间 = 需要认证结束时间–认证周期–缓冲时间

（二）采购订单计划的制订

1. 准备订单计划

准备订单计划也分为四个方面的内容：接收市场需求、接收生产需求、准备订单环境资料、制定订单计划说明书。

（1）接收市场需求。首先要弄明白什么是市场需求，市场需求是启动生产供应程序流动的牵引项，要想制订比较准确的订单计划，首先必须熟知市场需求计划或者市场销售计划。市场需求进一步分解便得到生产需求计划。企业的年度销售计划一般在上年的年末制订，并报送至各个相关部门，同时下发到销售部门、计划部门、采购部门。一边指导全年的供应链运转；一边根据年度计划制订季度、月度的市场销售需求计划。

（2）接收生产需求。生产需求对采购来说可以称为生产物料需求。生产物料需求的时间是根据生产计划产生的，通常生产物料需求计划是订单计划的主要来源。为了便于理解生产物料需求，采购计划人员需要深入熟知生产计划及工艺常识。在 MRP 系统中，物料需求计划是主生产计划的细节，它主要来源于主生产计划、独立需求的预测、物料清单的文件、库存文件。编制物料需求计划的主要步骤包括以下内容。

①决定毛需求。

②决定净需求。

③对订单下达日期及订单数量进行计划。

（3）准备订单环境资料。准备订单环境资料是准备订单计划中一个非常重要的内容。订单环境是在订单物料的认证计划完毕之后形成的，订单环境的资料主要包括以下内容。

①订单物料的供应商消息。

②订单比例信息（对多家供应商的物料来说，每个供应商分摊的下单比例称为订单比例，该比例由认证人员产生并给予维护）。

③最小包装信息。

④订单周期，它是指从下单到交货的时间间隔，一般以天为单位。

订单环境一般以信息系统进行管理。订单人员根据生产需求的物料项目，从信息系统中查询了解该物料的采购环境参数及其描述。

（4）制定订单计划说明书。制定订单计划说明书也就是准备好订单计划所需要的资料，主要内容包括以下两点。

①订单计划说明书，如物料名称、需求计划、到货日期等。

②附有市场需求计划、生产需求计划、订单环境资料等。

2. 评估订单需求

评估订单需求是采购计划中非常重要的一个环节，只有准确地评估订单需求，才能为计算订单容量提供参考依据，以便制订出好的订单计划。它主要包括三个方面的内容：分析市场需求、分析生产需求、确定订单需求。

（1）分析市场需求。市场需求和生产需求是评估订单需求的两个重要方面。订单计划不仅来源于生产计划，一方面，订单计划首先考虑的是企业的生产需求，生产需求的大小直接决定了订单需求的大小；另一方面，制订订单计划还得兼顾企业的市场战略及潜在的市场需求等。此外，制订订单计划还需要分析市场要货的计划的可信度，必须仔细分析市场签订合同的数量与还没有签订合同的数量（包括还没有及时交货的合同）的一系列数据，同时研究其变化趋势。全面考虑要货计划的规范性和严谨性，还要参照相关的历史要货数据，找出问题所在。只有这样，才能对市场需求有一个全面的了解，才能制订出一个满足企业远期发展与近期实际需求相结合的订单计划。

（2）分析生产需求。分析生产需求是评估订单需求首先要做的工作。要分析生产需求，首先就需要研究生产需求的产生过程，然后分析生产需求和要货时间，这里不再进行详细阐述，仅通过一个企业的简单例子进行说明。

例如，某企业根据生产计划大纲，对零部件的清单进行检查，得到部件的毛需求量。在第一周，现有的库存量是 80 件，毛需求量是 40 件，那么剩下的现有库存量为 80-40＝40（件），则到第三周时，库存为 40 件，此时预计入库 120 件，毛需求量是 70 件，那么新的现有库存为 40+120-70＝90（件）。每周都有不同的毛需求量和入库量，于是就产生了不同的生产需求，对企业不同时期产生的不同生产需求进行分析是很有必要的。

（3）确定订单需求。根据对市场需求和对生产需求的分析结果，就可以确定订单需求。通常来说，订单需求的内容是通过订单操作手段，在未来指定的时间内，将指定数量的合格物料采购入库。

3. 计算订单容量

计算订单容量是采购计划中的重要组成部分。只有准确地计算好订单容量，才能对比需求和容量，经过综合平衡，最后制订出正确的订单计划。计算订单容量主要有四个方面的内容：分析项目供应资料、计算总体订单容量、计算承接订单容量、确定剩余订单容量。

（1）分析项目供应资料。众所周知，在采购过程中物料和项目是整个采购工作的操作对象。对采购工作来说，在目前的采购环境中，所要采购物料的供应商信息是非常重要的一项信息资料。如果没有供应商供应物料，那么无论是生产需求还是紧急的市场需求，一切都无从谈起。可见，有供应商的物料供应是满足生产需求和满足紧急市场需求的必要条件。例如，某企业想设计一家练歌房的隔音系统，隔音玻璃棉是完成该系统的关键材料，经过项目认证人员的考察，该种材料被垄断在少数供应商的手中，在这种情况下，企业的计划人员就应充分利用好这些情报，在下达订单计划时就会有的放矢。

（2）计算总体订单容量。总体订单容量是多方面内容的组合，一般包括两方面内容：一方面是可供给的物料数量；另一方面是可供给物料的交货时间。

例如，A 供应商在 12 月 31 日之前可供应 5 万个特种按钮（i 型 3 万个、ii 型 2 万个），B 供应商在 12 月 31 日之前可供应 8 万个特种按钮（i 型 4 万个、ii 型 4 万个），那么 12 月 31 日之前 i 型和 ii 型两个按钮的总体订单容量为 13 万个，其中 ii 型按钮的总体订单容量为 6 万个。

（3）计算承接订单容量。承接订单容量是指某供应商在指定的时间内已经签下的订单量，但是承接订单容量的计算工程较为复杂。

例如，A 供应商在 12 月 31 日之前可以供应 5 万个特种按钮（i 型 3 万个、ii 型 2 万个），如果已经承接 i 型特种按钮 2 万个，那么对 i 型和 ii 型物料已承接的订单量就比较清楚，即 2 万个（i 型）＋2 万个（ii 型）＝4 万个。

（4）确定剩余订单容量。剩余订单容量是指某物料所有供应商群体的剩余订单容量的综合，可以用以下公式表示：

$$物料剩余订单容量 = 物料供应商群体总体订单容量 - 已承担订单量$$

4. 制订订单计划

制订订单计划是采购计划的最后一个环节，也是最重要的环节，主要包括四个方面的内容：对比需求与容量、综合平衡、确定余量认证计划、制订订单计划。

（1）对比需求与容量。对比需求与容量是制订订单计划的首要环节，只有比较出需求与容量的关系，才能有的放矢地制订订单计划。如果经过对比发现需求小于容量，即无论需求多大，容量总能满足需求，则要求企业根据容量制订合适的物料需求计划，这样就产生了剩余物料需求，需要对剩余物料需求重新制订认证计划。

（2）综合平衡。综合平衡是指综合考虑市场、生产、订单容量等要素，分析物料订单需求的可行性，必要时调整订单计划，计算容量不能满足的剩余订单需求。

（3）确定余量认证计划。在对比需求与容量时，如果容量小于需求就会产生剩余需求，对于剩余需求，要提交认证计划制订者处理，并确定能否按照物料需求规定的时间及数量交货。为了保证物料及时供应，可以通过简化认证程序，并由具有丰富经验的认证计划人员进行操作。

（4）制订订单计划。制订订单计划是采购计划的最后一个环节，订单计划做好之后就可以按照计划进行采购工作。一份订单包含的内容有下单数量和下单时间两方面。

下单数量=生产需求量–计划入库量–现有库存量+安全库存量

下单时间=要求到货时间–认证周期–订单周期–缓冲时间

采购计划的制订并不是简单的过程。企业对于采购计划的制订应给予高度的重视，进行充分的市场调查，并适时对采购计划进行修改和调整，力争做到采购计划的具体化和数量化。

➤实践　采购计划编制

一、实践目的

1. 了解企业物资分类方法。
2. 了解企业编制采购计划的依据。
3. 熟悉企业编制采购计划的流程。

二、实践准备

1. 推荐企业若干家，包括大中小型的生产企业。
2. 布置调查内容。
3. 学生完成调查提纲。

三、实践步骤

1. 4～6 人一组，以小组为单位到企业实地调查，收集相关资料。
2. 以小组为单位交流调查收获，推荐代表发言。
3. 全班交流，相互提问。
4. 教师进行实践总结。

四、注意事项

1. 调查过程中注意安全，注意言行举止。
2. 资料收集尽可能全面，包括企业年度销售计划、年度生产计划、库存现状、采购周期、物料清单、外购物料到货周期等。提倡收集企业采购中的实际故事。

采购物品清单

序号	物料名称	料号	规格	申购数量	库存数量	单位	需求日期	备注

年 月 日

第　　周生产计划表

生产单号	产品名称	批量	交货日期	月　日	月　日	月　日	月　日	月　日

年度销售计划

序号	产品	一季度计划销量	一季度实际销量	二季度计划销量	二季度实际销量	三季度计划销量	三季度实际销量	四季度计划销量	四季度实际销量	备注

本 章 小 结

　　编制采购计划做到数量准确、操作性强、储备合理，在确保正常运行的同时，最大限度地降低采购成本，使运行成本处于理想状态，为提供强有力的市场竞争力，编制出科学、合理的物资采购计划，达到既保证生产又不增加库存的目的，就能在激烈的市场竞争中立于不败之地。而制造企业编制采购计划比其他性质企业更复杂，既要考虑企业自身销售计划和自身生产能力，又要考虑部分外购配件供应能力；既要考虑企业销售供货能力，又要考虑降低成本，提高利润率。所以，制造企业编制采购计划包括：准备认证计划、评估认证计划、计算认证容量、制订认证计划、准备订单计划、评估订单需求、计算订单需求和制订订单计划八个环节。只有做好每一环节，才能制订出成功的采购计划。

➤复习思考题

一、单选题

1. 对于集中采购物品，需要采取的采购物品分类策略是（　　）
　　A. 集中竞价　　　　　　　　　　　B. 系统化采购
　　C. 确保供应　　　　　　　　　　　D. 建立长期伙伴关系
2. 对于瓶颈采购物品，需要采取的采购物品分类策略是（　　）
　　A. 建立长期伙伴关系　　　　　　　B. 集中竞价
　　C. 确保供应　　　　　　　　　　　D. 系统化采购
3. 物料需求计划的缩写为（　　）
　　A. BOM　　　　　　B. MRP　　　　　　C. ERP　　　　　　D. DRP

4. 采购计划中最后的环节是（　　　）

A. 评估订单需求 　　　　　B. 制订订单计划

C. 计算订单容量 　　　　　D. 准备订单计划

5. 以下属于采购绩效指标的是（　　　）

A. 来料质量 　　　　　　　B. 存储费用

C. 采购人员数量 　　　　　D. 来料处理损失指标

二、多选题

1. 准备订单计划包括（　　　）

A. 预测市场需求

B. 分析市场需求

C. 确定生产需求

D. 准备订单环境资料

E. 制定订单计划说明书

2. 评估订单需求包括（　　　）

A. 分析生产需求

B. 确定订单需求

C. 预测市场需求

D. 确定生产需求

E. 分析市场需求

3. 常见的不同类型的规格有（　　　）

A. 品牌或商品名称

B. 样品

C. 技术规格

D. 构成规格

E. 功能和性能规格

4. 制造企业编制采购计划的主要依据有（　　　）

A. 年度销售计划 　　B. 年度生产计划 　　C. 物料清单

D. 库存记录卡 　　　E. 生产效率

5. 以下属于采购决策相关成本的是（　　　）

A. 物料成本 　　　　　　　B. 采购部门的专门开支

C. 库存资金占用成本 　　　D. 采购差旅费

6. ABC 分类控制法的原理是按帕累托曲线所示意的主次关系进行分类管理，其广泛应用于工业、商业、物资、人口及社会学等领域，以及（　　　）等许多方面。

A. 质量管理 　　B. 成本管理 　　　C. 生产管理 　　　D. 采购管理

7. 以下属于采购效率指标的是（　　　）

A. 来料质量 　　B. 存储费用 　　　C. 采购人员数量 　　D. 错误采购次数

8. 采购绩效考核的评估方法包括（　　　）

    A. 直接排序法　　　B. 等级排序法　　　C. 利润中心法　　　D. 目标管理法

三、简答题

1. 计算订单容量主要包括哪些内容？
2. 制订订单计划主要包括哪些环节？
3. 采购计划的编制主要包括哪些环节？
4. 简述制造企业编制采购计划的主要步骤。
5. 简述 MRP 工作原理。

➤案例思考与解析

西门子在世界范围内大约有 2500 名采购人员，而且在 256 个采购部门中拥有 1500 名一线采购人员。同时西门子拥有 12 万家供应商，其中 2 万家供应商被指定为第一选择，他们的数据被存储到西门子内部电子信息系统中。为了确定采购点的活动中心，西门子对这些供应商进行了科学的分类管理。

任何一个有望成为西门子供应商的公司都必须认真考虑客户会如何对其产品进行归类。对一个供应商而言，西门子公告的采购政策在维持双方可能的关系上具有相当大的暗示。任何一个将西门子列为核心客户，但产品却被划入第二类或第四类的供应商，其管理人员都很难与西门子结成特殊关系；发展协作伙伴关系取决于客户与供应商双方。因此，必须以某种方式，通过差别化提高客户对产品的感知，进而促成西门子与之形成首选供应商的关系。

除了完成采购职能的一般任务，西门子还有一个专设的团队进行采购营销。他们的一项主要职能就是使西门子成为潜在供应商的一个更有吸引力的客户。他们会以这种身份涉足市场研究，找出新的供应商并进行评估，还会与现有的供应商研究新的合作领域，这样做对双方的利益都有好处。例如，依照最节省成本的生产批量对订单要求的数量，对供应商加以排列，将会使双方获益。另外，供应商会应邀对西门子的产品设计和生产方法进行技术考察，目的是减少特殊部件的数量，同时增加标准部件的数量，因为标准部件更易于仓储和生产。通过这种方式，供应商提高了效率，并且将提高效率带来的这部分利益传递给西门子，使后者能在自己的市场上进行有力的竞争。

西门子还对它的采购经理怎样利用时间感兴趣，他们正在监测每个采购员将 10 万马克用于购买 8 种不同分类目录下的供应品分别需要花费多少时间。例如，这种监测在生产一种产品的工厂里，采购经理购买 10 万马克的集成电路将花费 1.7 小时，而在另外一家工厂里，类似的采购活动可能要花费 3 倍的时间。这类的分析也许可能不会产生大的回报，但能促使他们适当地质疑采购资源的分配，并使这些资源集中在正确的方向上。

➤教学实践

章	节	任务	形式与方法	课时分配	知识目标	能力目标	素质目标
采购需求分析与采购计划	熟悉请购表单	1. 识读请购表单 2. 请购表单的处理	启发式教学+案例教学+课堂讲授+讨论式 多媒体教学+网络教学+实践教学手段 1. 教师讲解采购请购表单的内容、采购申请的文件名称、采购申请的格式和采购任务清单的形成 2. 学生撰写采购申请调查报告 3. 教师总结学生撰写调查报告情况	2	掌握采购申请的制定和请购表单设计	能够编制请购表单	分析学习 沟通协作 团队意识 实事求是
	采购需求分析方法	1. 采购物品分析 2. 采购品种分析	案例教学+课堂讲授+启发式+讨论式+探究式 多媒体教学+网络教学+实践教学手段 1. 教师讲解采购物品分类策略以及确定产品的供应策略 2. 学生熟悉、讨论采购物品分类流程 3. 教师总结学生探究采购物品分类流程情况	2	掌握采购物品分析方法	能够利用80/20原则为大型企业采购进行物品分析	分析学习 沟通协作 团队意识 客观公正
	采购计划编制	1. 采购计划的内容 2. 编制采购计划的环节	案例教学+课堂讲授+启发式+讨论式+探究式 多媒体教学+网络教学+实践教学手段 1. 教师讲解采购计划的内容和编制采购计划的环节 2. 学生熟悉、讨论编制采购计划的流程 3. 教师总结学生探究编制采购计划流程的情况	2	掌握编制采购计划的环节	能够编制采购计划	分析学习 沟通协作 团队意识 客观公正

➤教学评价

名称：采购需求分析与采购计划

评价类别	评价项目	评价标准	评价依据	评价方式			权重
				学生自评	学生互评	教师评价	
				0.1	0.1	0.8	
过程评价	学习能力	学习态度，学习兴趣，学习习惯，沟通表达能力，团队合作精神	学生考勤，课后作业完成情况，课堂表现，收集和使用资料情况，合作学习情况				0.2
	能够编制请购表单，能够为企业采购进行物品分析，能够编制采购计划	准确分析采购商品类别、准确设计请购表单、合理分配采购物资数目、制订合理的采购计划	采购物资种类、请购表单、采购计划				0.3
	其他方面	探究、创新能力	积极参与研究性学习，有独到的见解，能提出多种解决问题的方法				0.1
结果评价	理论考核						0.2
	实操考核						0.2

第三章

供应商选择与管理

➢学习目标

◇知识目标

掌握供应商调查的方法、供应商评估程序、供应商考评指标体系；熟悉供应商的分类、供应商选择原则与方法；理解供应商关系管理的要点。

◇能力目标

能够撰写调查报告，对供应市场进行分析；能够设计企业供应商绩效考核方案，应用供应商评估方法对供应商进行评估；能够运用所学的知识和方法对供应商进行有效的管理，独立完成供应商信息资料的收集和整理工作。

◇素质目标

具备分析学习、沟通协作、团队意识、实事求是、客观公正的素质。

➢本章实施体系

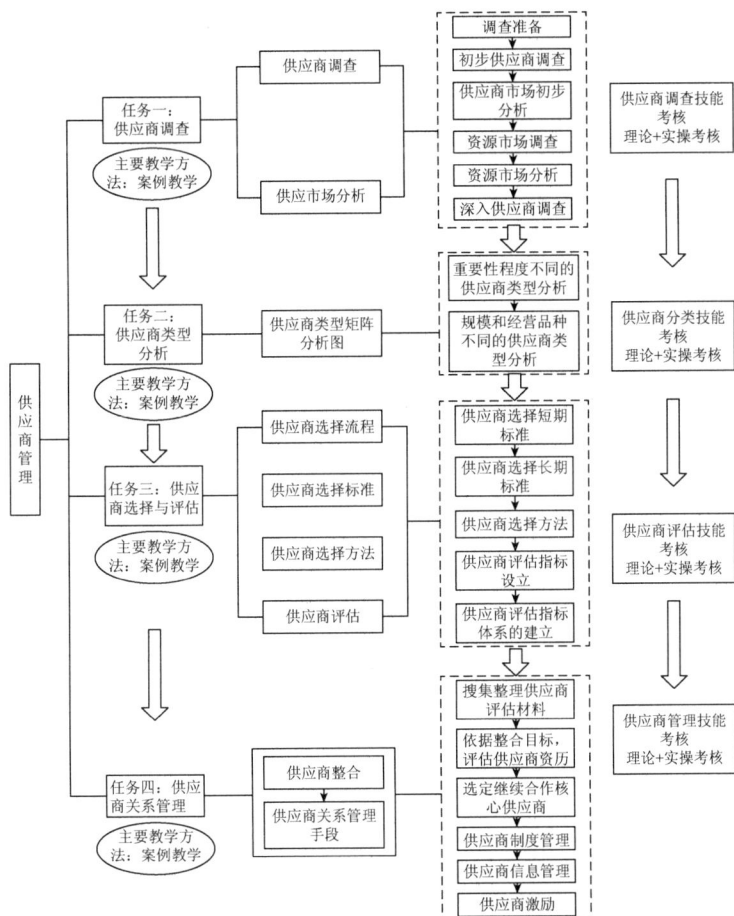

供应商管理

任务一：供应商调查
主要教学方法：案例教学
- 供应商调查
- 供应市场分析
  - 调查准备
  - 初步供应商调查
  - 供应商市场初步分析
  - 资源市场调查
  - 资源市场分析
  - 深入供应商调查

供应商调查技能考核
理论+实操考核

任务二：供应商类型分析
主要教学方法：案例教学
- 供应商类型矩阵分析图
  - 重要性程度不同的供应商类型分析
  - 规模和经营品种不同的供应商类型分析

供应商分类技能考核
理论+实操考核

任务三：供应商选择与评估
主要教学方法：案例教学
- 供应商选择流程
- 供应商选择标准
- 供应商选择方法
- 供应商评估
  - 供应商选择短期标准
  - 供应商选择长期标准
  - 供应商选择方法
  - 供应商评估指标设立
  - 供应商评估指标体系的建立

供应商评估技能考核
理论+实操考核

任务四：供应商关系管理
主要教学方法：案例教学
- 供应商整合
- 供应商关系管理手段
  - 搜集整理供应商评估材料
  - 依据整合目标，评估供应商资历
  - 选定继续合作核心供应商
  - 供应商制度管理
  - 供应商信息管理
  - 供应商激励

供应商管理技能考核
理论+实操考核

➤案例引导

与家乐福建立业务关系的供应商有数千家，其中 90%都是当地的供应商，只有 10%为进口供应商。由于消费品市场千变万化，其中一些供应商的变动比较频繁。因此，这种业务关系不是十分稳定，其在华商务发展实际情况需要家乐福对供应商强化管理，即充分利用分类管理理论。该零售商对供应商管理的内容主要有以下五个方面。

（1）对供应商进行分类与编号。分类的方法一般可按商品来划分，如蔬菜类、主副食品类、熟食类、一般食品类、文具类、家用电器类、针编织品类、衬衣类、烟酒类、玩具类和日用百货杂品类等十几个大类。为方便管理，在与供应商供应的商品分类相一致的分类号码下，各家乐福"大卖场"和超市都会给每个供应商设定编号。常用的编码是四位数，前一位为商品类别代码，后三位为厂商代码。

（2）建立分门别类的供应商基本资料档案备用。家乐福给每一个供应商建立一个专门档案。其内容主要是与供应商有关的公司名称、电话、地址、注册资本额、负责人姓名、营业证件号、营业资料等。

（3）对各类供应商进行业务关系评价。按供应商与家乐福关系的密切程度，将其划分为三个类别，即很密切、密切和一般供应商（即不够密切），并实施分类管理。这构成了其对供应商进行有效管理的核心内容。

（4）建立不同供应商的商品"台账"制度。为每一种商品及相应的供应商建立专门的根据家乐福事先制订的一份规范合约书，制订合约管理细则。该管理细则包括合约签订、登记、审核、检查、处理等内容。家乐福配备专职或兼职采购合同管理人员，并随时掌握采购合约是否履行和注销等情况，统一负责采购合约的造册登记和存档。

（5）建立服务及商品检查制度。采购人员应随时对分类供应商所提供的商品的品质、销售状况、厂商服务状况等进行抽查，向上一级及时汇报，与供应商及时沟通，并对出现的问题要求其供应商在规定的时间内改进完毕。

案例来源：http://wenku.baidu.com/link。

请思考：家乐福如何进行供应商管理？

第一节　供应商调查与分类

一、供应商调查与分析

供应商选择与管理的首要工作，就是要了解供应商、了解资源市场。要了解供应商的情况，就是要进行供应商调查。对供应商的调查，是在选择供应商的过程中具有实质性的一步。在寻找供应商的过程中，对供应商有了一定的了解，但还不足以为供应商的选择提供更多信息，因此必须对供应商做进一步的调查。

不同阶段的供应商调查有不同的要求。供应商调查可以分为初步供应商调查、资源市场调查、深入供应商调查。

（一）初步供应商调查与分析

初步供应商调查是进行供应商调查的第一步，它只是对供应商基本情况的调查。主要是了解供应商的名称、地址、生产能力、能提供什么产品、能提供多少、价格如何、质量如何、市场份额有多大、运输进货条件如何。

1. 初步供应商调查的目的

初步供应商调查是对供应商基本情况的了解，其目的有两个：一是为选择最佳供应商做准备，二是了解掌握整个资源市场的情况，因为许多供应商基本情况的汇总就是整个资源市场的基本情况。

2. 初步供应商调查的特点

由于初步供应商调查是供应商调查的最初阶段，这一阶段要掌握大量的供应商信息和资源分布信息，因此它有以下特点：一是调查内容浅，只要了解一些简单的、基本的情况；二是调查面广，最好能够对资源市场中所有供应商都有所调查、有所了解，从而能够掌握资源市场的基本状况。

3. 初步供应商调查的方法

初步供应商的调查可以通过互联网搜索信息，也可以通过制定问卷调查和实地调查的形式。问卷调查和实地调查的内容依据公司本身的需要，包括供应商的一些基本信息、银行信息、质量保证措施（进货/出货的质量控制）及其他主要客户等，但要考虑供应商填写的方便性和容易度。

4. 供应商分析的主要内容

（1）产品的品种、规格和质量水平是否符合企业需要，价格水平如何。供应商所提供产品的价格是选择供应商的一个重要方面。任何企业都希望本企业所采购的物料是质优价廉的。只有产品的品种、规格、质量水平都适合企业，才算得上企业的可能供应商，才有必要进行下面的分析。

（2）企业的成本、实力、规模如何，产品的生产能力如何，技术水平如何，管理水平如何，企业的信用度如何。在采购过程中，绝大多数的供应商都会尽可能地隐瞒自己的成本结构和定价方法。因此，采购人员要做的第一个任务就是揭开供应商的定价方法及成本构成的面纱。企业的信用度，是指企业对客户、对银行等的诚信程度，表现为供应商对自己的承诺和义务认证履行的程度，特别是在产品质量保证、按时交货、往来账目处理等方面能够以诚相待、一丝不苟地履行自己的责任和义务。对信用度的调查，在初步调查阶段，可以采用访问制，从大众中得出一个大概的、定性的结论。在详细调查阶段，可以通过大量的业务往来，来统计分析供应商的信用程度，这是可以得到定量的结果。

（3）产品是竞争性商品还是垄断性商品。如果是垄断性商品，那么企业在进行采购时往往处在较被动的地位，但如果是竞争性商品，则应考虑供应商的竞争态势如何、产品的销售情况如何、市场份额如何、产品的价格水平是否合适。

（4）供应商相对于本企业的地理交通情况如何，进行运输方式、运输时间和运输费用分析，看运输成本是否合适。在进行以上分析的基础上，为选定供应商提供决策支持。

（二）资源市场调查与分析

1. 供应市场分析的原因

（1）技术的不断创新。无论是生产企业还是商业贸易，为保持竞争力必须致力于产品的创新和质量的改善。当出新技术时，企业或公司在制定自制、外购决策中就需要对最终供应商的选择进行大量的研究。

（2）供应市场的不断变化。国际供应市场处在不断变化之中。国家间的政治协定会突然限制一些进出口贸易，供应商会因为突然破产而消失，或被其竞争对手收购，价格水平和供应的持续性都会因此受影响。需求也会出现同样变化，对某一产品的需求会急剧上升，从而导致紧缺状况的发生。买主必须预测某一产品供需状况的可能变化，并由此获得对自己的商品价格动态的更好理解。

（3）社会环境的变化。欧洲西部相对较高的工资水平已经造成了供应商市场的变化。由于发展中国家较低的工资，有许多欧洲零售商的纺织品供应发生了变化，他们已将自己的供应基地从欧洲转移到了远东地区。

（4）汇率的变动。许多主要币种汇率的不断变化对国际化经营的买主施加了新的挑战。许多国家的高通货膨胀、巨额政府预算赤字、汇率的迅速变化都要求买主对其原料需求的重新分配做出快速反应。

（5）产品的生命周期及其产业转移。产业转移、技术进步不仅改变了政府市场的分布格局，整体上降低制造成本，还对采购的战略制定、策略实施及采购管理提出了新的要求，带来了新的变化，主要体现在：①在自制、外购的决策中，外购的份额在增加；②采购呈现向购买组件、成品的方向发展；③采购的全球化趋势日益增强，同时采购的本地化趋势也伴随着生产本地化的要求得以加强；④供应市场及供应商的信息更加透明化；⑤技术发展使许多公司必须完全依赖于供应商的伙伴关系。

2. 资源市场调查的内容

（1）资源市场的规模、容量、性质。例如，资源市场究竟有多大范围？有多少资源量？多少需求量？是卖方市场还是买方市场？是完全竞争市场、垄断竞争市场还是垄断市场？是一个新兴的成长的市场还是一个陈旧的没落的市场？

（2）资源市场的环境。资源市场所处的环境主要是指资源市场所处的管理环境方面。例如，市场的管理制度、法制建设、市场的规范化程度、市场的经济环境、政治环境等外部条件如何，市场的发展前景如何。

（3）资源市场中各个供应商的情况如何。管理者可以通过分析众多供应商的调查资料，得出资源市场自身的基本情况，如资源市场的生产能力、技术水平、管理水平、可供资源、质量水平、价格水平、需求状况和竞争性质等。

资源市场的调查目的，就是要进行资源市场分析。资源市场分析对企业制定采购策略及产品策略、生产策略等都有很重要的指导意义。

3. 资源供应市场分析

实施物料采购之前，必须先对资源供应市场进行仔细的调查分析。

（1）供应市场的结构。进行市场分析首先要调查了解所处的市场是怎样的结构，市场结构对采购定价及选择供应商都有很大影响。市场结构通常可以分为卖方完全垄断市场、垄断性竞争市场、寡头垄断下的竞争市场、完全竞争市场、买方寡头垄断市场和买方垄断市场。

①卖方完全垄断市场。卖方完全垄断是指市场上有一个供应商、多个购买者。这种市场结构是买方完全处在不利状态的市场，因为供应商所提供的货物只此一家，供应价格完全由供应商说了算。通常这种市场结构都是受到政府管制的，例如，在美国，为了保持价格的合理性，多数的垄断者（如公共事业）都受到管制。因为如果没有管制，作为卖方的垄断者就可以随心所欲地定价。按照产生的原因，完全垄断可分为自然垄断、政府垄断和控制垄断。自然垄断往往来源于显著的规模经济，如飞机发动机、供电等；政府垄断是基于政府给予的特许经营权，如铁路、邮政及其他公用设施等；控制垄断包括因拥有专利权和专门的资源等而产生的垄断。

②垄断性竞争市场。垄断性竞争市场是指有少量卖方和许多买方的市场，其供应商的数量比买方完全垄断市场中的要多一些，新的卖方通过产品的差异性来区别于其他的卖方。一般只有少数几家公司控制市场，但是提供了大量的不同产品来和其他公司竞争，并取得市场份额。这种市场结构是最具有现实意义的市场结构，其中存在若干的供应商，各供应商所提供的商品不同，企业进入和退出市场完全自由。多数日用消费品、耐用消费品和工业产品的市场都属于此类。

③寡头垄断下的竞争市场。同样是少量卖方和许多买方，但这类行业存在明显的规模经济，市场准入障碍明显，价格由行业的领导者控制。一个公司给出一个价格后，行业内的其他公司通常就会快速地采纳这个价格。钢铁市场和石油市场是典型的寡头垄断下的竞争市场。

④完全竞争市场。完全竞争市场是典型的多对多市场，有许多的卖方和买方，所有的卖方和买方具有同等的重要性。在现实供需市场中，卖方与买方具有完全同等的地位是不可能的，因此大多数市场都不是完全竞争市场，但是可以像完全竞争市场那样高效地运作，价格的确定是由分享该市场的所有采购商和供应商共同影响确定的。该市场具有高度的透明性，不同供应商的产品结构、质量与性能几乎没有差异，市场信息完备，产品的进入障碍小。这类市场主要存在于专业产品市场、期货市场等。

⑤买方寡头垄断市场。买方寡头垄断市场是指有许多卖方和少量买方的市场。在这种市场中,买方处在主导地位,它对定价有很大的影响,因为所有卖方都在为生意激烈竞争。汽车工业中半成品和部件的市场就是这样的例子。一些部门采用集团采购后也容易形成这种市场。

⑥买方垄断市场。与卖方完全垄断相反,买方垄断市场是指有几个卖方和一个买方的市场。在这种市场中,买方控制价格。这种类型的市场有美国的军事战斗机市场、铁路用的机车和车辆的采购市场等。

不同的市场结构决定了采购企业在买卖中的不同地位,因而必须采取不同的采购策略和方法。从产品设计的角度出发,应尽量避免选择完全垄断市场中的产品,如不得已,就应该与供应商结成合作伙伴的关系。对于垄断竞争市场,应尽可能地优化已有的供应商并发展其成为伙伴型的供应商;对于寡头垄断市场,应尽最大可能与供应商结成伙伴型的互利合作关系。在完全竞争市场下,应把供应商看成商业型的供应业务合作关系。例如,民丰集团的部分包装材料、通用化学品等就属于竞争性的供应市场。此类市场中的供应商数量多且供应商基本已经没有超额利润,可以充分利用主动的选择权,分析和预测供应市场,建立竞争性机制。同时,要使新的竞争者有机会进入供应商名单,创建一个兼顾动态性和稳定性的供应商队伍。

上面所描述的资源市场结构可以置于二维表格中,并得到如表 3-1 所示的结果。

表 3-1　市场结构类型

需方 供方	一个	很少	很多
一个	双边垄断	有限的供应方垄断	供应方垄断
很少	有限的需求方垄断	双边寡头垄断	供应方寡头垄断
很多	需求方垄断	需求方寡头垄断	完全竞争

(2)供应市场分析的层次。一般的供应市场的分析都包含宏观经济分析、中观经济分析和微观经济分析三个层次,如表 3-2 所示。

表 3-2　供应市场分析层次内容

分析层次	分析内容	研究方法	应用领域
宏观层: 商务环境	产业范围、产业生命周期、经济增长率、产业政策及发展方向、工资水平及增长速度、税收政策与税率、关税政策与进出口限制、政府体制结构与政治环境等	PEST 模型 SWOT 模型 产业寿命周期	采购战略规划
中观层: 行业和市场	供求分析、行业效率、行业增长状态、行业生产与库存量、供应市场结构、供应商数量与分布等	五种力量模型 市场竞争结构	资源战略决策 供应源决策
微观层: 商品、供应商、系统流程	供应商的财务状态、组织架构、质量体系与水平、产品开发能力、工艺水平、生产能力与产量、交货周期及准时率、服务质量、成本结构与价格水平	市场调查 市场测试 供应调查 采购调查	供应商选择 采购流程改进 采购绩效考核

(三)深入供应商调查与分析

经过初步供应商调查和资源市场调查后,就要进入深入供应商调查阶段。深入供应商调查是指对经过初步调查后,准备发展为自己的供应商的企业进行的更加深入仔细的考察活动。这种考察是深入供应商企业的生产线、各个生产工艺、质量检验环节甚至管理部门,对现有的设备工艺、生产技术、管理技术等进行考察,看看所采购的产品能不能满足本企业所应具备的生产工艺条件、质量保证体系和管理规范要求。有的甚至要根据所采购的产品的生产要求,进行资源重组并进行样品试制,试制成功以后,才算考察合格。只有通过这样深入的供应商调查,才能发现可靠的供应商,建立起比较稳定的物资采购供需关系。

当然进行深入的供应商调查也有很大缺陷,例如,深入供应商调查需要花费较多的时间和精力,调查的成本高。因此,这种调查并不能对所有的供应商都实施,需要进行深入调查的供应商必须是在以下情况下才能进行。

1. 准备发展成紧密关系的供应商

例如,在进行准时化采购时,供应商的产品准时、免检、直接送上生产线进行装配。这时,供应商已经与企业的利益息息相关,与供应商的紧密关系要求我们选择的供应商必须经过深入调查。因此,准备发展成紧密关系的供应商需要进行深入供应商调查。

2. 寻找关键零部件产品的供应商

如果我们所采购的是一种关键零部件,特别是精密度高、加工难度大、质量要求高、在产品中起核心功能作用的零部件产品,我们在选择供应商时,就需要特别小心,要进行反复认真的深入考察审核,只有经过深入调查证明确实能够达到要求,才确定发展它为我们的供应商。

除了以上两种情况,对于一般关系的供应商,或者是非关键产品的供应商,一般可以不必进行深入的调查,只要进行简单初步的调查就可以了。

供应商调查表如表 3-3 所示。通过调查建立起供应商基本资料表,如表 3-4 所示。

表 3-3　供应商调查表

供应商 基本信息	公司名称				厂址		
	成立日期		占地面积			企业性质	
	负责人				联系人		
	电话		传真			E-mail	
	公司网址						
生产技术 设备信息	主要生产设备及用途						
	检测仪器校对情况						
	主要生产线						
	设计开发能力						
	正常生产能力		/月		最大生产能力		/月
	正常交货周期						
	最短交货期及说明						

续表

产品信息	主要产品及原材料				
	产品介绍				
	产品遵守标准	□国际标准	□国家标准	□行业标准	□企业标准
	产品认证情况				
	产品销售区域				
人员信息	公司总体职工	人	管理人员		人
	技术人员	人	品质管理部		人
财务信息	固定资产净值	万元	营运资金		万元
	资产负债率	%	短期负债		万元
	银行信用等级				
调查时间	年　月　日		调查人		

表 3-4　供应商基本资料表

公司名称				
公司地址			邮编	
联系电话			传真	
主要负责人			公司网址	
业务联系人			电子邮件	
公司概况	注册资本		占地面积	
	成立日期		营业额	
	银行信用状况		设备状况	
	人力资源状况			
产品及服务				
主要生产设备				
主要生产工艺				
主要检测设备				
生产能力	月供货能力			
	正常交付周期			
主要客户简介	客户群体			
	所提供的产品占生产的比例			
其他事项				

二、供应商分类

（一）供应商类型划分的意义

供应商处于企业供需链的供应端，从这种意义上来说，供应商也是企业衍生的资源之一。采购部门掌握的供应商越多，企业的供应来源就越丰富。然而供应商多并不等于优，现代管理思想趋向于"供应商是合作伙伴"。在选择供应商时，一般来说要考虑三个要素：

价格、质量和交货期。传统的企业与供应商的关系是一种短期的、松散的竞争对手关系，容易出现价格上的波动、质量上的不稳定和交货期的不可靠现象。现代企业管理意识到供应商对企业的重要影响，把建立和发展供应商关系作为企业整个经营战略的重要部分之一，与供应商共同分析成本与质量因素，并向供应商提供技术支持，尤其是在 JIT 生产方式下，要求供应商在需要时按需要的数量提供需要的产品，最大限度地降低库存成本和积压风险。

市场的细分有利于企业提高适应能力和应变能力，有利于发掘和开拓新的市场，发挥优势，合理利用企业资源，提高经济效益。供应商的细分要建立在供应市场细分的前提下。供应市场按照供应商数量和竞争关系的差异，可分为竞争性市场和垄断性市场，后者又可表现为单寡头垄断市场和多寡头垄断市场。在竞争性市场中，采购的策略是保持供应市场的竞争性；在多寡头垄断市场中，要运用动态排序来划分采购金额，提高采购方在供应商客户名单中的排名，通过彼此排名选择合适的供应商建立一种差异性的深入合作关系，从采购量和配合程度上争取到供应商的优先价格和服务；而在单寡头垄断市场中，采购方的实力是最重要的砝码。

企业可以按供应商提供产品的重要程度以及供应商对本企业的重视程度和信赖程度，将供应商划分成若干群体。供应商的分类是供应商关系管理的先行环节，只有在供应商细分的基础上，企业才有可能根据供应商的不同情况实行不同的供应商关系管理策略。

（二）供应商的主要类型

1. 按照供应商的重要性分类

依据供应商对本企业的重要性和本企业对供应商的重要性进行分析，供应商可以分成四类。

（1）伙伴型供应商。这类供应商为企业提供生产制造所需要的重要部件或资源，同时，其自身也是同行业中的佼佼者，具有很强的产品研发与创新能力。它可以为企业提供新产品，从而推动企业的发展和创新，有助于提高企业的核心竞争力。供应商的采购业务对本企业来说很重要，而且本企业的采购业务对供应商来说也很重要，那么这样的供应商就是"伙伴型供应商"。

（2）优先型供应商。由于市场相对宽广，而本企业的采购数量却不大，因此对供应商来说本企业的采购业务无关紧要，但对本企业来说该采购业务却非常重要。在这种情况下，企业必须保持与供应商的长久关系，才能获得有利的市场地位，保持持久的竞争优势。这样的供应商就是需要注意改进提高的"优先型供应商"。

（3）重点型供应商。这类供应商非常看重本企业的采购业务，但由于市场上同类产品非常多，或者由于它所提供的产品对本企业不太重要，企业并不特别看重这项采购业务。这类供应商对企业具有强烈的信赖感。在这种情况下，该项采购业务对于本企业无疑是非常有利的，这样的供应商就是本企业的"重点型供应商"。

（4）商业型供应商。企业和供应商对于相互之间的采购业务都不是非常看重，相互之间的交易具有偶然性和临时性的特点，这类供应商对于本企业具有很强的变动性。双方都不存在信赖关系。因而这类供应商可以很方便地选择与更换。企业不需要花费太多的精力和时间来维护与他们的关系。与这些采购业务对应的供应商就是普通的"商业型供应商"。

2. 供应商的规模和经营品种分类

按供应商的规模和经营品种进行分类，可将供应商分为以下几种。

（1）"专家级"供应商。"专家级"供应商是指那些生产规模大、经验丰富、技术成熟，但经营品种相对较少的供应商。这些供应商的目标是占领广阔的市场。

（2）"低产小规模"供应商。"低产小规模"供应商是指那些经营规模小、经营品种少的供应商。这些供应商的目标仅定位于本地市场。

（3）"行业领袖"供应商。"行业领袖"供应商是指那些规模大、品种多的供应商。这些供应商的目标是立足于本地市场，并积极开拓国际市场。

（4）"量小品种多"供应商。"量小品种多"的供应商是那些虽然规模不大但生产的品种较多的供应商。这些供应商的财务状况通常不好，但其潜力可以培养。

第二节　供应商选择与评估

一、供应商选择

（一）供应商选择流程

供应商在很多公司的战略中越来越重要，因为公司的成功越来越依赖于供应商的成功。供应商开发就是从无到有地寻找新的供应商，建立起适合企业需要的供应商队伍。一批适合企业需要的供应商是企业的宝贵资源，他们适时适地为企业提供物资供应，保证企业生产和流通的顺利进行，是企业最大的需要。供应商开发是一个很重要的工作，同时也是一个庞大复杂的系统，需要精心策划、认真组织。

1. 制造企业供应商选择流程

制造企业的供应商选择按照以下流程进行，如图 3-1 所示。

第一步，物料分类。由采购部经理根据所需物料单对材料进行物料分类，可按物料等级与物料成本、性能分类。

第二步，开展调查。即由供应商主管根据供应商开发计划开展调查和信息收集工作。

第三步，供应商初步评估。对收集到的供应商资料进行分析评估，并组织成立供应商评估小组对部分供应商进行实地调查。

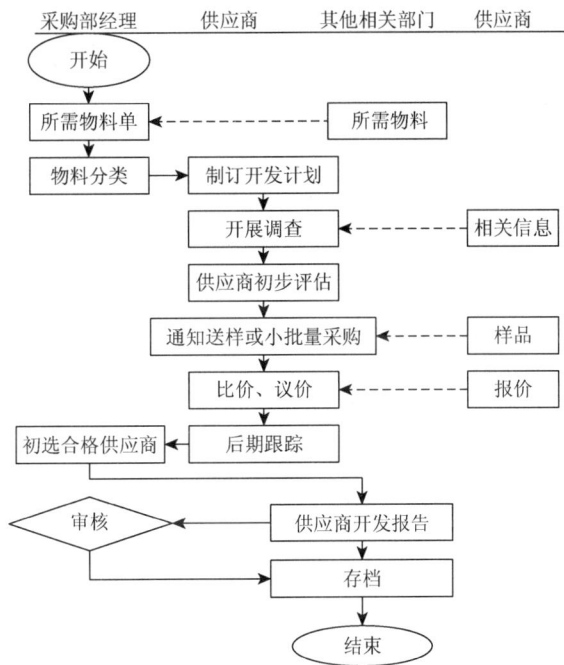

图 3-1　制造企业供应商选择流程

第四步，通知送样或小批量采购。对调查合格的供应商，供应商主管通知供应商进行送样或小批量采购。

第五步，比价、议价。对样品或合格材料评定等级，并进行比价、议价，确定最优的价格性能比。

第六步，后期跟踪。对供应商进行后期跟踪，并且每个月进行简单的考核。

第七步，初选合格供应商。对供应商进行筛选，对于较差的供应商予以淘汰或重新进行评估，对于一般的供应商进行小批量采购，对于优秀供应商进行大批量采购。

第八步，供应商开发报告。编写供应商开发计划，对供应商开发情况进行总结。

2. 零售企业供应商选择流程

零售企业的供应商选择通常按照以下流程进行，如图 3-2 所示。

第一步，与供应商建立联系。了解和掌握供应商的基本信息，包括姓名、性别、职务、年龄等，同时也可以了解供应商的延伸信息，如兴趣爱好、籍贯、行事风格等。具体做法参见理论篇供应商调查部分。

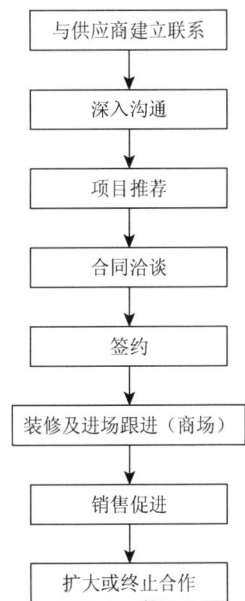

图 3-2　零售企业供应商选择流程

第二步，深入沟通。与供应商进行进一步沟通，掌握供应商的品类情况、其竞争品牌情况、合作存在的问题、各区域及门店的需求、下步的合作计划等基本延伸信息，以及客户可能的需求及回复要点等其他延伸信息。

第三步，项目推荐。与供应商确定好会谈内容、确定好会谈内容的分工、准备好供应商可能提出的需求及回复要点。

第四步，合同洽谈。首先了解同行及竞争对手条件，参考公司要求及文本合同内容，与供应商谈妥相关细节。

第五步，签约。及时回收合同及保证金。

第六步，装修及进场跟进。对于进店的供应商需要注意装修进度，确保形象，按时开业。

第七步，销售促进。与供应商通过联合营销共同促进销售业绩提升，不断提升经营信心。

第八步，扩大及终止合作。通过供应商考核确定能够进行扩大深入合作，促进战略合作的供应商，对于一些表现不佳的供应商则采取终止合作。

➤知识扩展

××企业
供应商开发流程作业指导书

文件类别：＿＿＿＿＿＿＿＿＿＿＿＿＿＿＿＿＿＿＿＿

文件编号：＿＿＿＿＿＿＿＿＿＿＿＿＿＿＿＿＿＿＿＿

填写单位：＿＿＿＿＿＿＿＿＿＿＿＿＿＿＿＿＿＿＿＿

版　　本：＿＿＿＿＿＿＿＿＿＿＿＿＿＿＿＿＿＿＿＿

发行日期：＿＿＿＿＿＿＿＿＿＿＿＿＿＿＿＿＿＿＿＿

机密等级　　　　□机密　　　　　　□一般

合计页数：

核准		审核		制定	

名称	供应商开发流程作业指导书	文件编号	

1 作业流程

供应商开发流程。

2 作业目的

为了规范供应商开发，使其流程化、标准化，以利降低成本，提升品质。

3 作业定义

供应商开发：已有原物料之新供应商开发、原供应商之新供原物料开发及新供应商之新原物料开发。

4 作业范围

包括由采购部、事业部采购科、技术处主办或相关单位推荐的新供应商的开发、评鉴流程。

5 作业权责

（1）技术处：新供应商开发的提出、原物料检验、原物料上机实验、样品及批量测试、原物料检验标准制定。

（2）采购科或采购部：新供应商开发的提出、供应能力等相关方面的评价。

（3）生管处：实验排产。

（4）制造处：原物料实验之样品生产。

6 作业内容

6.1 开发流程

6.1.1 供应商资料评估及试样申请

（1）在发起单位（采购部、事业部采购科或技术处）引进新供应商前，必须先收集供应商资料并填写《供应商调查表》，再考量其成本接受性、需求性、与厂商供应能力、信用等，决定是否提供样品测试。若为原有合格供应商提供新物料为原有或同类型设备，则不需填写《供应商调查表》。

（2）事业部采购科主办：要求供应商提供相关资料，填写《供应商调查表》。若需试样则请供应商提供样品，采购填写《样品实验申请单》，连同《供应商调查表》送交技术处。

（3）技术处主办：要求供应商提供相关资料，填写《供应商调查表》。若需试样则请供应商提供样品，采购填写《样品实验申请单》，连同《供应商调查表》和《样品实验申请单》复印或扫描给采购科。

（4）采购部主办：要求供应商提供相关资料，填写《供应商调查表》。若需试样则请供应商提供样品，采购填写《样品实验申请单》，连同《供应商调查表》和《样品实验申请单》复印或扫描给采购科及技术处。

6.1.2 样品试样评估

（1）样品测试：技术处接到样品后先进行物性测试，填写《原物料测试报告》，呈技术处主管核准后存档，并由技术处主管确定是否上机实验，若不进行上机实验，则以《样品实验申请单》的形式反馈给采购科。

（2）上机实验：技术处根据原物料性能特点及使用需求进行实验设计，开展《实验指示单》，由技术处上机试用物料，实验过程由技术处进行跟踪后，填写《实验制程报告》及《成品物性测试报告》，呈技术处主管核准后存档，并以《样品实验申请单》的形式将结果反馈给采购科。若合格，则由发起单位确定是否进行批量试用；若不合格，同样由发起单位通知厂家改善后再试样。

6.1.3 批量试用评估

（1）批量试用的申请：采购科接到合格的《样品实验申请单》回馈后，可安排批量进货，并填写《批量实验申请单》，交至技术部。

（2）批量试用的量：薄膜、纸类 20R/S 以内，树脂、胶水、油墨类 1 吨以内，如果遇特殊、紧急状况，在规定数量范围外的批量使用，采购科需事前与技术处沟通。

（3）批量试用实验：采购提交《批量实验申请单》的原物料由技术处管控使用，若为新物料，则提供《原物料检验标准》给品保处和采购科，品保处做原料检验、转良，生产处排产，制造处上机使用。

（4）批量试用结果：批量试用的原物料由技术处跟踪使用情况后，填写《实验制程报告》及《成品物性测试报告》，呈技术处主管核准后存档，并将批量实验结果以《批量实验申请单》的形式反馈给采购科，作为后续是否进货的依据。

6.1.4 供应商评审

（1）常规原物料经过一次批量跟踪后由采购科填写《供应商评鉴表》，经总经理签核后列入《合格供应商名册》，特殊原物料或原物料需一次以上批量跟踪的，由技术在第一次《批量实验申请单》的结论中注明，采购科执行。

（2）在采购科做供应商评鉴时，一般厂家可做书面评鉴，以下厂家可以选为做实地评鉴：供应品项在以下范围内：OPP\PET\CPP\VMCPP\CPE\PVC\油墨。在以上范围内的厂家如距离偏远并且月采购金额在 10 万元以下的可由采购科提出进行书面评鉴，实地评鉴可视品保、技术、采购人员的时间安排，在正常供货 3 个月内补考核。

6.1.5 《原物料检验标准》的发放

（1）旧原物料在供应商提供样品之前，由开发单位提供《原物料检验标准》给供应商。

（2）新原物料技术处确认合格后，应立即制定《原物料检验标准》，经技术处主管核准后存档，并下发品保处、采购科，采购科提供给供应商。正常进货由品保处依《原物料检验标准》做检验。

6.2 合格供应商管理

（1）开发合格的供应商由采购科登入《合格供应商名册》中，由技术处将原物料生产厂家名称和具体原物料牌号在《原物料编码一览表》中体现。

（2）对常用原物料，若对应的供应商连续一年都未向其采购，则在《合格供应商名册》及《原物料编码一览表》取消其合格供货生产厂家目录，若要再次采购则重新按（1）作业。

6.3 样品的管理

（1）采购科或采购部开发的供应商，提供样品前应通知技术处，由技术处通知资材收货。

（2）技术处对供应商所送样品进行汇整、管理。

7 相关表单

《供应商调查表》、《样品实验申请表》、《合格供应商名册》、《批量实验申请单》、《供应商评鉴表》、《供应商实地评鉴表》、《实验指示单》、《原物料测试报告》、《成品物性测试报告》、《原物料编码一览表》。

（二）供应商选择标准

供应商的评估与选择是采购管理成功与否的关键，合格的供应商能提供足够的物料数量、合理的物料价格、合适的物料质量、准确的物料交货和良好的售后服务。选择供应商，就是在要求供应商能持续满足预先设定的质量标准的前提下，保证其按时供货和提供合理的价格。从资信、供应风险、竞争性等因素考虑，供应商的选择标准有短期标准和长期标准，如表 3-5 所示。

表 3-5　供应商选择标准

短期标准	长期标准
产品质量合适	供应商的财务状况是否稳定
成本低、整体服务水平好	供应商的内部组织和管理是否良好
交货及时、履行合同承诺能力高	供应商生产、技术、人力资源等状况是否稳定和持续提高

（三）供应商选择方法

供应商选择常用的定性方法主要有直观判断、招标选择、协商选择和考核选择。

1. 直观判断

直观判断是根据征询和调查所得的资料，对供应商进行大体分析，是对比评价的一种方法，也是常用的一种方法，它的主观性较强。其最主要的依据是采购人员对供应商以往的业绩、质量、价格、服务等的了解程度。而选择供应商的同时也注意到了以下问题。

（1）单一供应商与多家供应商：尽可能避免单源供应，集中采购数量优势。

（2）国内采购与国外采购：选择国内供应商价格较低，由于地域位置近可以施加"零库存"策略，而国外供应商可以采购到国内技术无法达到的物料，提升产品自身的技术含量。

（3）直接采购与间接采购。这种方法的质量取决于对供应商资料是否正确、齐全及决策者的分析判断能力与经验。虽然，它具有运作方式简单、快速、方便等优点，但是缺乏科学性，受掌握信息详尽程度的限制，因此常用于选择企业非主要原材料的供应商。

2. 招标选择

当采购物资数量大、供应市场竞争激烈时，可以采用招标方法来选择供应商。

3. 协商选择

在潜在供应商较多、采购者难以抉择时，也可以采用协商选择方法，即由采购单位选出供应条件较为有利的几个供应商，同它们分别进行协商，再确定合适的供应商。和招标选择方法相比，协商选择方法因双方能充分协商，在商品质量、交货日期和售后服务等方面较有保证；但由于选择范围有限，不一定能得到最便宜、供应条件最有利的供应商。当采购时间紧迫、投标单位少、供应商竞争不激烈、订购物资规格和技术条件比较复杂时，协商选择方法比招标选择方法更为合适。

4. 考核选择

所谓考核选择，就是在对供应商充分调查了解的基础上，再经过认真考核、分析比较后选择供应商的方法。考核选择方法包括以下内容。

（1）调查了解供应商。供应商调查可以分为初步调查和深入调查。每个阶段的调查对象都有一个供应商选择的问题，而且选择的目的和依据是不同的。

（2）考察供应商。初步确定的供应商还要进入试运行阶段进行考察。试运行阶段的考察更实际、更全面、更严格。因为这是直接面对实际的生产运作。在运作过程中，就要进行各个评价指标的考核评估，包括产品质量合格率、准时交货率、准时交货量率、交货差错率、交货破损率、价格水平、进货费用水平、信用度、配合度等。在单项考核评估的基础上，还要进行综合评估。综合评估就是把以上各个指标进行加权平均计算而得到的一个综合成绩。

（3）考核选择供应商。通过试运行阶段，得出各个供应商的综合评估成绩，基本上就可以最后确定哪些供应商可以入选，哪些供应商被淘汰，哪些供应商应列入候补名单。候补名单中成员可以根据情况处理，可能入选，也可能落选。现在企业在选择供应商时通常不会只选择一个供应商，而是选择 2~3 个绩效比较好的供应商作为自己的发展伙伴。这主要是企业担心在只有一个供应商的情况下，企业的采购活动会受制于人。但是在选择的 2~3 个供应商中也有主次之分。一般可以用 AB 角或 ABC 角理论来解释：A 角作为主供应商，分配较大的供应量；B 角（或再加上 C 角）作为副供应商，分配较小的供应量。综合成绩为优的供应商担任 A 角，候补供应商担任 B 角。在运行一段时间以后，如果 A 角的表现有所退步而 B 角的表现有所进步的话，就可以把 B 角提升为 A 角，而把原来的 A 角降为 B 角。这样无形中就造成了 A 角和 B 角之间的竞争，促使他们竞相改进产品和服务，使得采购企业获得更大的好处。

从上述可以看出，考核选择供应商是一个时间较长的深入细致的工作。这个工作需要采购管理部门牵头负责、全厂各个部门共同协调才能完成。当供应商选定之后，应当终止试运行期，签订正式的供应关系合同。进入正式运行期后，就开始了比较稳定正常的供需关系运作。

二、供应商评估指标体系

（一）供应商评估指标体系建立的原则

供应商的评价、选择对企业来说是多目标的，包含许多可见和不可见的多层次因素。供应商评价问题涉及因素众多，评价指标多样，既有定性的，又有定量的，而且指标权重各不相同。因此有必要建立一套通用的、可扩充的供应商评价指标体系，并且该指标体系应遵循以下原则。

1. 系统全面性原则

供应商评价指标体系应能全面、准确地反映供应商各方面的情况，并且能将每个评价指标与系统的总目标有机地联系起来，组成一个层次分明的整体，以便能反映评价对象的优劣。在供应商信息尽量充分的前提下，所选指标数目应尽可能少，简洁明了，各指标之间不应有强相关性，不应出现过多的信息包融和涵盖而使指标内涵重叠。

2. 客观可比性原则

指标筛选过程应尽可能不受主观因素的影响，定性指标受主观因素的影响较大，易产生理解偏差，而定量指标易于量化和度量，所以应尽可能选用可量化的指标。评价指标的数据来源要真实可靠，以保证评价结果的真实性和可比性。

3. 可操作性原则

随着评价环境和评价要求的变化，评价指标体系应能够在指标数量和指标内容方面做出必要的调整，以满足可重构性和动态适应性的要求。

4. 简单科学性原则

无论多么完美的评价体系和选择方法，如果操作繁杂，就难以被广泛接受，即便是勉强使用，在实施过程中也容易出现失误。因此，应该确保设计的评价体系和给出的选择方法具有简单易行的特点，以提高工作效率，使决策者能够方便地做出决策。在进行供应商选择之前，首先应将需要采购的物资进行分类。由于数量仅为20%的关键物资占据了采购价值的80%，所以将这类对产品成本和构成影响极大的物资确定为关键物资，而将影响小的物资确定为一般物资。向供应链核心企业提供关键物资的供应商即是将要与之建立合作伙伴关系的战略供应商。

（二）供应商评估指标体系的建立

为了科学、客观地反映供应商供应活动的运作情况，应该建立与之相适应的供应商绩效考核指标体系。在制定考核指标体系时，应该突出重点，对关键指标进行重点分析，尽可能地采用实时分析与考核的方法，要把绩效度量范围扩大到能反映供应活动的信息上去，因为这要比做事后分析有价值得多。不同类型企业的供应商考核指标各异。

1. 制造企业供应商评估指标体系

制造企业供应商考核主要是指与供应商签订正式合同以后正式运作期间对供应商整个运作活动的全面评估。这个期间主要应从以下几个方面对供应商进行评估。

1）质量指标

产品质量是最重要的因素，在开始运作的一段时间内，主要加强对产品质量的检查。检查可以分为两种：一种是全检，一种是抽检，全检工作量太大，一般采用抽检的方法。供应商质量指标主要包括来料批次合格率、来料抽检缺陷率、来料在线报废率、来料免检率等，其中，来料批次合格率是最为常用的质量考核指标之一。这些指标的计算方法如下：

来料批次合格率＝(合格来料批次÷来料总批次)×100%

来料抽检缺陷率＝(抽检缺陷总数÷抽检样品总数)×100%

来料在线报废率＝(来料总报废数÷来料总数)×100%

来料免检率＝(来料免检的种类数÷该供应商供的产品总种类数)×100%

其中，来料总报废数包括在线生产时发现的废品。

此外，还有的公司将供应商体系、质量信息等也纳入考核，如供应商是否通过了ISO9000认证或供应商的质量体系审核是否达到一定的水平；还有些公司要求供应商在提供产品的同时，要提供相应的质量文件，如过程质量检验报告、出货质量检验报告、产品成分性能测试报告等。

2）供应指标

供应指标又称为企业指标，是同供应商的交货表现以及供应商企划管理水平相关的考核因素，其中最主要的是交货量、交货周期、订单变化接受率等。对考核供应商来说，考察交货量主要是考核按时交货量，按时交货量可以用按时交货量率来评价。按时交货量率是指给定交货期内的实际交货量与期内应当完成交货量的比例。

交货周期也是一个很重要的考核指标参数。考察交货周期主要是考察供应商的准时交货率。交货周期指自订单开出之日到收货之时的时间长度，常以天为单位。准时交货率可以用准时交货的批次与总交货次数之比来衡量：

准时交货率＝（按时按量交货的实际批次÷订单确认的总交货批次）×100%

订单变化接受率是衡量供应商对订单变化灵活性反应的一个指标，是指在双方确认的交货周期中可接受的订单增加或减少的比例。

订单变化接受率＝（订单增加或减少的交货数量÷订单原定的交货数量）×100%

值得一提的是，供应商能够接受的订单增加接受率与订单减少接受率往往不同，前者取决于供应商生产能力的弹性、生产计划安排与反应快慢以及库存大小与状态（原材料、半成品或成品）；后者主要取决于供应的反应、库存大小（包括原材料与在制品）以及对减单可能造成损失的承受力。

3）经济指标

供应商考核的经济指标总是与采购价格、成本相联系。质量与供应考核通常每月进行一次，而经济指标则相对稳定，多数企业是每季度考核一次，此外经济指标往往都是定性的，难以量化。经济指标的具体考核点有以下几个。

（1）价格水平：价格就是指供货的价格水平。考核供应商的价格水平，可以和市场同档次产品的平均价和最低价进行比较。

（2）报价是否及时，报价单是否客观、具体、透明（分解成原材料费用、加工费用、包装费用、运输费用、税金、利润等，说明相对应的交货与付款条件）。

（3）降低成本的态度及行动：是否真诚地配合本公司或主动地开展降低成本活动，制订改进计划、实施改进行动，是否定期与本公司检讨价格。

（4）分享降价成果：是否将降低成本的好处也让利给本公司。

（5）付款：是否积极配合响应本公司提出的付款条件要求与办法，开出的发票是否准确、及时、符合有关财税要求。

有些单位还将供应商的财务管理水平与手段、财务状况以及对整体成本的认识也纳入考核。

4）支持、配合与服务指标

这项指标主要考核供应商的协调精神。在和供应商相处的过程中，常常因为环境的变化或具体情况的变化，需要把工作任务进行调整变更，这种变更可能要导致供应商工作方式的变更，甚至导致供应商要做出一点牺牲。这一点可以考察供应商在这些方面积极配合的程度。另外，若工作出现了困难，或者发生了问题，可能有时也需要供应商配合才能解决，越这样的时候，越可以看出供应商的配合程度。

考核供应商的配合度，主要靠人们的主观评分来考核。主要找与供商相处的有关人员，让他们根据这个方面的体验为供应商评分。特别典型的，可能会有上报或投诉的情况。这时可以把上报或投诉的情况也作为评分依据之一。

同经济类指标一样，考核供应商在支持、配合与服务方面的表现通常也是定性的考核，每季度一次。相关的指标有反应与沟通、表现合作态度、参与本公司的改进与开发项目、售后服务等。

（1）反应表现：对订单、交货、质量投诉等反应是否及时、迅速，答复是否完整，对退货、挑选等是否及时处理。

（2）沟通手段：是否有合适的人员与本公司沟通，沟通手段是否符合本公司的要求（电话、传真、电子邮件以及文字处理所用软件与本公司的匹配程度等）。

（3）合作态度：是否将本公司看成重要客户，供应商高层领导或关键人物是否重视本公司的要求，供应商内部沟通协作（如市场、生产、计划、工程、质量等部门）是否能整体理解并满足本公司的要求。

（4）共同改进：是否积极参与或主动参与本公司相关的质量、供应、成本等改进项目或活动，或推行新的管理做法等，是否积极组织参与本公司共同召开的供应商改进会议、配合本公司开展的质量体系审核等。

（5）售后服务：是否主动征询本公司的意见、主动访问本公司、主动解决或预防问题。

（6）参与开发：是否参与本公司的各种相关开发项目、如何参与本公司的产品或业务开发过程。

（7）其他支持：是否积极接纳本公司提出的有关参观、访问事宜，是否积极提供本公司要求的新产品报价与送样，是否妥善保存与本公司相关的文件等不予泄露，是否保证不与影响本公司切身利益的相关公司或单位进行合作等。

5）信誉和知名度

（1）企业规模。供应商企业的规模可以在一定意义上体现其生存和发展的现有资源基础，它可以通过其资产和销售收入的合计额占同行业企业资产和销售收入的平均合计额的比例来加以表示。

设供应商的企业规模为 VS，其所在行业企业的平均规模为 ES，若以 R_S 表示企业规模的相对大小，则有

$$R_S = \frac{VS}{ES} \times 100\%$$

（2）企业信誉。作为定性评价指标，企业信誉的评价如表 3-6 所示。

表 3-6　企业信誉评价表

等级	定性描述
优	银行和客户企业给予企业的信用评价等级高，品牌的影响力与顾客满意度高，企业合作的诚意与积极性高
良	银行和客户给予企业的信用评价等级高，品牌具有较高的影响力，企业合作的诚意与积极性高
中	银行和客户给予企业的信用评价等级较高，品牌具有一定的影响力，企业合作的诚意与积极性较高
差	品牌具有微弱的影响力，企业合作的诚意与积极性不高

（3）财务状况。反映供应商财务状况的指标很多，但应重点考虑的是供应商是否有足够的资金来开展生产，并且从长期合作的角度来看，还要评价供应商是否有足够的盈利能力和经营安全度，如表 3-7 所示。

表 3-7　财务状况评价表

等级	定性描述
优	总资产收益率高，资产负债率适宜，资金周转速度快
良	总资产收益率较高，资产负债率适宜，资金周转速度一般
中	总资产收益率不高，资产负债率较高或较低，资金周转速度较慢
差	总资产收益率低，资产负债率较高或较低，资金周转速度慢

（4）人员素质。人是经济活动的主体，因此拥有高素质的员工，是企业形成强大竞争力的根本。员工素质不仅与其受教育程度有关，还与其专业技能、学习能力、适应能力和创新能力有关，如表 3-8 所示。

表 3-8　人员素质评价表

等级	定性描述
优	员工有较高的知识水平、学习能力和适应能力，有熟练的专业技能和较好的创新能力
良	员工有较高的知识水平和适应能力，有熟练的专业技能
中	员工的知识结构合理，有一定的适应能力和熟练的专业技能
差	员工的知识结构不合理，学习能力和适应能力差，专业技能不熟练

➤知识扩展

　　同时，如同供应商选择一样，制造企业也会制定《供应商考核作业指导书》、《供应商评鉴作业指导书》来规范生产企业供应商考核。

××企业
供应商考核流程作业程序书

文件类别：_____

文件编号：_____

填写单位：_____

版　　本：_____

发行日期：_____

机密等级　　　　　□机密　　　　　□一般

合计页数：

核准		审核		制定	

名称	供应商考核流程作业程序书	文件编号	
1 作业内容 （1）供应商考核周期及范围 根据公司实际状况，采购单位可自主决定。 （2）采购单位发出《供应商周期性评估报告》，对原辅料供应商进行考核。 品质管理 50 分，交货质量 20 分，采购指标与异常配合度 30 分，评分细则各公司自主制定，形成各公司的《供应商考核评分作业指导书》。 （3）采购单位发出《服务性供方周期性评估报告》，对服务性供应商进行考核，评分细则各公司自主制定，形成各公司的《供应商考核评分作业指导书》。 （4）对于综合评分（满分 100 分）低于 60 分的，采购处向供方发出《供方评审改善通知单》，要求其限期改善。 （5）对于连续两次评分仍未达到 60 分的供方，取消其合格供方资格，若特殊原因需用，签署提报总经理批准后实施特采。 （6）对于两年以上（含两年）未向其采购的合格供方，则视为新供方。 （7）集团拟供应商和国家寡占供应商不考核。 （8）考核合格的供应商，采购单位登记在《合格供方清单》上并注明考核日期。 2 相关参考文件及表单附件 （1）供应商考核子流程基本资料表。 （2）供应商考核子流程流程图。 （3）供应商考核子流程表单（见各公司供应商考核评分作业指导书）。 （4）作业指导书。			
生效日期		页次		页序		

2. 零售企业供应商评估指标体系

结合零售企业的情况，供应商评估可以从以下几个方面确定评估指标。

1）供应商所处外部环境

供应商所处外部环境一般包括政治法律环境、经济技术环境、社会文化环境、自然地理环境和企业竞争环境等。

（1）政治法律环境。政治法律环境对零售企业与供应商合作的稳定性、安全性有直接影响。

（2）经济技术环境。国家的经济技术发展情况对供应商本身的发展有着重要影响，其中市场开放性程度、科技水平、经济发展前景等都能反映经济技术环境。

（3）社会文化环境。社会文化一般包括宗教信仰、伦理道德、审美观、价值观、风俗习惯等社会所公认的行为规范。

（4）自然地理环境。自然地理环境指的是供应商所处的地理位置对与零售企业合作的影响。

2）供应商产品

对供应商产品的评价可以从产品质量、产品成本与产品交货情况三方面进行。产品质量包括产品合格率、产品退货率和产品质量认证。

$$产品合格率＝（合格产品数量÷产品采购总量）×100\%$$

$$产品退货率＝（产品退货数量÷产品采购总量）×100\%$$

3）供应商服务

对于供应商，服务的好坏直接影响到其与零售企业之间的合作，同时服务也是零售企业选择供应商的重要依据之一。供应商服务评价包括服务柔性、售后服务、产品的担保与赔偿。

（1）服务柔性。柔性概念侧重于衡量企业应对市场与顾客需求变化的能力，包括时间柔性、品种柔性和数量柔性。

时间柔性反映供应商应对计划交货时间改变的能力。

品种柔性是供应商应对零售企业对于产品品种需求变化的能力。

数量柔性反映供应商应对零售企业所需产品在数量上变更的能力。

（2）售后服务。售后服务包括交流反馈能力与顾客抱怨解决能力。

交流反馈能力是供应商与零售企业互动能力的反映，该指标值越高说明供应商对零售商的意见和需求越了解。

顾客抱怨解决能力是供应商吸引客户、留住客户能力的反映。有些时候，顾客抱怨解决也可以由零售企业第一时间来承担，因为零供合作存在账期问题，零售企业可以解决顾客抱怨后再与供应商沟通协调，但该指标中的顾客抱怨解决能力是针对供应商的。

（3）产品的担保与赔偿。产品的担保与赔偿指标对供应商选择相当重要。尽管零售企业在谈判中有很强的话语权，但为了降低采购风险，也必须规定履约保证的相应约束。

4）供应商自身能力

在零售企业与供应商的合作中，零售企业并不能只关注供应商所提供的产品价格、质量等产品自身因素，还应对供应商自身能力进行评估，包括财务情况、生产经营能力、研发能力、营销能力、人力资源能力、仓储配送能力和供应商信誉。

（1）财务情况。企业的财务状况包括盈利能力、资本运营能力、负债经营能力。

盈利能力是衡量和评价供应商财务情况的重要指标，常用总资产利润率表示。

$$总资产利润率＝（利润总额÷资产平均总额）×100\%$$

其中，资产平均总额为期初资产总额与期末资产总额的算术平均值。

资本运营能力反映企业资金的利用效率，常用总资产周转率表示。

$$总资产周转率＝（销售收入净额÷资产平均总额）×100\%$$

其中，资产平均总额为期初资产总额与期末资产总额的算术平均值。

负债经营能力是衡量企业负债经营能力和用全部资产偿还全部负债能力的指标，常用资产负债率表示。

$$资产负债率＝（负债总额÷资产总额）×100\%$$

（2）生产经营能力。对供应商生产能力评价指标常包括商品有效生产能力、产能优势、生产设备先进性，该项指标的设计侧重制造企业供应商。

产能优势即供应商生产的产品平均日产量较同行业的其他供应商平均日产量的优势程度。

产能优势=（供应商的日产量−同行业的平均日产量）÷同行业的平均日产量×100%

商品有效生产能力即给定产品组合、质量要求下的供应商最大可能产出。

生产设备先进性即对供应商生产设备的评价，主要体现在设备的先进性方面。

（3）研发能力。对于一般的百货类零售企业，其在选择供应商时并不十分关注产品的研发能力，但家电类零售企业对供应商产品的研发能力比较关注。研发能力指标常包括新产品开发费用比率、新产品销售比率和新产品研究人员素质。

新产品开发费用比率=（新产品研究开发费用÷销售收入）×100%

新产品销售比率即一定时期内新产品销售收入占总销售收入的百分比。公式表示为

新产品销售比率=（一定时期内新产品销售总额÷同时期内所有产品销售总额）×100%

衡量新产品开发人员素质一般可以从学历构成与员工工作年限等方面来进行评价。

（4）营销能力。零售企业在选择供应商前必须对其营销能力全面考察，包括营销渠道的畅通性、营销渠道的多样性和促销能力。

（5）人力资源能力。人力资源是企业存在与发展的中坚力量，包括员工培训与员工素质。

（6）仓储配送能力。仓储配送能力在供应商能力中的地位越来越重要，包括必要的储运设施、响应速度、储运成本。

（7）供应商信誉。从售后服务满意率、品牌影响力、诚信度、合同执行率、行业口碑、用户知名度这六项指标来评价供应商企业的信誉情况。

售后服务满意率可以反映零售企业对供应商企业服务的满意程度,满意率越高表明供应商企业的信誉越好。

品牌影响力即一个品牌在消费者心中产生影响的强度。

诚信度主要侧重于供应商在交易、承诺和谈判相关方面的表现。

合同执行率即供应商与零售企业双方签订合同后，按照合同办事的概率。

行业口碑是指同行业的其他企业对该供应商的评价。

用户知名度是指供应商企业在客户心目中的地位。

5）供应商合作能力

供应商合作能力包括以往合作经历、合作兼容性、信息状况、供应商发展潜力。

（1）以往合作经历。此指标主要考虑零售企业与其供应商合作的历史情况，以往的合作经历越成功，相应地对供应商的评价越好。主要包括合作年限、合作效果、合作比例和交易量。

合作年限即零售企业与供应商进行合作的时间。

合作效果即零售企业与其供应商合作所产生的结果，如降低了成本、提高了效率等。

合作比例即指该供应商提供的产品数量占零售企业产品总需求量的比例。

交易量即指零售企业与供应商在以往合作中产品的年平均交易量。

（2）合作兼容性。如果合作双方在战略目标、企业文化等方面存在冲突，将会妨碍沟通，造成信任危机，从而可能导致合作的失败。可以用战略一致性、经营理念兼容性、企业文化兼容性、关系沟通、信息平台共享等指标来考量合作兼容性水平。

（3）信息状况。好的合作，常需要大量的信息交换和传播，对信息状况评价常从信息传递准确性、信息传递及时性、信息系统先进性三方面进行。

信息传递准确性即供应商企业在某时间段内传递信息时没有发生错误的比率。信息传递除要求准确性外，还要具备一定的及时性。信息系统先进性水平能够反映企业的信息化建设情况。

（4）供应商发展潜力。包括市场占有率、资产投入增长率。

市场占有率即一定时间段内供应商的产品销售额占同行业同类产品总销售额的百分比，即

市场占有率＝（供应商某产品销售额÷同行业同类产品总销售额）×100%

资产投入增长率的考核侧重于技术和设备。

第三节　供应商管理

一、供应商整合

（一）供应商整合的含义

供应商整合是指充分利用供应资源，促进供应商在质量、成本、服务和创新等方面持续改进，协调发展供应商的管理措施。

（二）供应商整合方式

1. 供应商数量整合

供应商数量整合即减少供应商数量。通过集中采购，减少供应商数量，同供应商建立合作伙伴关系，有利于降低成本，更好地利用供应商资源。减少供应商数量的措施包括推进产品标准化、实行集中统一采购、采用模块化采购方式和采购外包等。

（1）推进产品标准化。推进产品标准化可以整合需求，减少物料品种数，有利于降低采购成本，有效控制库存，也有利于集中采购，减少供应商数量。

（2）实行集中统一采购。通过实行集中统一采购或招标采购方式，可以使分散采购集中化，有利于提升采购议价能力，防范采购舞弊行为。

（3）采用模块化采购方式。该方式是由核心供应商将相关复杂零部件组装成更大的单元供货。这种供货方式可以降低供应商的物流成本，也有利于采购方缩短生产周期，是目前汽车行业最普遍的采购方式之一。

（4）采购外包。采购外包就是对品种多、采购批量小的零星物料集中打包委托第三方代理采购，或指定产品品牌、采购渠道，委托供应商代理采购的采购方式。通过化零为整的采购方式，有利于降低采购成本和采购风险。随着服务业的不断发展，企业采购外包将成为一种趋势。

2. 供应商资源整合

供应商资源整合就是采购方充分利用供应商技术、成本和条件等优势，降低采购或物流成本，提升核心竞争力的采购策略。主要包括以下内容。

（1）供应商早期介入产品开发，缩短产品开发周期。

（2）利用供应商的技术优势解决质量、成本、服务问题。

（3）使供方从单纯确保交货质量向产品质量与服务保障转化。

（4）排除双方合作接口障碍——改进包装方式，采用周转容器或专用工位器具，不仅有利于降低供应商包装成本，还有利于降低采购方转化包装、分装作业成本及减少由此产生的货损。

（5）供应商从单纯供货向提供全方位的物流服务转化供应商的不同供货方式直接影响到采购方的物流成本和库存水平，采购方应通过加强供应商管理，促使其提高物流服务水平。

（三）供应商整合的步骤

1. 启动跨职能小组，制定整合目标

组建一个由采购、研发、生产等多部门代表参与的跨职能项目组来制定供应商整合的标准和目标，包括哪些辅助材料的供应商需要缩减、缩减幅度为多大、分几年实施等，并确定未来几年对缩减后的供应商的技术、质量、价格等的战略要求。

2. 搜集整理供应商评估材料

供应商整合是公司从已经建立合作关系的供应商中挑选出最能胜任的几个作为战略合作伙伴，这个过程中，需要对这些供应商的以往绩效进行评估并对未来绩效进行预测。公司需要从企业数据库中获取供应商与自己以往的交易记录和业绩记录等，也要向供应商发送需求建议书，以确保供应商理解自己的需求。通过需求建议书，供应商既明确了公司的需求和目标，也了解了创建和提交的相关信息。

3. 依据整合目标，评估供应商资历

公司需要制定评估标准，将标准中涉及的所有关键条目提取并分类排列，重点考察五

个指标：产品和技术领先、服务与支持领先、质量一流、配送提前期短和总成本低。评估时可以采用定量分析，根据行业和产品特点以及对自己的影响程度给这些指标分配相应的权重，据此对各供应商打分，按得分高低排序，选出核心供应商。核心供应商的数量一般可以选择实际目标要求数量的两倍。

4. 选定继续合作核心供应商

向核心供应商发送信息征求书，用于向供应商收集关于价格和产品特性等重要信息。根据反馈的信息，确定自己的目标并据此邀请核心供应商洽谈，了解他们将采取哪些措施帮助公司提高效率和降低成本等。根据洽谈结果，确定最终合作供应商，数量要能够满足采购要求而且有备选。

5. 过程管理

随着供应商数量的减少，公司的采购流程和相关系统也要发生相应变化，因此必须要进行过程调整。要让供应商重新拟定配送规划，当新的核心供应商建立后，要向各生产中心公布新的采购价格和付款条件，还要建立新的或升级采购监控系统，监控各生产实际采购情况；要保证各生产只能从核心供应商采购，或者限制从非核心供应商采购。另外，也要实现与供应商信息系统的对接，紧密的合作关系要求更多的信息共享。

二、供应商关系管理

传统的采购商和供应商之间的关系就是简单的买卖关系，这种关系的理念就是以最便宜的价钱买到最好的东西，其出发点是买卖双方围绕生意讨价还价，相互之间存在的是一种"零和"的竞争关系。然而，随着市场竞争的激烈化，采购活动受市场导向的趋势更加明显，为了控制企业上游资源，采购商不断认真审视自己与供应商之间的关系，大多数企业顺应潮流的发展要求，将采购活动由单纯的"买卖关系"转向了与供应商建立长期关系。在最近几十年，"双赢"的观念开始在企业中处于上风，而供应伙伴关系的观念也随之出现。表3-9描绘了供应商关系的演变阶段。

表 3-9　供应商关系的演变

时间	20世纪六七十年代	20世纪80年代	20世纪90年代至今
特征	竞争对手	合作伙伴	探索/全球平衡
市场特点	许多货源，大量存货，买卖双方是竞争对手	合作的货源，少量存货，买卖双方互为伙伴，实现"双赢"	市场国际化，不断调整双方伙伴合作关系，在全球经济中寻求平衡与发展
采购运作	以最低价买到所需产品	采购总成本降低，供应关系管理，采购专业化，整体供应链管理，供应商参与产品开发	供应商策略管理"上游"，控制管理共同开发及发展供应商优化信息，网络化管理，全球"共同采购"

供应商管理的方法有建立供应商管理制度、加强与供应商的沟通、建立供应商激励机制以及防止供应商控制。

（一）建立供应商管理制度

建立良好的供应商关系能确保采购交付时间、质量、数量等采购指标的顺利进行。有效的供应商管理制度能增进采购双方的交流，建立起更有效的合作关系，并且有助于企业改进生产流程，进行更完善的供应商分析与选择，同时优化企业的供应商选择决策。而供应商准入制度的建立，能够提高企业运作效率。核心是对供应商资格的要求，包括供应商的产品质量、产品价格、服务水平、技术条件、资信状况、生产能力等。这些因素不仅是供应商供货能力的反映，而且是今后履行供货合同的重要保障。

（二）加强与供应商的沟通

1. 合理使用供应商

（1）签订采购合同。即要求签订一份与供应商的正式合同。这份合同既是双方合作关系的开始，也是今后双方合作关系的规范。协议生效后，它就成为直接约束双方的法律性文件，采购双方都必须遵守。

（2）建立良好的合作关系。在建立合作关系初期，采购部门应当与供应商协调，建立起供应商运作的机制，同时在业务衔接、作业规范等方面建立起一个合作框架。在这个框架的基础上，开展采购工作。

（3）加强信息交流与共享。

2. 建立供应商会见机制

为规范企业与供应商之间的采购工作，企业应建立和完善供应商接待制度。首先，为保证采购人员日常工作的有效进行，企业可专门设立接待供应商的时间；其次，为提高洽谈效率和规范采购人员的行为，接待地点一般可以选在公司设立的供应商接待室；最后，要按照采购物资类别安排洽谈人员，同时规定洽谈内容应围绕采购计划及供应商相关文件进行。

3. 与供应商的信息沟通

完善与供应商的信息交流与共享，有以下几点措施。

（1）利用电子数据交换和互联网技术，进行快速的数据传输，增加双方业务的透明度和信息交流的有效性。

（2）加强与供应商就成本、作业计划、质量控制信息的交流与沟通。

（3）双方经常进行互访。

（4）让供应商参与有关产品开发设计以及经营业务等活动。

（5）建立任务小组解决共同关心的问题。与供应商建立一种团队型的工作小组，双方的有关人员共同解决供应过程中遇到的各种问题。

（三）建立供应商激励机制

采购企业要想保持与供应商之间长期的供需合作伙伴关系，就应该建立一套有效的供应商激励与扶持计划，帮助供应商提升业绩，从而促进双方合作关系的发展。

设计供应商激励机制的原则是公平性、一致性。通过向供应商提供价格折扣和柔性合同，以及采用赠送股权等方法，使供应商和采购企业分享成果，同时也使其从合作中体会到双赢机制的好处。这里要介绍价格、订单、信息、商誉等7种供应商激励的方式。

（1）价格激励。高的价格能增强企业的积极性，不合理的低价会挫伤企业的积极性。供应链利润的合理分配有利于供应链企业间的稳定和顺畅运行。

（2）订单激励。采购方的多个订单会带来供应商间的竞争，这对供应商来说是一种激励。

（3）淘汰激励。对于优秀的供应商，淘汰弱者能使其获得更优秀的业绩；而对于业绩较差者，为避免被淘汰的危险，更需要改进自身的绩效。

（4）组织激励。在一个较好的供应链环境下，企业之间的合作愉快，供应链的运作也通畅。与之保持长期稳定的合作关系是企业使用组织激励的主要措施。

（5）信息激励。在信息时代里，信息对企业而言意味着生存。企业获得更多的信息意味着其拥有更多的机会、更多的资源，从而获得激励。

（6）新产品或新技术的共同开发。它可以让供应商全面掌握新产品的开发信息，有利于新技术在供应链企业中的推广和开拓供应商的市场。

（7）商誉激励。商誉是一个企业的无形资产，反映了企业的社会地位，它主要来自于供应链内其他企业的评价和在公众中的声誉。

（四）防止供应商控制

当企业只有一家供应商或该供应商享有专利保护的情况时，会导致供应商左右采购价格，从而使采购方落入供应商的垄断供货控制中。面对这种情况，采购人员可根据所处的环境采取以下方法防止供应商控制。

1. 寻找其他供应商

独家供应一般有两种情况：一是供应商不只一家，但只向其中一家采购，这种情况可采用多家供应商采购以规避风险；二是只有一家供应商，这就要采用开发新的供应商或替代品来控制供应商垄断。

2. 进行一次性采购

采购人员预计采购商品价格可能上涨时，根据相关的支出和库存情况，权衡将来价格上涨的幅度进行一次性采购，可避免供应商垄断。

3. 提高供应商的依赖性

通过多给供应商一些业务，提高供应商对采购方的依赖性。

4. 签订长期合同

当长期需要某种商品时，采购人员可以考虑与供应商订立长期合同，保证供应商持续供应和对其价格的控制，并采取措施预先确定商品的最大需求量及需求增加的时机。

5. 控制采购成本

采购人员可以说服供应商在采购的非价格条件下做出让步来消除其垄断，而采购总成本中的每个因素（如送货的数量和次数、延长保修期、放宽付款条件等）都可能使供应商做出让步。

6. 与其他用户联合采购

与其他具有同样商品需求的公司联合采购，由一方代表所有采购商采购。这种方式一般应对产出不高、效率低下的独家供应商。

7. 让最终客户参与

采购人员与最终客户合作，让其了解只有一家货源的难处以及可替代产品的信息，摆脱垄断供应商的控制。

8. 全球采购

采购人员进行全球采购，得到更多供应商的竞价时，可以打破供应商的垄断行为。

（五）加强供应商信息管理

企业进行供应商信息管理可以使企业对市场供应商的情况有一个清晰的了解，使企业在采购时做到知己知彼。采购部门以往采用供应商卡片的形式来收集供应商信息，这样的管理方式在供应商有限的情况下还可以实现，而在供应商数量众多时很难及时查询合适的供应商。所以，供应商数据管理的方式成为现代企业供应商信息管理的新趋势。供应商数据库的建立不仅方便采购方查找相关供应商的数据，而且使供应商成为企业的潜在伙伴成为可能。

采购人员在采购过程中的首要任务是全面收集现有供应商及潜在供应商的各方面资料，建立供应商资料信息库。管理供应商信息分两步进行。

1. 制作供应商管理表格

供应商管理表格一般包括合格供应商名录、供应商资料卡、供应商考核表、供应商信用记录表等文件。

2. 严格供应商档案的管理

为了更清楚地掌握供应商资料以加强对供应商的管理，需建立一个合理的供应商档案管理体系，建立该体系可从以下几方面着手。

（1）明确归档的范围和要求。

（2）立卷标准按相关规定执行。

（3）限定供应商档案归档的时间和质量要求。

（4）安排专人负责档案保管工作。

（5）加强档案日常管理。供应商档案管理的日常管理工作包括：①对符合公司要求的、已通过审核的供应商，应该及时录入合格供应商资料表；②若供应商的联系方式、地址发生变更，采购员应该及时将相关资料更新保存；③对于终止合作的供应商，根据实际情况判定是否可再次启用，并做相关的备注说明。

➢知识扩展

××商场现金/支票交款流程

操作责任人	操作流程	操作说明
业务员		在系统中录入交款单，需对应收款分店及专柜所在部门
	录入交款单	常用费用类型：
	保存并打印交款单	履约保证金
财务结算部出纳	供应商凭单到财务结算室出纳处交费	制作费（代码卡）
	出纳开具交款收据或发票	履约保证金开具发票（撤柜可退）；代码卡制作费开具收据（不可退）
	复印收据或发票 → 原件 供应商留存	
业务员	复印件 与专柜合同一起交合同管理员	供应商撤柜退履约保证金需提供交款发票
	作为合同费用交款凭证归档	
合同管理员		与交款柜台合同一并归档

××商场汇款/转账形式交款流程

操作责任人	操作流程	操作说明
业务员	提供汇款/转账账号	
财务结算部出纳	供应商汇款/转账	根据供应商汇款/转账银行、公司名称及日期在财务结算部出纳进行查询
业务员	到财务处查账 →（未收到款项）知会供应商重新操作；（已收到款项）录入交款单	在系统中录入交款单，需对应收款分店及专柜所在部门
	保存并打印交款单 → 供应商凭单到财务结算室出纳处交费	常用费用类型：履约保证金 制作费（代码卡）
财务结算部出纳	出纳开具交款收据或发票	履约保证金开具发票（撤柜可退）；代码卡制作费开具收据（不可退）
	复印收据或发票 →（原件）供应商留存	
业务员	（复印件）与专柜合同一起交合同管理员	供应商撤柜退履约保证金需提供交款发票
	作为合同费用交款凭证归档	
合同管理员		与交款柜台合同一并归档

专柜正常清退且该柜货款已全部结清后操作

操作责任人	操作流程	操作说明
商品中心/区域商品部业务员	填写《商场专柜汇签表》 通过审批后打印表格 知会供应商凭汇签表，并携带相关费用发票到财务结算室退款	《商场专柜汇签表》主要申请退还"履约保证金"及"员工服务质量保证金" 供应商需携带发票原件，按供应商编码到指定结算会计处退款

➤实践一　供应商调查

一、实践目的

　　根据采购清单，对所采购物资的供应商进行网络或实地调查，通过编写供应商调查问卷，对供应商展开调查，使学生掌握供应商调查的方法，培养学生的沟通能力和协作能力。

二、实践准备

1. 选择某一类型企业或某个产品。
2. 布置项目内容。
3. 学生完成项目工作计划。

三、实践步骤

1. 将学生进行分组，分成 N 个供应商调查小组。
2. 由每个小组确定调查的供应商类型。
3. 由每个小组编写供应商调查问卷。
4. 每个小组按照编写的调查问卷对供应商进行调查。
5. 根据供应商调查结果进行供应商分析。
6. 完成调查报告。

四、注意事项

1. 熟悉供应商调查方法，具有专业知识和能力。
2. 掌握沟通与交流的技巧。
3. 注重团队合作。
4. 参考调查问卷。

某制造型企业供应商调查表

1. 公司主要国际、国内客户及业绩介绍（生产企业意向合作的业务涉及的客户）：

序号	客户名称	时间或合作年限	项目	大约合同金额	是否获得客户认可
1					
2					
3					
4					
5					

2. 公司与客户的续约率达到_____%。

3. 公司上年总销售额_____万元，其中：羽通意向合作的业务，年度销售额_____万元（详细情况请在注册时上传年度财务审计报告）。

4. 公司认证情况：

序号	名称	有效期限	颁发机构	备注说明
1	环境管理体系认证			
2	质量管理体系认证			
3	HACCP			
4				
5				

5. 公司的行业资质证书（卫生许可证、特种设备制造许可证、物业资质等）：

序号	名称	有效期限	颁发机构	资质等级	备注说明
1					
2					
3					
4					
5					

6. 企业信用等级：_____级，出具银行_____，有效期限_____。

7. 公司荣誉/获奖情况：

序号	名称	内容	时间	颁发机构

8. 企业整体实力自我评价情况：

我公司整体实力在（国内/省内/地区内）排在第____位	A 在国内/省内/地区内同类型公司中，有如下公司或品牌与我公司齐名或高于我公司。 1. _____ 2. _____ 3. _____ 4. _____ 5. _____ B 在国际同类型公司中，有如下公司或品牌与我公司齐名或高于我公司。 1. _____ 2. _____ 3. _____ 4. _____ 5. _____ C 请提供上述见证性资料（以上请务必认真填写，将影响对贵司供货资格的确认，见证性资料必须是行业协会排名，政府部门统计年鉴，第三方权威机构排序或新闻媒体公布等）

9. 企业员工情况：公司共有员工_____人，人员构成如下：

序号	岗位/工种	总人数	岗位资质/上岗证书名称	具备资质的人数（可按级别详细描述）

10. 公司厂房情况：公司总占地面积_____平方米，其中：

序号	类别	面积	租赁/自由产权	租赁/产权期限	备注
	办公				
	生产加工				
	仓库				

11. 公司自有的主要设备明细：

序号	主要设备名称	规格型号	数量	生产厂家或品牌	备注

12. 公司的配送能力：公司主要通过_____形式配送。如有，请填写以下：

序号	公司自有配送物流车辆	规格型号	数量	生产厂家或品牌	备注

13. 公司网络覆盖：在国内，我公司一共有_____处网络，分布在：

序号	位置	网络（公司）名称	类别	生产/销售/售后服务	生产或销售的产品及品牌	备注

14. 公司主要产品名录：

序号	产品名称	产品描述	产品检测报告	颁发机构	有效期限	备注
1						
2						
3						
4						

15. 公司经销/代理的产品有_____类,主要经销/代理产品名录:

序号	产品	品牌	经销/代理等级	备注
1				
2				
3				
4				

16. 企业在生产过程中有无_____污染物排放,有污染物排放的,请附排放前检测报告。

某超市(商场)供应商简介

供应商名称		地址		邮编	
成立沿革					
发展历程					
未来发展计划					
目前组织	请附上全公司组织图及业务部门组织图。组织图应至少包括:部门名称、领导姓名及职务、部门主要职能及员工人数				
产销情况					
财务情况					
优势与劣势					
对×××的业务目标					
业务负责人		职务		日期	201　年　月　日

某超市(商场)新供应商问卷调查表

供应商名称		地址	

感谢贵公司考虑与×××综合超市合作,共同拓展市场,双赢双利。请就近先考察×××的门店,并阅读"供应商手册",然后回答以下问题,适合贵公司的意见者,请在"方格"内打"√"。

门店考察	门店:		考察次数	□没有　□一次　□两次 □ 三次以上	
	对门店的建议	□应降低价格	□应提升服务	□应改善布局	□应增加品种
		□其他:			
	门店:		考察次数	□没有　□一次　□两次 □三次以上	
	对门店的建议	□应降低价格	□应提升服务	□应改善布局	□应增加品种
		□其他:			

续表

供应商手册	□尚未阅读　　　　□略微阅读　　　　□详细阅读 □阅读一次　　　　□阅读两次　　　　□阅读三次以上				
供应商产品定位	□高档　　　□中高档　　　□中档　　　□中低档　　　□低档				
	□家庭用　　□专业用	□所有年龄　　□特定年龄			
	□所有性别　□特定性别	□所有文化水平　　□特定文化水平			
	□所有职业　□特定职业	□所有商圈　　□特定商圈			
供应商能力	是否能协助×××降低采购成本	□能　□不能　□不确定			
	是否能协助×××降低营运成本	□能　□不能　□不确定			
	是否能协助×××增加销售份额	□能　□不能　□不确定			
供应商对×××的认识	全国连锁	□是　□否　□不清楚，目前门店数：　　　家店，　　　个城市			
	天天低价	□是　□否　□不清楚，比市价便宜：　　　～　　　％			
	品种齐全度	□5000个以下　　□5000～10000个　　□10000个以上			
	来客数	比本市同类超市：□多　□相同　□少　□不清楚			
	客单价	比本市同类超市：□多　□相同　□少　□不清楚			
	销售额	比本市同类超市：□多　□相同　□少　□不清楚			
×××的熟人	姓名	职务	关系	□朋友　□同学　□别人介绍		
	姓名	职务	关系	□朋友　□同学　□别人介绍		
	姓名	职务	关系	□朋友　□同学　□别人介绍		
可以打听供应商的人	公司	姓名	电话		
	公司	姓名	电话		
	公司	姓名	电话		
对×××的综合建议	1. 2.				
供应商业务负责人		职务	日期	年　月　日	

某超市（商场）新供应商产品问卷调查表

供应商名称		地址		邮编	
				电话	
品牌及品类名称		货源	□自制　□进口　□代理　□购销　□代销　□联营　□其他		
供应商产品定位	年龄	□所有年龄层	□0～5岁	□5～12岁	
		□13～19岁	□20～50岁	□50岁以上	
	性别	□男女都适用	□男性适用	□女性适用	

续表

供应商产品定位	职业	□农民	□国企职工		□事业单位职工
		□私企职工	□集体职工	□外企职工	□个体
	家庭人数	□所有家庭	□1～3 人/户	□4～6 人/户	□7 人以上/户
	家庭月收入	□0～500 元	□500～1000 元		□1000～2000 元
		□2000～5000 元	□5000 元以上		
	商圈（距×××门店）	□0～500 米	□500～1000 米		□1～3 千米
		□3～5 千米	□5～10 千米以上		□10 千米以上
产品生命周期		□萌芽期	□成长期	□成熟期	□饱和期	□衰退期
产品质量		□高档	□中高档	□中档	□中低档	□低档
产品责任险		□没有投保	□有投保，保险公司	保额：¥	/事故
质量管理		□ISO 认证 □其他方式（简述）:			
产品包装		□说明清楚适合自选式销售	□说明不清楚需有促销员解说		□无任何文字说明
		□有打洞适合吊挂式陈列	□塑料或彩盒包装适合叠放式陈列		
		□纸箱包装	□其他包装：		
国际条码		□有	□无	□正申请中，预计____个月落实	
主要直接竞争对手	第一家	□牌，其档次为：	□高档	□中档	□低档
	第二家	□牌，其档次为：	□高档	□中档	□低档
	第三家	□牌，其档次为：	□高档	□中档	□低档
与主要直接竞争对手的价格对比	第一家	□我公司价格较高	□我公司价格相同	□我公司价格较低
	第二家	□我公司价格较高	□我公司价格相同	□我公司价格较低
	第三家	□我公司价格较高	□我公司价格相同	□我公司价格较低
与主要竞争对手的质量对比	第一家	□我公司质量较高	□我公司质量相同	□我公司质量较低
	第二家	□我公司质量较高	□我公司质量相同	□我公司质量较低
	第三家	□我公司质量较高	□我公司质量相同	□我公司质量较低
与×××现有商品的对比	品牌	价格	质量	服务（售前与售后）
		□较好 □相同 □较差	□较好 □相同 □较差	□较好 □相同 □较差
		□较好 □相同 □较差	□较好 □相同 □较差	□较好 □相同 □较差
		□较好 □相同 □较差	□较好 □相同 □较差	□较好 □相同 □较差
供应商业务部负责人		职务		日期	年 月 日

注：供应商填写不实，有权停止合作。

➢实践二　供应商评估

一、实践目的

通过对供应商综合能力评估的训练，使学生掌握供应商评估的具体步骤，掌握供应商评估的具体方法，培养学生的分析能力、沟通技巧和与供应商关系处理能力。

二、实践准备

1. 推荐相关企业。
2. 布置项目内容。
3. 学生完成项目工作计划。

三、实践步骤

1. 将学生进行分组，分成 N 个供应商评估小组。
2. 将每个小组的成员分配不同角色：采购部、储运部、生产部等。
3. 每个小组分别调研企业的不同部门。
4. 每个小组列出与供应商评估相关的项目，并确定分值。
5. 小组成员为评估项目制定评估标准。
6. 将制定后的评估方案到企业进行实施、评定。

四、注意事项

1. 熟悉企业采购业务的工作流程，具备评价分析的专业知识和能力。
2. 掌握沟通与交流的技巧。
3. 注重团队合作。
4. 参考评估表。

制造企业供应商考核评估表

供应商名称			评估日期		
评估结果	评估部门		满意	尚可	不满意
	采购部				
	物流部				

续表

评估结果	品质管理部			
	生产部			
	财务部			
评估部门	评估项目			
采购部	按报价支付			
	价格竞争			
	价格水平			
	紧急订单处理能力			
	愿意提供协助			
	快速反应			
物流部	交货准时			
	数量准确			
	货损货差			
	包装状况			
	物流服务			
品质管理部	来料检验质量			
	生产过程检验质量			
	售后质量			
	质量问题处理			
	质量改善			
总评				

零售企业供应商考核评估表

评估项目		评估级别			
		优秀（90～100）	良好（80～89）	中等（70～79）	及格（60～69）
供应商所处外部环境	政治法律环境				
	经济技术环境				
	社会文化环境				
	自然地理环境				
	企业竞争环境				

续表

评估项目		评估级别			
		优秀（90～100）	良好（80～89）	中等（70～79）	及格（60～69）
供应商产品	产品质量				
	产品成本				
	产品交货情况				
供应商服务	服务柔性				
	售后服务				
	产品的担保与赔偿				
供应商自身能力	财务情况				
	生产经营能力				
	研发能力				
	营销能力				
	人力资源能力				
	仓储配送能力				
	供应商信誉				
供应商合作能力	以往合作经历				
	合作兼容性				
	信息状况				
	供应商发展潜力				
总分		分			
综合评估（针对优缺点）					
同意往来与否		□同意　　□不同意			
签字					
日期		201　年　月　日			

本 章 小 结

供应商管理是采购与供应链管理中非常重要的一项工作。通过对供应商的管理，不仅可以提高供应质量，节省采购费用，还可以为建立良好的供应链战略合作伙伴关系打下基础。本章首先介绍了供应商的调查与供应商分类，然后阐述了供应商评估和选择，最后说明供应商管理工作。

➢复习思考题

一、单选题

1. 市场上有一个供应商、多个购买者的情况属于（　　）
   A. 卖方完全垄断的市场　　　　　　　　B. 垄断性竞争市场
   C. 寡头垄断下的竞争市场　　　　　　　D. 完全竞争市场

2. 下列符合卖方完全垄断市场的是（　　）
   A. 市场上有一个供应商、多个购买者
   B. 有少量卖方和许多买方的市场，供应商的数量比买方完全垄断市场中的要多一些，新的卖方通过产品的差异性来区别于其他的卖方
   C. 市场上存在少量卖方和许多买方，行业存在明显的规模经济，市场准入障碍明显，价格由行业的领导者控制
   D. 典型的多对多市场

3. 有许多卖方和少量买方的市场属于（　　）
   A. 卖方完全垄断的市场　　　　　　　　B. 垄断性竞争市场
   C. 寡头垄断下的竞争市场　　　　　　　D. 买方寡头垄断市场

二、多选题

1. 依据供应商对本单位的重要性和本单位对供应商的重要性进行矩阵分析可以将供应商分为（　　）
   A. 商业型供应商　　　　B. 重点型供应商　　　　C. 优先型供应商
   D. 伙伴型供应商　　　　E. 专家级供应商

2. 按供应商的规模和经营品种进行供应商细分，可以将供应商分为（　　）
   A. 商业型　　　　　　　B. 专家级　　　　　　　C. 行业领袖
   D. 低量无规模　　　　　E. 量小品种多

3. 供应商评估指标体系中，属于经济指标的有（　　）
   A. 来料批次合格率　　　B. 报价　　　　　　　　C. 订单变化接受率
   D. 价格水平　　　　　　E. 付款

三、简答题

1. 简述资源市场调查的内容。
2. 简述供应市场的市场结构。
3. 简述供应商评估与选择的方法。

4. 简述加强供应商管理的方法。

5. 简述加强与供应商信息沟通的方法。

➤ 案例思考与解析

苹果公司选择和管理供应商的方式是该公司取得成功的重要因素之一。苹果公司在选择新的供应商时重点评估质量、技术能力和规模，成本次之。

成为苹果公司的供应商绝非易事，竞争非常激烈，原因在于苹果公司的认可被视为对制造能力的认可。

在苹果公司最新的供应商名录上，可以看到 156 家公司的名单，其中包括三星、东芝和富士康。富士康以作为 iPhone 手机的主要组装公司而著称。然而，这些供应商的背后还有代表苹果公司向这些供应商供货的数百家二级和三级供应商。苹果公司几乎控制了这一复杂网络的各个部分，利用其规模和影响以最好的价格获得最佳产品并及时向客户供货。此外，苹果公司还通过观察供应商制造难以生产的样品考验每一家工厂——此阶段的技术投资由供应商负责。

苹果公司还有其他要求用以增强其对投入、收益和成本的控制。例如，苹果公司要求供应商从其推荐的公司那里购买材料。

随着时间的推移，苹果公司已经同这些供应商建立了强大的合作关系，同时，还投资于特殊技术并派驻 600 名自己的工程师帮助供应商解决生产问题、提高工厂的生产效率。

与此同时，苹果公司一直寻找其他方法以丰富供应商队伍并提高议价能力。例如，富士康现在就有一个名为和硕联合科技股份有限公司（和硕联合科技）的竞争对手。和硕联合科技是一家小型台湾公司，同苹果公司签署了生产低成本 iPhone5C 的协议。

很少有买家能有像苹果公司那样的业务范围或同样的需求。但是，苹果公司在选择、谈判和管理中采用的战略能够为任何从中国采购的公司提供一些经验。我们认为，最主要的五大经验如下。

1. 拜访工厂

买家需要确定供应商是否有能力及时满足订单要求以及是否有能力生产高质量的产品。

拜访工厂还能够使买家了解供应商的员工人数和他们的技能水平。

评估供应商的无形资产，包括供应商的领导能力和增长潜力。例如，当要求供应商提供样品时，买家要提供非常具体的要求，并派驻自己的工程师监督生产流程以便了解样品是由供应商内部生产的而不是从它处采购的。

2. 谈判和监督并用

同一种产品使用不止一家供应商，以改善买家的议价能力并降低风险。

当为合同开展谈判时，成本和质量都要重视。为有缺陷的产品建立缓冲并且为延迟交货谈判一个折扣。

下单后,派本地代表拜访工厂并且在不同的阶段检查货物,以便能够介入和矫正缺陷。

发货前检查非常重要,由于税收向中国退回有缺陷的产品代价非常高。买家应该密切监督供应商的表现。在建立合作关系的最初阶段,这一点尤为重要。

3. 了解供应商的供应商

供应链的能见度对尽量减少有缺陷的产品和知识产权盗窃的风险以及控制成本来说非常必要。

贵公司的实力也许比不上苹果公司,但贵公司必须了解采购的产品中使用的不同材料的出处。因为供应商为了节省成本经常更换他们自己的供应商,了解这一点尤其重要。

4. 准备好提供帮助

当贵公司确定了供应商名录中的优质供应商时,要准备好同这些供应商分享提高产品的想法,以便提高供应商所售产品的利润。这样做可以向供应商表明,降低成本(如通过使用更便宜的材料)不是持续提高利润的唯一方法。

贵公司还可以考虑培训等其他方法以提高供应商员工的技能水平。

5. 经常沟通

最后,第三方报告和年度拜访不足以建立合作关系,建立一个包括反馈在内的成熟的沟通机制则势在必行。这样可以避免误解的发生,同时在问题演变成危机前把问题解决掉。

理想的状态是,贵公司应当向供应商派驻一个具备业务知识和专业技能的现场团队,以便对供应商的工厂进行定期拜访,而不仅仅是当出现问题时才去拜访。如果目前无法采取这种做法,则要增加贵公司的总部工作人员拜访供应商的频率。

案例来源:http://edu.163.com/14/0916/15/A69BJ0N600294MBO.html。

请思考:苹果公司对供应商考核注重哪些?

➤教学实践

章	节	任务	形式与方法	课时分配	知识目标	能力目标	素质目标
供应商管理	供应商调查	1. 供应商调查与分析 2. 供应商分类	启发式教学+案例教学+课堂讲授+讨论式 多媒体教学+网络教学+实践教学手段 1. 教师讲解供应商调查方法、供应市场分析方法、供应商分类方法 2. 学生撰写供应商调查报告 3. 教师总结学生撰写调查报告情况	2	供应商调查方法、供应市场分析方法、供应商分类方法	能够撰写调查报告,能够对供应市场进行分析,能够对供应商进行分类	分析学习 沟通协作 团队意识 实事求是

续表

章	节	任务	形式与方法	课时分配	知识目标	能力目标	素质目标
供应商管理	供应商选择与评估	1. 供应商选择 2. 供应商评估指标体系	案例教学+课堂讲授+启发式+讨论式+探究式 多媒体教学+网络教学+实践教学手段 1. 教师讲解供应商选择的程序与方法 2. 学生练习供应商评估 3. 组织学生讨论供应商评估指标体系 4. 教师总结学生供应商评估情况和讨论供应商评估指标体系情况	2	供应商评估的程序与方法	能够应用供应商评估方法对供应商进行评估	分析学习 沟通协作 团队意识 客观公正
	供应商管理	1. 供应商整合 2. 供应商关系管理	案例教学+课堂讲授+启发式+讨论式+探究式 多媒体教学+网络教学+实践教学手段 1. 教师讲解供应商管理的内容 2. 学生讨论供应商整合和关系管理的方法 3. 教师总结讨论的情况	2	供应商关系管理和整合知识	能够利用所学知识与方法进行供应商管理	沟通协作 团队意识 客观公正

➤ 教学评价

名称：供应商管理

评价类别	评价项目	评价标准	评价依据	评价方式			权重
				学生自评	同学互评	教师评价	
				0.1	0.1	0.8	
过程评价	学习能力	学习态度，学习兴趣，学习习惯，沟通表达能力，团队合作精神	学生考勤，课后作业完成情况，课堂表现，收集和使用资料情况，合作学习情况				0.2
	专业能力	准确搜集供应商和供应市场信息，完成供应商调查；正确确立供应商评价指标；合理选择供应商关系管理方法	调查报告、供应商评价指标体系				0.3
	其他方面	探究、创新能力	积极参与研究性学习，有独到的见解，能提出多种解决问题的方法				0.1
结果评价	理论考核						0.2
	实操考核						0.2

第四章

采购谈判与合同管理

➤学习目标

◇知识目标

理解采购谈判的概念、特点、思想；熟悉采购合同的内容和范例；掌握采购谈判的策略和技巧。

◇能力目标

能够熟练运用各种采购谈判策略和技巧；能够编制采购合同。

◇素质目标

学习采购谈判和采购合同的相关理论，学会沟通协作意识，锻炼团队意识，做到实事求是和客观公正。

➤本章实施体系

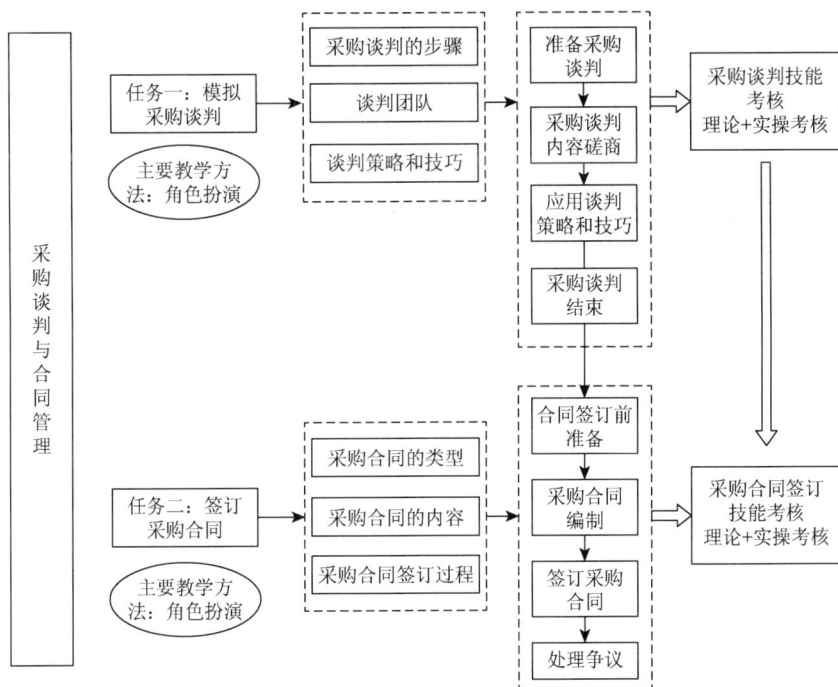

➤案例引导

麦当劳的成功谈判

麦当劳是全球大型跨国连锁餐厅，1940年创立于美国，在世界上大约拥有3万间分店。主要售卖汉堡包、薯条、炸鸡、汽水、冰品、沙拉、水果等快餐食品。麦当劳作为全球最大的快餐巨头，需要大量的食品供应并同时需要处理复杂的供应链条，它在各个环节保证食品安全、质量与卫生的秘诀是什么呢？麦当劳在选择供应商方面有一整套严格可行的标准，这个标准是全球统一的。麦当劳的供应商必须是行业专家，即在其精通的领域，无论是产品质量控制还是经营管理都必须是行业的佼佼者。

麦当劳要与上海怡斯宝特面包生产商建立长期的合作关系，于是派一名高级食品监督人带队与其谈判。该食品技术监管人员为了不负使命，做了充分的准备工作，查找了大量有关该公司生产面包的资料，花了很大的精力对国内市场上面包的行情及上海这家公司的历史和现状、经营情况等了解得一清二楚。掌握了足够的资料后，该监督人员开始了与怡斯宝特公司的谈判。

谈判开始，该公司一开口就对第一年的合作订金要价 100 万元，且不予松口。但麦当劳不同意，坚持出价 90 万元。到了这种僵局，怡斯宝特表示价格已经到了他们的极限，如果麦当劳坚持压价，该公司将不愿继续谈下去了，把合同往麦当劳谈判人员面前一扔，说："我们已经做了这么大的让步，贵公司仍不能合作，看来你们对这笔交易没有诚意，这笔生意就算了，期待下次能合作。"麦当劳谈判人员对此并未有急切挽留的表现，闻言轻轻一笑，把手一伸，做了一个优雅的"请"的动作。怡斯宝特谈判方果真走了。同进行谈判的麦当劳的其他人对此突发状况有些着急，甚至开始埋怨该食品监管人员不该抠得这么紧，表示公司已经准备同怡斯宝特签订合同，这样把对方逼走完全破坏了公司的发展计划。该食品监管人员说："放心吧，他们会回来的，这只是他们的谈判策略。根据我们的前期调查，去年他们同另外一家快餐厅建立合作首批面包订价只有 85 万元，即使有涨幅，也不应过高。"

果然不出所料，一个星期后怡斯宝特又回来继续进行谈判了。麦当劳谈判员向怡斯宝特点明了他们与另一家快餐厅的成交价格，怡斯宝特又愣住了，没有想到眼前这位谈判人员如此精明，于是不敢再报虚价，只得说："现在物价上涨的厉害，比不了去年。"麦当劳谈判人员说："每年物价上涨指数没有超过 6%。一余年时间，你们算算，该涨多少？"怡斯宝特被问得哑口无言，在事实面前，不得不让步，最终以 90 万元达成了这笔交易。

请思考：麦当劳谈判成功的原因是什么？

第一节 采 购 谈 判

一、采购谈判基础知识

（一）定义和特征

所谓谈判，是指谈判双方或多方为了满足各自的需求，进行相互协商、反复沟通并争取达成一致意见和取得共识的行为。它是谈判者致力于说服对方接受其要求时所运用的一种交换意见的过程，其最终目的是要达成一项对双方都有利的协议。

　　谈判有广义和狭义之分,广义的谈判就是指人们为了达到自己的目的而交换意见,为了取得一致意见而相互磋商,如购买商品时的讨价还价。狭义的谈判仅指在正式的场合下,有准备、有步骤地为寻求双方的协调一致,并用书面形式予以反映的协商过程。很明显,采购谈判是狭义上的谈判。

　　采购谈判是指买方与卖方就商品买卖的相关事项,如商品的价格、订购数量、品种、技术标准、质量、包装要求、售后服务、交货日期与地点等进行反复磋商,谋求达成协议而进行的协商过程。

　　采购谈判有其独特的特点:

　　第一,采购谈判始于谈判双方或多方的利益冲突或意见不一致。若交易双方没有任何冲突或意见完全一致,则无需进行谈判。冲突的存在源于谈判参与者要实现自己的利益需求,这时各方必须不断调整各自的利益关系。因此,买卖双方不断地对各自的利益需求进行调整是实现谈判目的的必然途径。

　　第二,采购谈判的核心在于价格谈判。采购谈判的核心任务是一方企图说服另一方理解和认同自己的观点、基本利益、条件,最终接受自己提出的价格。

　　第三,谈判者的谈判策略与技巧在成功的谈判中起着举足轻重的作用。谈判策略与技巧运用得好,谈判成功的可能性就大,否则就会给谈判的成功带来困难。

　　第四,采购谈判是为了最终获取本单位或部门所需物资,保障本单位或部门及时持续的外部供应。

　　第五,在采购谈判中,最终达成的协议所体现的利益主要取决于买卖双方的实力和当时的客观形势。另外,谈判结果还在一定程度上受主观条件的制约,如谈判人员的素质、能力、经验和心理状态。

(二)采购谈判的步骤

图 4-1　PRAM 图

　　图 4-1 描述了计划、关系、同意和保持,即 PRAM 标准。这些环节构成了所有长期谈判环境下的主要步骤,也是当代许多采购经理管理其供应商的方法和手段。

　　计划是个重要步骤,这一点很容易理解。表 4-1 为采购谈判计划表。而现代采购谈判者更重视与供应商建立积极的关系。例如,日本的谈判者在没有对对方产生好感之前,一般很少与其做生意。他们依靠这种关系来铺平谈成合同的道路,并确保其正确地得以实施。有些情况下,在做交易之前,他们甚至需要花费几年的时间来建立关系。

表 4-1　采购谈判计划表

谈判议程	谈判议题	谈判目标			谈判策略		参加人员
		最优目标	预期目标	底线目标	备选策略	实施策略	

如果有充分的计划和良好的关系，就很容易谈成一项合同。这一阶段的目标是双方都要抱着解决问题的态度，这样才能化解彼此的矛盾，最终实现成功。

最后一个步骤是保持。顾名思义，保持的目标是在以后的谈判过程中仍然要保持一致，同时为下一轮的谈判铺路。可见 PRAM 模型是一个闭环，这意味着流程永远是连续的。由于所处行业市场的特点，大多数采购谈判会发现自己不断面对着同样的销售者和同样的市场。因此，在任何谈判中，为了将来的利益而牺牲眼前利益都是一个重大失误。

持续改进的概念意味着采购者和销售者每经过一次 PRAM 模型，谈判过程应该比上一次更好。通过持续改善，经过多次成功的谈判后，采购者和销售者将最终建立一个近乎完美的商业关系。

（三）采购谈判的指导思想

采购谈判最基本的思想就是谋求买卖双方的"皆大欢喜"。这个指导思想被一些学者和企业家称为"双赢"原则。其含义是采购谈判应兼顾买卖双方的利益，将谈判成功的希望放置于双方需要的基础上，并在此基础上追求对各方都有利的结果。

贯彻"双赢"的指导思想，就要在谈判过程中努力去寻求满足共同利益的谈判选择方案。在制定谈判目标、计划、策略时，应当从双方的需要出发考虑问题。以这样的思想去指导谈判活动，才能提高成功率。反之，如果在谈判中只顾自身利益，不顾对方利益，最后就很可能以谈判失败而告终。

➤情景案例

不考虑双赢导致失败

2011 年，W 公司采购经理赵某去一制造厂家采购手机配件，由于该供应厂家觉得 W 公司可以长期合作，所以在双方谈判中表示退让，愿意在前几次供货时用微利润博得长期合作。这一点被赵某发现后，赵某认为有机可乘。

在谈判中，供应厂家表示："我们的立场鲜明，我们的目的是长期合作。"

赵某："我们公司也愿意，不过要看你们的合作态度。"

供应厂家："你们可以提供技术给我们，我们仅留 2%的利润用来维持公司发展，其余的可以按优惠价格给你们。"

赵某："我看这样吧，你们在价格上再降 10%。"

供应厂家："我们没有利润了，何来发展呢？"

赵某："这是最低限度，你知道我们公司供应商众多。"

供应厂家："我们没有利润了，那就不用谈了，我们自己开发技术。"

资料来源：王生平，吴丽芳. 采购经理 365 天超级管理手册[M]. 北京：人民邮电出版社，2013.

此外，在采购谈判中，买卖双方还要以诚实守信、平等互惠、心胸宽广等思想来指导自己的言行。诚实守信就是在谈判中买卖双方互相信任，以诚待人，各方认真遵守和履行自己在谈判过程中所做的承诺，不失信于人。平等互惠是指无论买卖双方企业的大小、社会知名度等客观因素如何，在谈判中双方都应平等对待，遵循在平等的基础上相互实现其经济利益原则，这是谈判最终能否达成交易的前提条件，同时也是市场经济的规律所决定的。心胸宽广是指在谈判中买卖双方要有较强的忍耐性，豁达大度，心胸宽阔，相互包容，能进能退。由于各种因素的制约，谈判并不能按照各方预料的那样发展下去，这就要求双方要根据谈判的实际情况决定下一步的做法，善于把谈判问题的原则性与灵活性有机结合起来，以便使谈判获得最终的成功。

二、采购谈判组与人员

（一）谈判人员的组成

采购谈判首先要物色谈判人员。普通采购业务谈判，通常是一个人进行，也可能是两个人以上共同进行。对于大型采购业务的谈判，尤其是国际采购谈判，要组织专门的谈判组。由于大中型采购谈判涉及的环节和内容很多，是一项复杂的业务活动，处理起来也较为困难，所以要组成一个谈判组。谈判人员的选择和组成，要视工作需要和谈判的性质而定，应力求使谈判组的人员组成全面、合理，既不能使职能重叠，人浮于事，也不能使职能空缺，影响谈判正常进行。

谈判人员的组成是一场有效谈判的根本保证。一个健全的谈判班子，通常由负责人、经济技术专家、法律专家三部分人组成。负责人起决策作用；经济技术专家保证经济上、业务上的应得利益；法律专家保证谈判和合同合乎法律要求。

主谈人。主谈人是采购谈判的主要负责人，因此，主谈人的选择直接关系到谈判的最终成功与否。主谈人应该由知识面宽、有较强的组织领导能力和协调能力、富有实践经验、作风正派的人担任，他应精通商务或其他业务，有娴熟的谈判策略技巧，并能充分发挥代表团的整体作用。另外，主谈人最好能精通一门外语。主谈人确定之后，上级部门应给予主谈人足够的授权，使其能根据谈判桌上的变化情况，在不违背谈判方针和总体方案的前提下，相机行事，应付自如。上级尽量不要干预具体谈判业务。

➢知识扩展

采购谈判人员的四种性格

英国学者盖温·肯尼迪对谈判人员的性格进行了分析，总结出四类典型的性格，即驴式性格、羊式性格、狐式性格、枭式性格。

驴式性格的特征是：①爱以老大自居，有些企业销售人员，本着自己与企业经营者的密切关系或者本着企业实力，处处摆老大的架子；②好面子，明知错了，却强说自己正确，目的是等待台阶下；③没有主见，这部分销售人员的主见来自上级领导，自己却没主见；④固执，由于没有主见，且爱面子，势必固执。

羊式性格的特征是：①老好人，为了达到销售目的，喜欢当老好人，以把客户签下为目的，不管企业是否有制造与供应能力；②没有主见，这部分销售人员的主见来自客户，自己没有主见；③人际关系好，由于当老好人，供应商非常喜欢这类性格的人；④责任心强，这类销售人员一般比较务实，只要适应客户的事情一般都能办到，采购方对此谈判人员可以放心。

狐式性格的特征：①这类企业销售人员往往从人际关系上下功夫，常用回扣来麻痹一些采购经理；②他们常常表面上装出真诚，不知不觉中诱使采购经理钻入圈套，只要能达到目的就不择手段；③他们更多的是谋求自己的利益，从来不关心采购方与供方利益；④狐式性格的谈判人员可以获得经营者的青睐，在于他们的谈判技能。

枭式性格的特征：①他们在谈判的时候，面对对方的任何威胁与机遇都能处变不惊、从容应对，让你无懈可击；②他们在谈判的时候，不会拘泥于一时的得失，往往重于长远的打算；③能够做到如此稳重，主要在于已在业界打拼多年，对业界情况了如指掌，因此在业界会享有较高知名度；④这些资深商界人士信奉"诚信是商道的第一原则"。

专业技术人员。一般应由专家担任，为总工程师或能决定问题的技术领导。他应熟悉产品规格、质量标准、验收规范及技术服务等方面的技术。在特定条件下还应熟悉工艺流程、产品设计等技术。

商务人员。熟悉市场行情、价格条件、交易惯例、风险划分等，并熟悉合同条款、支付方式、信用保证、金融知识与资金担保等，必要时还需另配财务人员。

法律人员。负责合同文本、合同条款的法律解释。他要非常熟悉有关法律、法规。如果是国际采购谈判，还要熟悉国际贸易惯例、国际市场规则及有关国家的法律、法规。

翻译人员。在涉外谈判中，还应配备翻译人员。翻译人员既要具有一定的外语水平，同时还要懂得专业知识。

后援人员。大中型采购谈判或者比较复杂重要的谈判活动，为了提高谈判效率，便于决定问题和往外传递，搞好谈判团组的会务工作，有时可派管理干部参加或准备一定的后援人员，以保证谈判工作的顺利进行。

（二）谈判人员的挑选

选择谈判人员可以从政治素质、业务素质和综合能力几个方面考量。

1. 政治素质

首先，谈判者要能处理好国家、企业与个人利益之间的关系；其次，要对有关方针政策透彻了解，并能严格遵守；同时还要加强日常行为的修养。

国际采购人员在谈判过程中还应做到如下几点。

（1）在国际谈判中，必须忠于祖国，坚决维护国家的主权和民族尊严，做到坚持原则，站稳立场，不能丧失国格、人格，不能损害祖国的声誉。

（2）掌握我国有关对外贸易的方针、政策，以及我国政府颁布的涉外经济法规，在一切对外活动中要严格按照党的方针政策办事。

（3）提高警惕，严守机密，严格遵守保密规定。

（4）自觉遵守外事纪律和谈判团组的规定，不能背着组织同外国机构和外国人员进行私下往来；不能利用职权和工作关系营私舞弊。

（5）发扬中华民族的优良传统，讲究文明礼貌。在与外商谈判中，要谦虚谨慎，不卑不亢，注意仪表仪容。

（6）加强组织观念，严格遵守请示报告制度，如实汇报情况，顾全大局，团结协作。

2. 业务素质

谈判人员必须要有广博精深的知识，熟悉、掌握谈判过程中可能涉及的各种知识，有些企业要求谈判人员要具有大专以上的文化程度。其知识结构应包含以下几个方面。

1）商务知识

首先，要掌握系统而扎实的贸易专业基础理论和实务方面的知识，如经济学、采购学、国际贸易、市场营销、金融学、商法、商业保险等方面的知识；其次，还要掌握与采购谈判密切相关的其他学科的知识，如心理学、公共关系学、广告学、经营管理等方面的知识。

2）技术知识

技术知识主要指与谈判相关的商品学知识、工程技术知识等。

一个优秀的谈判者应该具备理想的知识结构，然而现实中完全符合上述要求的谈判人员并不多。据美国国家研究委员会和联合国教科文组织的统计，当代的基础学科已有 500 个以上的专业，而一个专业化的人才，精通一门专业就要花去毕生的精力。因此，在知识爆炸的今天，浩如烟海的科学技术知识和生产技能，绝不是一个人所能够完成掌握的。所以，作为一个谈判者，一定要努力创新，不断提高知识和业务修养。

3. 综合能力

除政治素质和专业素质外，作为一个优秀的谈判人员，还应该具备以下综合能力。

（1）组织能力。谈判是一个集体的活动，双方斗智的行为，涉及多种因素，必须要有较强的组织管理和协调能力才能胜任这项工作。

（2）观察能力。谈判人员应有敏锐的观察能力，能从对方的言语和行为中捕捉出对我方有用的谈判信息，进而有针对性地做出回应。

（3）文字和口头表达能力。能说会讲应是对谈判人员最基本的要求。定方案、定报告都要有较强的文字表达能力，甚至对外语表达能力也有一定要求。在双方沟通中，口头表达能力也能为谈判创造良好的气氛，准确传递我方意图，使谈判顺利进行。

（4）心理承受能力。这是指能坚持不懈地克服各种困难，不达谈判目的誓不罢休的能力。在谈判中，谈判人员必须头脑冷静，处事稳健，事事处处能克制自己，面对激烈的冲突，要有不急不躁的耐心，冷静地倾听对方意见。

（5）随机应变能力。即保持灵活性，主要表现在思绪上要有灵活性，能从不同角度来思考问题，对"吃亏"或"占便宜"能全面衡量，灵活判断，促成对双方有利的协议的达成。另外，在决策方案选择上要有灵活性，要充分发挥想象力，要避免过早决策，要在对立中寻找到双方的双赢点。

（三）谈判人员的培训

谈判人员应具有较高的素质，素质并不完全是先天造就，多半还是由后天培养。因此，要成为一名优秀的谈判人员，是通过自身的努力和实践的培养而实现的。

1. 社会培养

社会培养主要是基本素质的培养，包括基础文化知识、经济理论知识、谈判理论及技巧的教育。此外，比较重要的还有人际交往能力、判断能力、健康心态的培养等内容。社会培养营造的环境很宽广，它给谈判人员奠定了一个最基本的素质。社会培养的目标也是不确定的，它只是提供一个谈判人才的"坯件"。

2. 企业培养

企业培养是社会培养的进一步深入。让新手熟悉行业基本情况，包括厂情、行情、专业产品知识、特定的贸易惯例等。由经验丰富的业务人员给新手示范，包括谈判全过程，既展示其表象，也分析其原因。也可组织新手模拟谈判过程，尝试作一个谈判人员，事后再加以利弊分析。通过许多项目的锻炼和众多角色的体会，可以在加强指导的情况下，尝试把一些大的、重要的项目给新手，让其逐步磨炼成为独当一面的、优秀的谈判人才。

3. 谈判者的自我培养

严格地说，社会与企业只是为谈判者创造了成长的外部条件，要想真正发挥作用还要依靠谈判者的内因，即自我培养。作为谈判者，首要的便是应有所追求、有强烈的事业心。此外，还需掌握科学的自我培养方法。从众多谈判者成长的实例分析，可从博览、实践和总结等方面着手。

三、采购谈判策略与技巧

采购经理只有在谈判时掌握一定的谈判策略与技巧，才能在谈判时拥有主动权。许多谈判技巧虽然看起来琐碎，但往往能在关键时刻起到非常重要的作用。

（一）采购谈判的策略

1. 投石问路策略

所谓投石问路策略，就是在采购谈判中，当买方对卖方的商业习惯、产品成本、价格等不太了解时，买方主动地摆出各种问题，并引导卖方去做较为全面的回答，然后从中得到有用的信息资料。这种策略一方面可以达到尊重对方的目的，使对方感觉到自己是谈判的主角和中心；另一方面，自己又可以摸清对方底细，争得主动权。

例如，当企业向供应商提出要购买 5000 件产品时，他就可以使用此策略。首先，他可以向供应商询问如果他购买 1000 件、2000 件、3000 件、4000 件和 4500 件产品的单价分别是多少，当卖方做出回答之后，买方就可以从中获取有关的信息资料，进而分析研究出供应商产品的生产成本、生产能力、价格政策等。最后，买方就能够以较低的价格获得他们所需的产品。

运用该策略时，关键在于买方应给予卖方足够的时间并设法引导卖方对所提出的问题做尽可能详细的正面回答。为此，买方在提问时应注意：问题简明扼要、有针对性、尽量避免暴露提问的真实目的或意图。在一般情况下，买方可以提出以下问题：如果我们订货的数量增加或者减少、如果我们让你方作为我们固定的供应商、如果我们有临时的采购需求、如果我们分期付款等。

当然，这种策略也有不适用的情况。例如，在谈判双方出现意见分歧时，买方使用此策略会让对方感到你是故意给他们出难题，这样对方就会觉得你没有谈判诚意，谈判也许就不能成功。

2. 避免争论策略

谈判人员在开谈之前，要明确自己的谈判意图，在思想上进行必要的准备，以创造融洽、活跃的谈判气氛。然而，谈判双方为了谋求各自的利益，可能会在一些问题上发生分歧。此时，双方都要保持冷静，防止感情冲动，尽可能地避免争论。争论不仅于事无补，而且只能使事情变得更糟。最好的方法是采取下列态度，进行协商。

1）冷静地倾听对方的意见

在谈判中，听往往比说更重要。它不仅表现了谈判良好的素质和修养，还表现出对对方的尊重。多听少讲可以把握材料，探索并揭示对方的动机，预测对方的行动意向。在倾听过程中，即使对方讲出你不愿意听的话，或对己方不利的话，也不要立即打断对方或进行反驳。因为真正赢得优势、取得胜利的方法绝对不是争论。最好的方法是让对方陈述完毕之后，首先表示同意对方的意见，承认自己在某方面的疏忽，然后提出对对方的意见进行重新讨论。这样，在重新讨论问题时，双方就会心平气和地进行，从而使谈判达成双方都满意的结果。

例如，在谈到价格问题时，当卖方提出："你方给我方某某产品的价格太低，不提价无法达成协议。"这时买方最好的办法不是立刻讨价还价，而是表示歉意，可以真诚地对卖方说："我们也认为某某产品的价格定得低了一些，但由于它的成本高，所以报价时只考虑了自己的生产成本和赢利指标，忽视了你们的承受能力，这是我们的疏忽。对此，我们表示歉意。大家谁也不会为了亏本来谈判，因此，我们愿就价格问题专门进行磋商。"这样一来，对方就不会觉得你是为了掏他的腰包，而是真诚地为了继续合作。

2）婉转地提出不同意见

在谈判中，当你不同意对方的意见时，切忌直接提出自己的否定意见。这样做会使对方在心理上产生抵触情绪，而千方百计地维护自己的观点。如果有不同意见，最好的方法是先同意对方意见，然后再做探索性的提议。

3）分歧产生之后谈判无法进行，应立即休会

如果在洽谈中，某个问题成了绊脚石，使洽谈无法顺利进行下去，双方为了捍卫自己的原则和利益，就会各持己见，互不相让，使谈判陷入僵局。此时应立即休会。休会的策略为固执型谈判者提供了请示上级的机会，同时，也为自己创造了养精蓄锐的机会。

谈判实践证明，休会策略不仅可以避免僵持局面和争论发生，而且可以使双方保持冷静，调整思绪，平心静气地考虑对方的意见，达到顺利解决问题的目的。"休会"是国内谈判人员经常采用的基本策略。

3. 情感沟通策略

如果与对方直接谈判的希望不大，就应该采取迂回的策略。所谓迂回策略，就是要先通过其他途径接近对方，彼此了解，联络感情。在沟通了情感后，再进行谈判。人都是有感情的，满足人的情感和欲望是人的一种基本需要。因此，在谈判中利用感情的因素去影响对手也是一种可取的策略。

灵活运用此策略的方法很多，可以有意识地利用空闲时间，主动与谈判对手聊天、娱乐、谈论对方感兴趣的问题；也可以馈赠小礼品，提供交通住宿的方便；还可以通过帮助解决一些私人的问题，从而增进了解，联络感情，建立友谊，从侧面促进谈判的顺利进行。

4. 货比三家策略

在采购某种商品时，企业往往选择几个供应商进行比较分析，最后择优签订供销合约。这种情况在实际工作中非常常见，我们把采购商的这种做法称为"货比三家策略"。

在采用该策略时，企业首先选择几家生产同类型己方所需产品的供应商，并向对方提供自己的谈判内容、谈判条件等，同时也要求对方在限定的时间内提供产品样品、产品的性能、产品的价格等相关资料，然后依据这些资料比较分析卖方在谈判态度、交易条件、经营实力、产品性价比等方面的差异，最终选择其中的一家供应商与其签订供销合同。

另外，在运用此策略时，买方应注意选择实力相当的供应商进行比较，以增加可比性和提高签约效率，从而更好地维护己方的谈判利益。同时买方还应以平等的原则对待所选

择的供应商，以严肃、科学、实事求是的态度比较分析各方的总体情况，从而寻找企业的最佳供应商合作伙伴。

5. 声东击西策略

该策略是指己方为达到某种目的和需要，有意识地将洽谈的议题引导到无关紧要的问题上故作声势，转移对方的注意力，以求实现自己的谈判目标。具体做法是在无关紧要的事情上纠缠不休，或在自己不想做的事情上大做文章，以分散对方对自己真正要解决的问题上的注意力。从而在对方无警觉的情况下，顺利实现自己的谈判意图。

例如，对方最关心的是价格问题，而己方最关心的是交货时间。这时，谈判的焦点不是直接放到价格和交货时间上，而是放到价格和运输方式上。在讨价还价时，己方可以在运输方式上做出让步，而作为双方让步的交换条件，要求对方要在交货时间上做出较大让步。这样，对方感到了满意，己方的目的也达到了。

6. 最后通牒策略

处于被动地位的谈判者，总有希望谈判成功达成协议的心理。当谈判双方各持己见、争执不下时，处于主动地位的一方可以利用这一心理，提出解决问题的最后期限和解决条件。期限是一种时间性通牒，它可以使对方感到如不迅速做出决定，他会失去机会。因为从心理学角度讲，人们对得到的东西并不十分珍惜，而要失去的本来在他看来并不重要的某种东西却会一下子变得很有价值，在谈判中采用最后期限的策略就是借助别人的这种心理定式发挥作用的。

最后期限既给对方造成压力，又给对方一定的时间考虑，随着最后期限的到来，对方的焦虑会与日俱增。因为，谈判不成功损失最大的还是自己。因而，最后期限压力迫使人们快速做出决策。一旦他们接受了这个最后期限，交易就会很快顺利地结束。

7. 其他谈判策略

除以上介绍的谈判策略和方法外，在实际谈判活动中，还有许多策略可以采用，如多听少讲策略、先苦后甜策略、讨价还价策略、欲擒故纵策略、以退为进策略等，限于篇幅，不再赘述。总之，只要谈判人员善于总结，善于观察，并能理论结合实践，就能创造出更多、更好的适合自身的谈判策略，并灵活地将它们用于指导实际谈判。

（二）采购谈判的技巧

1. 入题技巧

谈判双方刚进入谈判场所时，难免会感到拘谨，尤其是谈判新手，在重要谈判中，往往会产生忐忑不安的心理。为此，必须讲究入题技巧，采用恰当的入题方法。

1) 迂回入题

为避免谈判时单刀直入、过于暴露，影响谈判的融洽气氛，谈判时可以采用迂回入题的方法，如先从题外话入题，从介绍己方谈判人员入题，从"自谦"入题，或者从介绍本企业的生产、经营、财务状况入题等。

2）先细节后原则入题

围绕谈判的主题，先从洽谈细节问题入手，抽丝剥茧，丝丝入扣，待各项细节问题谈妥之后，也就自然而然地达成了原则性的协议。

3）先一般再细节入题

一些大型的采购谈判，由于需要洽谈的问题千头万绪，双方高级谈判人员不应该也不可能介入全部谈判，往往要分成若干等级进行多次谈判。这就需要采取先谈原则问题、再谈细节问题的谈判方法。一旦双方就原则问题达成了一致，洽谈细节问题也就有了依据。

4）从具体议题入手

大型谈判总是由具体的一次次谈判组成的，在具体的每一次谈判会，双方可以首先确定本次会议的谈判议题，然后从这一议题入手进行谈判。

2. 阐述技巧

1）开场阐述

谈判入题后，接下来就是双方进行开场阐述，这是谈判的一个重要环节。

开场阐述的要点具体包括：①开宗明义，明确本次会谈所要解决的主题，以集中双方的注意力，统一双方的认识；②表明己方通过洽谈应当得到的利益，尤其是对己方至关重要的利益；③表明己方的基本立场，可以回顾双方以前的合作成果，说明己方在对方所享有的荣誉，也可以展望或预测今后双方合作中可能出现的机遇或障碍，还可以表示己方可采取何种方式共同获得利益做出贡献等；④开场阐述应是原则性的，而不是具体的，应尽可能简明扼要；⑤开场阐述的目的是让对方明白己方的意图，以创造和谐的洽谈气氛，因此，阐述应以诚挚和轻松的方式来表达。

对对方开场阐述的反应具体包括：①认真耐心地倾听对方的开场阐述，归纳弄懂对方开场阐述的内容，思考和理解对方的关键问题，以免产生误会；②如果对方开场阐述的内容与己方意见差距较大，不要打断对方的阐述，更不要立即与对方争执，而应当先让对方说完，认同对方之后再巧妙地转开话题，从侧面进行谈判。

2）让对方先谈

在谈判中，当你对市场态势和产品定价的情况不太了解时，或者当你尚未确定购买产品，或者你无权直接决定购买与否的时候，你一定要坚持让对方首先说明可以提供何种产品、产品的性能如何、产品的价格如何等，然后，你再审慎地表达意见。有时即使你对市场态势和产品定价比较了解，有明确的购买意图，而且能直接决定购买与否，也不妨先让对方阐述利益要求，报价和介绍产品，然后你在此基础上提出自己的要求。这种先发制人的方式，常能收到奇效。

3）坦诚相见

谈判中应当坦诚相见，不但将对方想知道的情况坦诚相告，而且可以适当透露己方的某些动机和想法。坦诚相见是获得对方同情的好办法，人们往往对坦诚的人有好感。但是应当注意，与对方坦诚相见，难免要冒风险。对方可能利用你的坦诚迫使你让步，你可能因为坦诚而处于被动地位，因此，坦诚相见是有限度的，并不是将一切和盘托出，而是以既赢得对方的依赖又不使自己陷于被动、丧失利益为度。

4）注意正确使用语言

谈判语言的使用要做到以下几点。

（1）准确易懂。在谈判中，所使用的语言要规范、通俗，使对方容易理解，不致产生误会。

（2）简明扼要，具有条理性。由于人们有意识的记忆能力有限，对于大量的信息，在短时间内只能记住有限的、具有特色的内容，所以，我们在谈判中一定要用简明扼要而又有条理性的语言来阐述自己的观点。这样，才能在洽谈中收到事半功倍的效果；反之，如果信口开河，不分主次，话讲了一大通，不仅不能使对方及时把握要领，而且会使对方产生厌烦的感觉。

（3）第一次要说准。在谈判中，当双方要你提供资料时，你第一次要说准确，不要模棱两可，含混不清。如果你对对方要求提供的资料不甚了解，应延迟答复，切忌脱口而出。要尽量避免使用含上下限的数值，以防止波动。

（4）语言富有弹性。谈判过程中使用的语言，应当丰富、灵活、富有弹性。对于不同的谈判对手，应使用不同的语言。如果对方谈吐优雅，己方用语也应十分讲究，做到出语不凡；如果对方语言朴实无华，那么己方用语也不必过多修饰。

3. 提问技巧

要用提问摸清对方的真实需要、掌握对方的心理状态、表达自己的意见观点。

1）提问的方式

提问的方式主要有：①封闭式提问；②开放式提问；③婉转式提问；④澄清式提问；⑤探索式提问；⑥借助式提问；⑦强迫选择式提问；⑧引导式提问；⑨协商式提问。

2）提问的时机

提问的时机主要有：①在对方发言完毕时提问；②在对方发言停顿、间歇时提问；③在自己发言前后提问；④在议程规定的辩论时间内提问。

3）提问的其他注意事项

除提问的方式和提问的时机外，还应该注意以下几点：①注意提问速度；②注意对方心境；③提问后给对方足够的答复时间；④提问时应尽量保持问题的连续性。

4. 答复技巧

答复不是一件容易的事情，因为回答的每一句话，都会被对方理解为是一种承诺，都负有责任。一般的答复技巧包括：①不要彻底答复对方的提问；②针对提问者的真实心理答复；③不要确切答复对方的提问；④降低提问者追问的兴趣；⑤让自己获得充分的思考时间；⑥礼貌地拒绝不值得回答的问题；⑦找借口拖延答复。

5. 说服技巧

说服的技巧包括：①讨论先易后难；②多向对方提出要求、传递信息、影响对方意见；③强调一致、淡化差异；④先谈好后谈坏；⑤强调合同有利于对方的条件；⑥待讨论赞成和反对意见后，再提出你的意见；⑦说服对方时，要精心设计开头和结尾，给对方留下深刻的印象；⑧结论要由你明确指出，不要让对方揣摩或自行下结论；⑨先做铺垫，不要奢望对方一下子接受你突如其来的要求；⑩强调互惠互利、互相合作的可能性、现实性，激发对方在自身利益认同的基础上来接纳你的意见。

采购谈判记录表如表 4-2 所示。

表 4-2　采购谈判记录表

记录人：　　　　　　　　　　　　　　　　　　　　　　　记录日期：　　年　月　日

供应商		谈判时间	
供货时间		谈判地点	
采购产品名称		数量	
产品规格和型号		目标价格	
技术要求			
质量要求			
谈判内容描述	（可以附表）		
谈判主要争议点			
谈判结果			
谈判参加会签			
主管领导审批意见	签字：　　　　　　　　　　　　　　　　年　月　日		

第二节　采购合同管理

一、采购合同概述

（一）合同与采购合同

一旦完成了谈判，就必须拟写一份合同，双方在上面签字。

《中华人民共和国民法通则》第八十五条指出，合同是当事人之间设立、变更、终止民事关系的协议。依法成立的合同，受法律保护。《中华人民共和国合同法》第二条指出，合同是平等主体的自然人、法人、其他组织之间设立、变更、终止民事权利义务关系的协议。

合同具有如下几个特点：①订立合同的双方当事人法律地位平等；②合同是双方当事人之间意思表达一致的结果；③订立合同是一种法律行为，合同的内容必须合法，否则合同自始至终都是无效的；④合同具有法律约束力，双方必须全面履行合同中所规定的各自的义务。

合同的法律效力主要表现在两个方面：第一，合同一经依法成立，就受到国家法律的保护，当事人必须全面履行；第二，对于依法成立的合同，当事人任何一方均不得擅自变更或解除，否则就要承担违约责任。

采购合同是供方与需方经过谈判协商一致同意而签订的表述供需关系的法律性文件，合同双方都应遵守和履行，并且是双方联系的共同语言基础。签订合同的双方都有各自的经济目的，采购合同是经济合同，双方受《经济合同法》的保护，并依法承担相应的责任。

采购合同有如下三个特征。

（1）采购合同是转移标的物所有权或经营权的合同。采购合同的基本内容是出卖人向买受人转移合同标的物的所有权或经营权，买受人向出卖人支付相应货款，因此它必然会导致标的物所有权或经营权的转移。

（2）采购合同的主体比较广泛。从国家对流通市场的管理和采购的实践来看，除生产企业外，流通企业也是采购合同的主体。另外，其他社会组织和具有法律资格的自然人也是采购合同的主体。

（3）采购合同与流通过程密切相关。流通是社会再生产的重要环节之一，对国民经济和社会发展有着重大影响，重要的工业品生产资料的采购关系始终是国家调控的重要方面。采购合同是采购关系的一种法律形式，它以采购这一客观经济关系作为设立的基础，直接反映采购的具体内容，与流通过程密切相关。

（二）采购合同的分类

买卖交易所订立的合同，大多视采购物料的性质及其方式而订立不同的合约条款。通常采购合同的种类如下。

1. 按买卖双方亲疏关系分类

1）现货合同

现货合同是采购中最常使用的合同，这种合同是独立的，即每次采购分别订立一个合同。在现货采购中，采购方将处于相对有利的地位。不过一旦合同订立后，供应商可能只履行合同所约定的直接义务，而不会再履行其他非合同义务。供应商之所以没有动力去履行其他非合同义务，是因为这些现货合同不会带来其他后续业务。

2）定期合同

定期合同常被看作从一个供应商或多个供应商处反复进行的现货采购。在这种情况下，它没有所谓的"合同期限"，在单独的合同下，每次采购单独处理，因此统一需求的价格或采购的提前期随着不同的订单而变化。

3）无定额合同

在无定额合同中，买卖双方协商订立一份协议，在某段时间内这份协议对所有买卖都有效。

4）定额合同

如果买方经常需要商品或服务，那么可以与卖方协商订立一份定额合同，约定在一定时间内，这份合同对双方所有的买卖都有效。

5）合伙合同

所有的合伙人以出资比例分担经营业务的职责，分享利润。在这种关系基础上，双方建立的合同称为合伙合同。

6）合资合同

合资企业仅是为一个特定的项目而设立，而不是一种持续的业务关系，基于持续业务关系所订立的合同称为合资合同。

2. 按成立方式分类

当事人订立合同可以采用口头形式、书面形式或其他形式。

口头形式是指买卖双方只用口头语言表示订立合同，而不用文字表达协议内容的合同形式。

书面形式是买卖双方以合同书或者数据电文等各种可以有形地表达所载内容的形式订立合同。

3. 按销售方式分类

1）销售合同

此类合同多为依据生产或供应货品的厂商的要求条件而成立的合约。

2）承担合同

此类合同多为业务推广性质，站在中介的地位来促进双方的交易，从中取得佣金。

3）代理合同

这种方式大多仅为代理报价签约，不设立门市并且不与买方直接发生交易。仅做服务性工作而促进买卖双方交易，其佣金则依照约定由买方或卖方支付。

（三）采购合同的制定流程与范本

采购合同的制定流程如图 4-1 所示。

合同的内容主要是合同当事人的权利与义务，具体体现为合同的各项条款。根据《中华人民共和国合同法》的规定，在不违反法律强制性规定的情况下，合同条款可以由当事人自由约定，但一般包括以下条款：①当事人的名称或者姓名和依据；②标的，即合同双方当事人权利义务所共同指向的对象；③数量；④质量；⑤价款或者报酬；⑥履行期限、地点和方式；⑦违约责任；⑧解决争议的方法等。

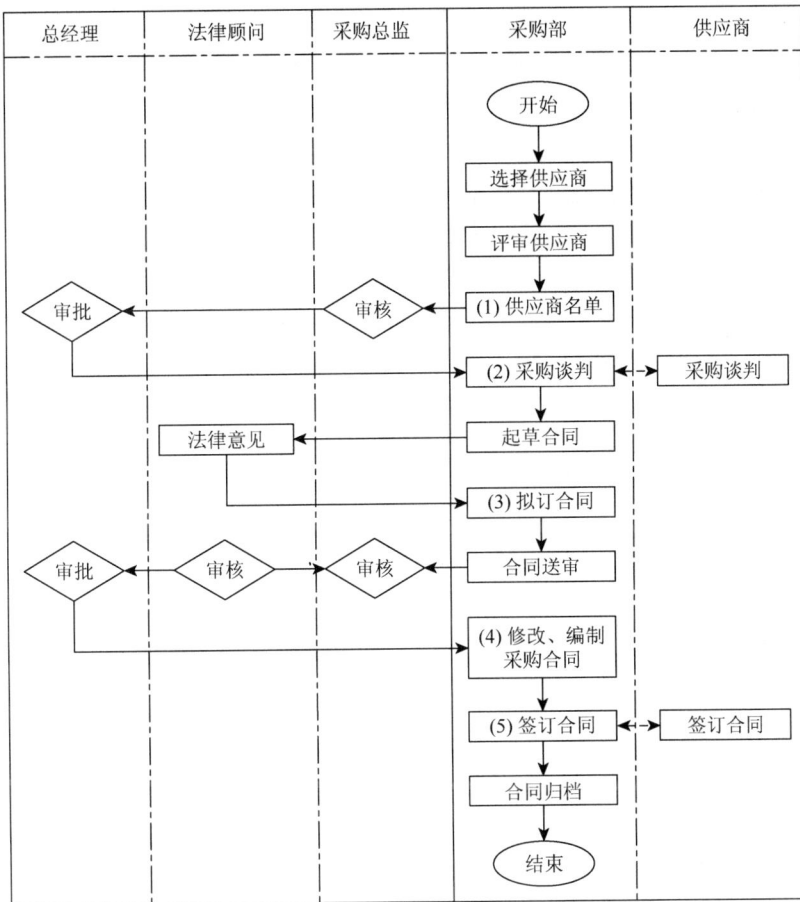

图 4-1　采购合同的制定流程

下面给出采购合同示例。

（合同号：　　　　　　　　）

甲　　方：

单位名称：

法定代表：

电　　话：

乙　　方：

单位名称：

法定代表：

电　　话：

根据《中华人民共和国合同法》的有关规定，为明确合同双方的权利义务，经过双方友好协商，现达成以下条款：

1. 产品情况

产品名称	规格型号	计量单位	数量	单价	合计
合计					

2. 付款时间与方式

2.1 甲方于收到×××产品××日内全额支票支付乙方合同全部货款。

2.2 乙方于货款入账××日内提供甲方全额增值税发票。

3. 交货日期及交货地点

3.1 交货日期：合同生效后××日内乙方交付甲方××产品。乙方收到甲方货款后，交付甲方××产品。

3.2 交货地点：甲方指定地点。

4. 质量标准

4.1 乙方所提供产品的技术指标应符合国家或部颁标准。

4.2 在质保期内如果乙方提供的产品出现质量问题，乙方需要在 1 个工作日内给予相应处理，3 个工作日内给予处理。特殊情况需要乙方提供备机给甲方。

5. 违约责任

5.1 除不可抗拒事件，任何一方不得违反本合同条款。

5.2 如发生交货日期延迟，乙方每延误一天交货需按合同总额的 5‰向甲方支付违约金；甲方不得拖欠乙方货款，如甲方没有按期支付，每延误一天需按合同总额的 5‰向乙方支付违约金。违约金最多不超过合同总金额的 10%。

6. 争议的解决

凡因执行本合同所发生的争议，或与本合同有关的一切争议，双方应通过友好协商解决。如果协商不能解决，依照《中华人民共和国合同法》，由双方认可的仲裁部门解决或向人民法院起诉。

本合同一式贰份，甲乙双方各持壹份，具有同等法律效力。

合同附件与本合同具有同等法律效力。

> 本合同自甲乙双方签字盖章之日生效，传真件具有同等法律效力。
> 甲方： 乙方：
> 签字： 签字
> （盖章） （盖章）
> 日期： 日期：

二、采购合同签订与争议处理

（一）采购合同的签订

采购合同的签订是指当事人双方依据法律的规定就合同所规定的各项条款进行协商，达到意思表示一致而确立合同关系的法律行为。在实际签订过程中，合同的双方当事人必须针对合同的主要内容，反复磋商，直至取得一致意见，合同才告成立。

1. 合同签订前的准备工作

合同双方当事人应调查对方的资信能力，了解对方是否有签订合同的资格，或者代理人是否有代理资格。具有法人资格的企业、农村集体经济组织、国家机关、事业单位、社会团体可以作为合同的当事人。而不具备法人资格的社会组织、车间、班组、总厂的分厂、总公司的分公司、学校内部的系科室等均不能以当事人的身份签订采购合同。个体经营户、农村专业户、承包经营户等独立承担经济责任的经济实体可成为经济合同的主体。

2. 签订采购合同的程序

签订合同是当事人双方的法律行为。合同的成立必须由当事人相互做出意思表示并达成合意。所以《中华人民共和国合同法》规定"当事人双方依法就合同的主要条款经过协商一致，合同就成立"。实践中，当事人相互协商签订合同的过程，通常分为两个阶段，即提出订立合同的建议和接受订立合同的建议，民法学上称为"要约"与"承诺"。

1）要约

要约指订立合同的当事人一方向另一方发出的缔结合同的提议。发出该提议的人为要约人，另一方为受约人或相对人。要约的对象一般有三种：指定的对象、选定的对象、任意的对象。

2）承诺

承诺指受约人向要约人做出的对要约完全无异议地接受的意思表示。做出这种意思表示的人称为承诺人。要约人的要约一经承诺人的承诺，合同即告成立。

3. 合同的草签与正式签订

合同主要条款协商确定后，当事人双方可以先草签合同，待其他次要条款约定后，再正式签订合同。

　　签订合同时应当确认对方当事人有权签订合同。法定代表人是法人组织的最高首长,有权以法人的名义对外签订采购合同而不需要特别的授权委托,但法定代表人在签订合同时必须具备合法的手续,即法定代表人的身份证明。合法代理人也可签订采购合同,但代理人必须持有法人的授权委托书,方能以法人的名义签订合同。代理人签订采购合同必须在授权范围内进行,如超越代理权所签合同,被代理人不承担由此产生的权利与义务关系。授权委托书必须包括:代理人姓名、年龄、单位、职务,委托代理事项、代理权限、有效期限,委托者的名称,营业执照号码、开户银行、账号,委托日期,最后是委托者及其法定代表人的签章。

　　合同签订审批单如表 4-3 所示。

表 4-3　合同签订审批单

采购业务口		采购物资名称	
合同编号		送入系统时间	
合同草签基本内容			
供应商名称			
采购数量		采购单价	
采购金额		交货时间	
其他特别条款			
采购总监审核意见		签字:　　　　　日期:	
法律顾问审核意见		签字:　　　　　日期:	

4. 合同的公证

　　为了确保合同的真实性与合法性,采购合同一般应予以公证。

　　所谓合同的公证,就是国家公证机关代表国家行使公证职能,根据当事人的申请和法律的规定,依照法律程序证明采购合同的真实性和合法性的活动。采购合同公证的意义在于:通过公证对合同进行法律审查,明确哪些内容是合法的,哪些是不合法的,有利于防止经济犯罪,维护合同当事人的合法权益;通过合同的公证,可以使合同规范化,对一些不明确或不具体的条款予以修改、完善,预防纠纷和减少诉讼。

　　采购合同的公证主要审查合同是否具备下列条件。

　　(1)当事人必须具有行为能力。

　　(2)合同的订立必须贯彻平等互利、协商一致、等价有偿的原则。

　　(3)合同内容不得违反国家的政策、法律法令、公共利益和社会主义道德准则。

　　(4)合同的内容必须清楚、具体、齐全。

　　合同的公证实行自愿原则,但规定合同必须是公证的,公证后合同才有法律效力。公证时,当事人双方应到公证处提出公证申请,公证员受理审查认为符合公证条件且合同真实、合法，制作公证书，发给当事人。若要变更、解除已经公证过的合同，则变更或解除仍应到公证处办理证明。公证处还可办理强制执行合同的公证，债权人可凭此直接向法院申请强制执行。

5. 合同的鉴证

采购合同的鉴证是合同监督管理机关根据双方当事人的申请，依法证明合同的真实性和合法性的一项制度。鉴证的特点如下。

（1）鉴证行为主体是合同监督管理机关，其他机关和单位无权鉴证合同。

（2）鉴证依据合同当事人双方的自愿申请实施。这里包括两层含义：一是合同监督管理机关不是主动鉴证，而是依据当事人的申请；二是双方当事人的申请，一方当事人的申请不能予以鉴证。

（3）鉴证的内容是审查合同的真实性和合法性。所谓真实性，是指合同双方当事人意思表示真实，合同主要条款完备，文字表述准确。所谓合法性，是指合同双方当事人具有合法的主体资格，合同的内容符合国家的法律、政策和计划的要求。

除法律法规特别规定外，采购合同的鉴证一般采取自愿原则。合同鉴证的意义在于：通过合同鉴证，可以及时发现和纠正在合同订立过程中出现的不合理、不合法现象，提请当事人对合同中缺少的必备条款予以补充，对明显有失公平的内容予以修改，对利用合同进行违法活动的现象予以制止和制裁，对约定义务超过承担能力的予以消减，从而减少和避免许多不必要的纠纷，为合同的履行奠定基础。

合同的鉴证一般由合同签订地或履行地的工商行政管理局办理。合同鉴证收费标准为采购合同价款的万分之二。

6. 合同的法律约束力

合同签订后，就具有法律约束力。合同的法律约束力应是法律赋予合同对当事人的强制力，如果当事人违反合同约定的内容，即产生相应的法律后果，包括承担相应的法律责任。约束力是当事人必须为之或不得为之的强制状态。约束力或来源于法律，或来源于道德规范，或来源于人们的自觉意识。当然，源于法律的法律约束力对人们的行为具有最强的约束力。

（二）采购合同的争议处理

合同争议是指合同的当事人双方在签订、履行和终止合同的过程中，对所订立的合同是否成立、生效、合同成立的时间、合同内容的解释、合同的履行、合同责任的承担，以及合同的变更、解除、转让等有关事项产生的纠纷。

1. 采购合同的争议处理

采购业务中处理好争议索赔是一项重要工作。索赔一般有三种情况：购销双方之间的贸易索赔；向承运人的运输索赔；向保险人的保险索赔。

1）违反采购合同的责任

（1）出卖方责任。主要有两种情况：①商品的品种、规格、数量、质量和包装等不符合合同规定，或未按合同规定日期交付，应偿付违约金、赔偿金；②商品错发到货地点或接货单位，除按合同规定负责运到规定地点或接货单位外，还要承担因此而多付的运杂费，如果造成逾期未交货，应偿付逾期交货违约金。

（2）买受方责任。主要有三种情况：①中途退货应偿付违约金、赔偿金；②未按合同规定日期付款或提货，偿付违约金；③错填或临时变更到货地点，承担因此多支出的费用。

2）违反运输合同的责任

当商品需要从出卖方所在地运送到买受方指定的地点时，如未能按采购合同的要求到货，要分清是货物承运方的责任还是托运方的责任。

3）保险方的责任

已投财产保险的，保险方对保险事帮造成的损失和费用在保险金额的范围内承担赔偿责任。其中海洋货物运输的保险条款包括三种基本险别，即平安险、水渍险和一切险，除基本险外还有附加险。附加险分为一般附加险和特殊附加险两类。被保险方为了避免或减少保险责任范围内损失而进行的施救、保护、整理、诉讼等所支出的合理费用，依据保险合同的规定偿付。

➤知识扩展

美国仲裁协会

美国仲裁协会（American Arbitration Association，AAA）是由1922年成立的美国仲裁协会和1925年成立的美国仲裁基金会合并之后，于1926年正式成立的。AAA是独立的、非营利性的公司，其总部设在纽约，并在美国其他多个主要城市设有分支机构。它受理全美各地以及外国的各种当事人提交的除法律和公共政策禁止仲裁的事项外的任何争议。AAA的宗旨是：开展对仲裁的研究；不断完善仲裁规则；通过仲裁、调解和替代性争议解决方式，解决国内及国际经济交往中发生的各种争议。具体而言，AAA的服务包括：仲裁、教育培训、独立事实认定、调解-仲裁、调解、协商和会议推广、出版等。

2. 索赔与理赔

索赔和理赔是一项维护当事人权益和信誉的重要工作，也是涉及面广、业务技术性强的细致工作。因此提出索赔和处理索赔时，必须注意下列三个问题。

1）索赔期限

索赔期限是指争取索赔的当事人向违约方提出索赔要求的违约期限。关于索赔期限，应根据不同商品的具体情况做出不同的规定。一般而言，农产品、食品等的索赔期限短些，一般商品的索赔期限长些，机器设备的索赔期限则更长一些。如果逾期提出索赔，对方可以不予理赔。

2）索赔依据

提出索赔时，必须出具因对方违约而造成买受方损失的依据，当争议条款为商品的质量条款或数量条款时，该证明要与合同中检验条款相一致，同时出示检验出证机构的检验报告。

3）索赔及赔偿方法

关于处理索赔的办法和索赔的金额，除个别情况外，通常在合同中只做笼统规定，而不做具体规定。因为违约的情况较为复杂，当事人在订立合同时往往难以预计。有关当事人应根据合同规定和违约事实，本着平等互利和实事求是的精神，合理确定损害赔偿金额或其他处理办法，如退货、换货、补货、整修、延期付款、延期交货等。

3. 合同的变更和终止

1）合同变更

当事人协商一致，可以变更合同。当事人对合同变更内容约定不明确的，推定为未变更。

2）合同终止

应当先履行债务的当事人，有确切证据证明对方有下列情形之一的，可以终止履行：

①经营状况严重恶化；

②转移财产、抽逃资金，以逃避债务；

③丧失商业信誉；

④有丧失或者可能丧失履行债务能力的其他情形。

当事人没有确切证据中止履行的，应当承担违约责任。当事人依据上述理由中止履行的，应当及时通知对方。对方提供适当担保时，应当恢复履行。中止履行后对方在合理期限内未恢复履行能力并且未提供担保的，中止履行的一方可以解除合同。

4. 合同解除

有下列情形之一的，当事人可以解除合同：

①因不可抗力原因致使合同不能实现的；

②在履行期限届满之前，当事人一方明确表示或者以自己的行为表明不履行主要债务；

③当事人一方延迟履行主要债务，经催告后在合理期限内尚未履行；

④当事人一方延迟履行债务或其他违约行为致使合同不能实现的。

合同解除后，尚未履行的，终止履行；已经履行的，根据履行情况和合同性质，当事人可以要求恢复原状，采取其他补救措施，并有权要求赔偿损失。

合同权利义务的终止，不影响合同中结算和清理条款的效力。

➤ **实践　模拟采购谈判**

一、实践目的

1. 有助于将采购谈判理论和采购实践联系起来

模拟采购谈判实践是在学习采购谈判理论之后的一次综合性实训活动。在进行模拟谈判教学的过程中，需要把采购谈判的相关理论知识融会贯通。首先要进行准备工作，按照采购谈判的程序进行小组分析、资料收集、谈判计划拟定等；然后要模拟采购谈判的开局、磋商和合同签订等工作。整个课程的知识体系都会在模拟谈判中得到充分的反映和运用。采购谈判涉及很多知识的综合运用，如市场营销、商务礼仪、公共关系、商品知识等，让学生亲历交易的全过程，有助于理论与实际更好地结合起来。

2. 有助于学习热情的激发与培养

学生亲自参与，有沟通，有互动，因而学生的积极性会更高。在谈判的准备阶段，教师与学生之间的沟通也会增多，例如，有些学生提交的资料不规范，内容欠妥当，教师可以有针对性地指导学生进行提高，不断学习和创新。这样和学生近距离的接触，会激发学生的学习热情，也会提高学生的学习能力。

3. 有助于培养学生的团队合作意识

谈判小组是代表企业进行采购谈判，要顺利完成任务，没有成员之间的合作是不可以的。在谈判过程中，每个学生都有自己的特点，因此，各谈判小组要根据学生各自的特长进行细致分工，通过分工与合作，发挥集体的力量，来共同完成谈判的全过程。这个过程中，在锻炼每一个学生的谈判能力的同时，更要注重培养团队合作精神，这就很好地培养了学生的团队合作意识。

二、实践准备

1. 组建虚拟公司

学生在教师的指导下，设立虚拟的公司，需要确定公司的名称、经营范围、代表产品等。

2. 进行学生分组与角色分配

根据班级的总人数确定谈判小组的规模，一般4～6人为宜。角色可以设置为总经理、采购、财务、技术、法律等方面的人员。要根据学生的特长进行分工，同时要注明主谈和副谈。

3. 各小组进行市场调查

在谈判之前，各谈判小组要做好市场调查，拟订采购谈判方案，撰写企业总体情况描述、供方营销策划书、需方市场调查报告、技术分析报告、财务分析报告、拟订合同书等，并准备好谈判所需要的相关资料。

三、实践步骤

1. 开局谈判

谈判的双方入场，相互寒暄，营造良好的谈判气氛，清晰陈述并提出倡议。

2. 磋商阶段

针对主要议题，按计划有条不紊地进行，遇到意外情况应该灵活应变，双方你来我往、唇枪舌剑。

3. 谈判价格阶段

价格是重中之重，双方应该更加谨慎，分别运用所学的各种策略和技巧争取更合理的价格。

4. 谈判结束

谈判成功，签订谈判合同。

5. 谈判点评

未参加谈判的学生做好谈判记录，待谈判结束后，由未参加谈判的学生对谈判程序、商务礼仪、语言技巧、谈判策略、谈判内容、谈判人员的配合情况及谈判的结果等方面进行评价。评价的目的是分析不足、找出问题，以达到不断提高谈判水平的目的。最后，由教师做总体点评。如果有条件，可以全程录像，在点评的时候，将存在问题的镜头回放，这样效果更佳。

四、注意事项

1. 教师不要干预正在谈判的小组，无论出现了什么情况，都要求两组学生自行解决。
2. 在采购谈判前，教师要督促双方做好细致的准备工作。
3. 指导学生将所学的理论知识应用于谈判模拟中。
4. 谈判前要提醒学生言语不能过激，强调谈判的目的是谈判成功。
5. 最好自愿组成谈判小组，避免搭便车的现象发生。

本 章 小 结

本章包括采购谈判和采购合同管理两节内容。采购谈判主要介绍了采购谈判的基础知识、采购谈判组与人员、采购谈判的策略与技巧三个内容；采购合同管理主要介绍了采购合同、采购合同签订与争议处理两个内容。

➤复习思考题

一、单选题

1. 对采购谈判负主要责任的是（　　　）

    A. 商务人员　　　　B. 法律人员　　　　C. 主谈人　　　　　D. 后援人员

2. 在知识层面，谈判人员不仅要具备商务知识，还要具备一定的（　　　）

    A. 技术知识　　　　B. 组织知识　　　　C. 观察知识　　　　D. 交流能力

3. 如果与对方直接谈判的希望不大，就应该采取（　　　）

    A. 货比三家策略　　B. 迂回策略　　　　C. 声东击西策略　　D. 避免争论策略

二、多选题

1. 采购谈判组主要包括（　　　）

    A. 主谈人　　　　　　B. 专业技术人员　　　　C. 商务人员

    D. 法律人员　　　　　E. 后援人员

2. 按买卖双方亲疏关系可以将采购合同分为（　　　）

    A. 现货合同　　　　　B. 定期合同　　　　　　C. 定额与无定额合同

    D. 合伙合同　　　　　E. 合资合同

3. 按销售方式分类可以将合同分为（　　　）

    A. 销售合同　　　　　B. 承担合同　　　　　　C. 代理合同

    D. 合伙合同　　　　　E. 合资合同

三、简答题

1. 采购谈判有哪些独特的特点？

2. 采购谈判的策略包括哪些？

3. 采购谈判过程中，入题有哪些技巧？

4. 合同具有哪些特点？

5. 采购合同的公证主要审查合同的哪些条件？

四、案例分析题

欧洲 A 公司代理 B 工程公司到中国与中国 C 公司谈判出口工程设备的交易。中方根据其报价提出了批评，建议对方考虑中国市场的竞争性和该公司第一次进入市场，认真考虑改善价格。该代理商做了一番解释后仍不降价，并说其委托人的价格是如何合理。中方对其条件又做了分析，代理人又做解释，一上午下来，毫无结果。中方认为其过于傲慢固执，代理人认为中方毫无购买诚意且没有理解力。双方相互埋怨之后，谈判不欢而散。

思考题

1. 欧洲代理人进行的是哪类谈判？

2. 构成其谈判因素有哪些？

3. 谈判有否可能不散？若可能不散，欧洲代理人应如何谈判？

➤案例思考与解析

BP 案背后的合同风险控制

许多国际知名的品牌企业在进入中国市场时，都习惯采用特许经营或特约经销商模式。两者大致都包括商标、标识的使用许可，统一店堂布置、统一销售价格、统一服务标准和统一原辅材料供应等内容。

在很多情况下，供应商和经销商是良好的商业合作伙伴。对供应商来说，减少了人力资源成本和流动资金占用；对经销商来说，借知名品牌之力开拓市场，在进货价格、产品广告、技术支持、客户服务等方面可获得供应商的支持。但是，有时两者也会产生矛盾纠纷，而导致纠纷的原因则五花八门。

从 2004 年起，BP 石油（上海）贸易有限公司（以下简称 BP 石油）与洛阳润源贸易有限公司（洛阳润源贸易）因为 BP 石油单方面援引合同条款终止《经销商合同》而引发诉讼，洛阳润源贸易先后在陕西西安市、河南三门峡市和洛阳市与 BP 石油及其关联企业嘉实多贸易公司（以下简称嘉实多）打了近十起官司。

双方最主要的争议焦点是：在双方签署的多份《经销商合同》中都有一个允许单方面解除合同的"自愿终止条款"。根据这一条款，任何一方都可以在提前 30 天做出书面通知的情况下无条件地、单方面终止合同。

作为经销商的洛阳润源贸易认为《经销商合同》的自愿终止条款无效，该合同属于格式合同，BP 石油和嘉实多单方终止合同的行为构成违法并应该做出巨额赔偿；而 BP 石油和嘉实多则认为该条款对等地赋予双方解除合同的权利，符合公平原则。

围绕这一问题，近 5 年来，双方除在洛阳发生诉讼外，官司还打到了河南三门峡、陕西西安等地，面对同样的合同条款，有的法院支持经销商的诉求，也有的法院支持BP石油和嘉实多，而有的诉讼至今还没有完结。

针对上述类似案件，上海汉商律师事务所主任王嵘律师认为，跨国公司企业管理的一个重大特色是强调合同的统一。对一家企业来说，就同一类业务活动，如果使用不同的合同，将大大增加风险控制和危机处理的难度，造成业务发展无序，引发经销商之间的攀比纠纷。但如果使用同一版本的合同，就又容易导致合同被指控为格式合同。

根据《中华人民共和国合同法》，格式合同（或合同的格式条款）会导致两个法律后果：一是当双方对合同文字的理解适用产生分歧时，会采用对制订合同方不利的解释；二是合同中有关免除制订合同方责任和加重对方责任的条款会被判无效。而要避免这种情况发生，就需要保存切实的证据，证明双方的合同条款经过了比较具体、细致的协商。

"有的外企现在会要求对方的签约代表用手抄的方式把重要的合同条款誊抄一遍，以便证明其曾向对方提示过该条款的重要性和要求对方认真考虑"，王嵘说，"现实中，这么做在一些中国商人看来有些古怪，但外资企业常常觉得无奈。而不这样做，中国的法院往往就判定合同条款因未经协商而属于格式条款，然后进一步判决合同无效。"

除此之外，在多个省份或地域设有经销商网络的厂家还往往会面对各地法院对同一问题判决不尽一致的情况，有时也会遭遇地方保护主义的困扰。对此，有些律师会建议外企客户在合同中订入仲裁条款，用仲裁约定使对方所在地的法院无法获得审判管辖权。BP石油和嘉实多的有关人士称，在与洛阳润源贸易进行了多年诉讼后，他们的新版经销合同都订明了仲裁条款。

不过，代理过多起类似特许经营合同和经销合同案子的河南省鼎德律师事务所主任李胜先律师认为，更多的风险环节还是出在经销商方面，"目前多数经销合同是生产厂家组织法律和商业专家研制出的格式合同。这种格式合同往往从自己的利益出发，忽视对商家利益的规定，所以很容易产生纠纷。"

"此外，就合同而言，最容易出问题的是主要条款约定不明，例如，经销合同中最为关键的条款就是销售政策，如厂家的交货依据和时间、经销商退货或换货的条件、广告费和促销费用的承担问题、销售返利的比率等，非常容易产生歧义。作为弱势一方的经销商要在合同订立之初就学会规避强势供应商可能设计的'合同陷阱'。"（资料来源：何勇．苏北崛起命系连云港[N]．中国经营报，2009-4-17．）

案例解析：洛阳润源贸易和BP石油及其关联企业嘉实多贸易公司之间的纠纷缘于单方面的《经销商合同》终止。经销商在订立合同时，一般处于弱势地位，经销商为了获得销售权，往往忽略了合同主要条款的权责利问题。这使得供应商单方面终止合同时，使经销商处于不利地位。为了防止这种情况发生，经销商在签订合同时，必须认真研究条款，对不公平的条件进行附加说明或背书说明。

➤教学实践

章	节	任务	形式与方法	课时分配	知识目标	能力目标	素质目标
采购谈判与合同管理	采购谈判	1.采购谈判基础知识 2.采购谈判组与人员 3.采购谈判策略与技巧	启发式教学+案例教学+课堂讲授+讨论式 多媒体教学+网络教学+实践教学手段 1. 教师讲解采购谈判的基础知识、采购谈判组和人员、采购谈判策略和技巧 2. 学生分组分角色进行采购谈判 3. 教师结合理论知识对学生的角色扮演进行总结	3	采购谈判基础知识、采购谈判组与人员、采购谈判策略与技巧	能够运用所学的采购策略和技巧进行采购谈判并获得成功	分析学习 沟通协作 团队意识
	采购合同管理	1. 采购合同概述 2. 采购合同签订与争议处理	案例教学+课堂讲授+启发式+讨论式+探究式 多媒体教学+网络教学+实践教学手段 1. 教师讲解采购合同的基础知识、合同签订与跟踪 2. 学生熟悉采购合同，分组草拟采购合同 3. 教师总结学生草拟的采购合同存在的问题	3	采购合同概述、采购合同签订与跟踪	能够草拟和签订采购谈判合同	分析学习 沟通协作 团队意识 客观公正

➤教学评价

名称：采购谈判与合同管理

评价类别	评价项目	评价标准	评价依据	评价方式			权重
				学生自评	同学互评	教师评价	
				0.1	0.1	0.8	
过程评价	学习能力	学习态度，学习兴趣，学习习惯，沟通表达能力，团队合作精神	学生考勤，课后作业完成情况，课堂表现，收集和使用资料情况，合作学习情况				0.2
	专业能力	能够熟练运用各种采购谈判策略和技巧，能够编制采购合同	模拟谈判的比赛结，采购合同的编制情况				0.3
	其他方面	探究、创新能力	积极阅读教师布置的专业文献，能够将所学理论与前沿知识联系起来，能提出多种解决问题的方法				0.1
结果评价			理论考核				0.2
			实操考核				0.2

第五章

招 标 采 购

➤学习目标

◇知识目标

了解政府采购、招标采购的含义；掌握招标、投标、开标、评标与定标的流程。

◇能力目标

能够掌握招标采购的发展趋势及应用情况；能够运用招标、投标的知识结合企业实践进行招投标管理。

◇素质目标

学习掌握招标采购，沟通协作、团队意识、实事求是、客观公正。

➤本章实施体系

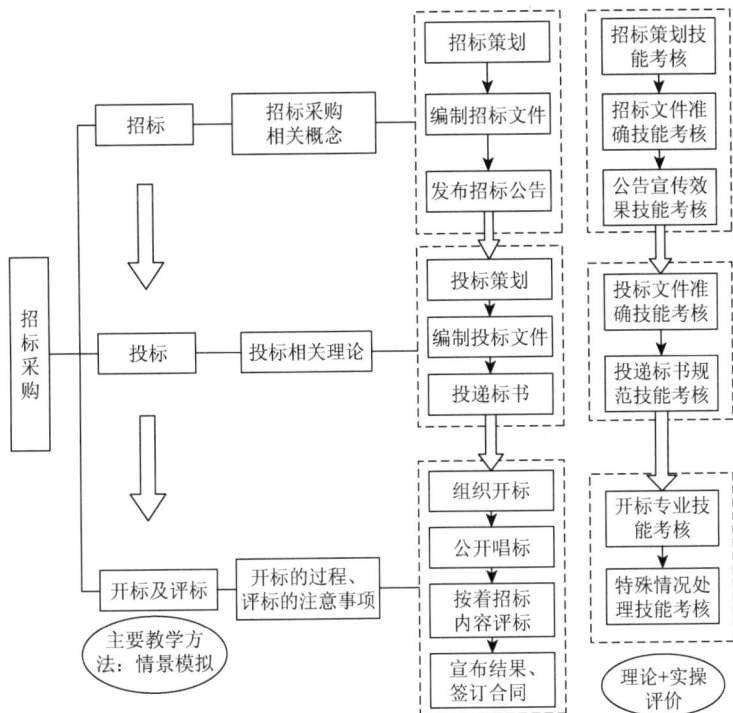

➤案例引导

政府工程招标采购

某政府部门决定投资一亿余元，兴建一幢现代化的综合楼，其中土建工程采用公开招标的方式选定施工单位，但招标文件对省内的投标人与省外的投标人提出了不同的要求，也明确了投标保证金的数额。该政府部门委托某建筑事务所为该项工程编制标底。2013 年 10 月 6 日招标公告发出后，共有 A、B、C、D、E、F 6 家省内的建筑单位参加了投标。招标文件规定 2013 年 10 月 30 日为提交投标文件的截止时间，2013 年 11 月 3 日举行开标会。其中，E 单位在 2013 年 10 月 30 日提交了投标文件，但 2013 年 11 月 1 日才提交投标保证金。开标会由该省建委主持。结果，该建筑事务所编制的标底高达 6200 多万元，而 A、B、C、D 4 家投标单位的投标报价均在 5200 万元以下，与标底相差 1000 万余元，引起了投标人的异议。这 4 家投标单位向该省建委投诉，称该建筑事务所擅自更改招标文件中的有关规定，多计漏算多项材料价格，并夸大了工程量，使标底高出实际估算近 1000 万元。同时，D 单位向该政府部门要求撤回投标文件。为此，该部门请求省建委对原标底进行复核。2014 年 1 月 28 日，被指定进行标底复核的省建设工程造价总站（以下简称总站）拿出了复核报告，证明某建筑事务所在编制标底的过程中确实存在这 4 家投标单位所提出的问题，复核标底额与原标底额相差近 1000 万元。上述问题久拖不决，导致中标书在开标三个月后一直未能发出。为了能早日开工，该院在获得了省建委的同意后，更改了中标金额和工程结算方式，确定某省某公司为中标单位。

　　请思考：招标采购的注意事项有哪些？

第一节　招标采购概述

一、招标采购含义、特点和适用范围

（一）招标采购的含义

　　招标采购是指采购方作为招标方，事先提出采购的条件和要求，邀请众多企业参加投标，然后由采购方按照规定的程序和标准一次性从中择优选择交易对象，并提出最有利条件的投标方签订协议等过程。整个过程要求公开、公正和择优。招标采购是政府采购最通用的方法之一。招标采购可分为竞争性招标采购和限制性招标采购。它们的基本做法是差不多的，其主要的区别是招标的范围不同，一个是向整个社会公开招标，一个是在选定的若干个供应商中招标，除此以外，其他在原理上都是相同的。一个完整的竞争性招标采购过程由供应商调查和选择、招标、投标、开标、评标、决标、合同授予等阶段组成。

（二）招标采购的特点

　　（1）招标程序的公开性。有时也指透明性，是指整个采购程序都在公开的情况下进行。

公开发布投标邀请，公开开标，公布中标结果，投标商资格审查标准和最佳投标商评选标准要事先公布，采购法律也要公开。

（2）招标程序的竞争性。招标就是一种引发竞争的采购程序，是竞争的一种具体方式。招标的竞争性充分体现了现代竞争的平等、信誉、正当和合法等基本原则。招标作为一种规范的、有约束的竞争，有一套严格的程序和实施方法。政府采购机关通过招标程序，可以最大程度地吸引和扩大投标人的竞争，从而使招标方有可能以更低的价格采购到所需的物资或服务，更充分地获得市场利益，有利于政府采购经济效益目标的实现。

（3）招标程序的公平性。所有感兴趣的供应商、承包商和服务提供者都可以进行投标，并且地位一律平等，不允许歧视任何投标商；评选中标商应按事先公布的标准进行；投标是一次性的并且不准与投标商进行谈判。所有这些措施既保证了招标程序的完整，又可以吸引优秀的投标商来竞争投标。

（三）招标采购适用范围

政府采购中的招标采购方式包括公开招标、邀请招标、竞争性谈判、单一来源采购、询价，以及国务院政府采购监督管理部门认定的其他采购方式。公开招标应作为政府采购的主要采购方式。采购人采购货物或者服务达到公开招标数额标准的，应当采用公开招标方式。

（1）符合下列情形之一的货物或者服务，可以采用邀请招标方式采购。

①具有特殊性，只能从有限范围的供应商处采购的。

②采用公开招标方式的费用占政府采购项目总价值的比例过大的。

（2）符合下列情形之一的货物或者服务，可以采用竞争性谈判方式采购。

①招标后没有供应商投标或者没有合格标的或者重新招标未能成立的。

②技术复杂或者性质特殊，不能确定详细规格或者具体要求的。

③采用招标所需时间不能满足用户紧急需要的。

④不能事先计算出价格总额的。

（3）符合下列情形之一的货物或者服务，可以采用单一来源方式采购。

①只能从唯一供应商处采购的。

②发生了不可预见的紧急情况不能从其他供应商处采购的。

③必须保证原有采购项目一致性或者服务配套的要求，需要继续从原供应商处添购，且添购资金总额不超过原合同采购金额百分之十的。采购的货物规格、标准统一、现货货源充足且价格变化幅度小的政府采购项目，可以采用询价方式采购。

二、招投标过程

（1）招标资格与备案。招标人自行办理招标事宜，按规定向建设行政主管部门备案；委托代理招标事宜的应签订委托代理合同。

（2）确定招标方式。按照法律、法规和规章确定公开招标或邀请招标。

（3）发布招标公告或投标邀请书。实行公开招标的，应在国家或地方指定的报刊、信息网或其他媒介，并同时在中国工程建设和建筑业住处网上发布招标公告；实行邀请招标的应向三个以上符合资质条件的投标人发送投标邀请。

（4）编制、发放资格预审文件和递交资格预审申请书。采用资格预审的，编制资格预审文件，向参加投标的申请人发放资格预审文件。

填写资格预审申请书。投标人按资格预审文件要求填写资格预审申请书（如果是联合体投标，应分别填报每个成员的资格预审申请书）。

（5）资格预审，确定合格的投标申请人。审查、分析投标申请人报送的资格预审申请书的内容，招标人如需要对投标人的投标资格合法性和履约能力进行全面的考察，可通过资格预审的方式来进行审核。招标人可按有关规定编制资格预审文件并在发出三日前报招标投标监督机构审查，资格预审应当按有关规定进行评审，资格预审结束后将评审结果向招标投标监督机构备案。备案三日内招标投标监督机构没有提出异议，招标人可发出"资格预审合格通知书"，并通知所有不合格的投标人。

（6）编制、发出招标文件。根据有关规定、原则和工程实际情况、要求编制招标文件，并报送招标投标监督机构进行备案审核。审定的招标文件一经发出，招标单位不得擅自变更其内容，确需变更时，需经招标投标管理机构批准，并在投标截止日期前通知所有的投标单位。招标人按招标文件规定的时间召开发标会议，向投标人发放招标文件、施工图纸及有关技术资料。

（7）现场踏勘。招标人按招标文件要求组织投标人进行现场踏勘，解答投标单位提出的问题，并形成书面材料，报招标投标监督机构备案。

（8）编制、递交投标文件。投标人按照招标文件要求编制投标书，并按规定进行密封，在规定时间送达招标文件指定地点。

（9）组建评标委员会。

（10）开标。招标人依据招标文件规定的时间和地点，开启所有投标人按规定提交的投标文件，公开宣布投标人的名称、投标价格及招标文件中要求的其他主要内容。开标由招标人主持，邀请所有投标人代表和相关人员在招标投标监督机构监督下公开按程序进行。从发布招标文件之日起至开标，时间不得少于 20 天。

（11）评标。评标是对投标文件的评审和比较，可以采用综合评估法或经评审的最低价中标法。评标委员会根据招标文件规定的评标方法，借助计算机辅助评标系统对投标人的投标文件按程序要求进行全面、认真、系统的评审和比较后，确定出不超过 3 名合格中标候选人，并标明排列顺序。评标委员会推荐中标候选人或直接确定中标人应当符合：能够最大限度满足招标文件中规定的各项综合评价标准；能够满足招标文件的实质性要求，并且经评审的投标价格最低，但低于企业成本的除外。

（12）定标。招标人根据招标文件要求和评标委员会推荐的合格中标候选人，确定中标人，也可授权评标委员会直接确定中标人。使用国有资金投资的项目，招标人应当确定排名第一的中标候选人为中标人。排名第一的中标候选人放弃中标，因不可抗力提出不能履行合同，或者招标文件中规定内容未满足的，招标人可以确定排名第二的中标候选人为中标人，以此类推。所有推荐的中标候选人未被选中的，应重新组织招标。不得在未推荐的中标候选人中确定中标人。招标人授权评标委员会直接确定中标人的应按排序确定排名第一的为中标人。

（13）中标结果公示。招标人在确定中标人后，对中标结果进行公示，时间不少于3天。

（14）中标通知书备案。公示无异议后，招标人将工程招标、开标、评标、定评情况形成书面报告送招标投标监督机构备案。发出经招标投标监督机构备案的中标通知书。

（15）合同签署、备案。中标人在30个工作日内与招标人按照招标文件和投标文件订立书面合同，签订合同5日内报招标投标监督机构备案。

招标采购的过程如图5-1所示。

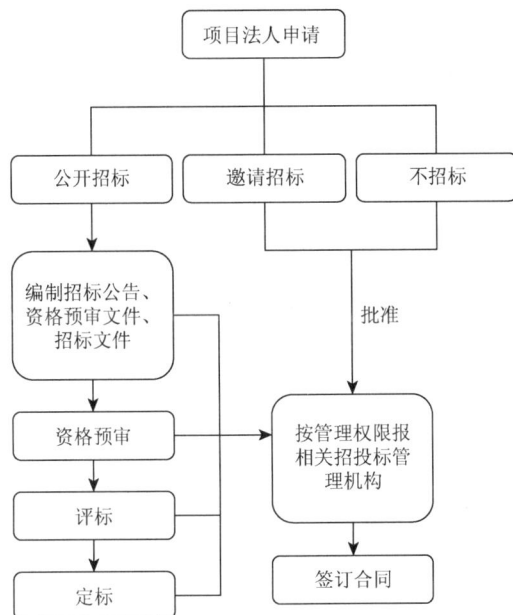

图 5-1　招标采购的过程

第二节　招　　标

一、招标策划

招标采购方案策划是指为实现招标采购目标，依法定程序和采购主体的经验和能力，对招标方案进行计划、构思和设计，明确整个招标采购业务流程及各流程的主要内容和行为。

（一）招标采购计划

招标采购计划是为招标采购项目实施做好前期准备，主要包括明确招标背景、确定招标内容、落实资金、取得招标主管部门的认可。它是招标采购的主要任务，也是实现招标采购目标的重要一步。招标采购计划主要内容分析如下。

1. 描述招标采购背景

招标采购项目背景是任何招标人都必须弄清楚的一个关键问题，主要是说明项目如何提出来及项目所处的环境等。招标人要做好招标采购工作，首先要对项目背景做出正确描述。

2. 确定招标采购的内容

制定招标采购计划的首要要素是要明白采购什么，即首先要确定招标采购的对象。对于一个招标采购项目，招标采购对象应满足以下几个条件：①适用性，即招标采购的对象应符合招标项目实际的质量要求；②可获得性，即能够在需要的时间内，以合适的价格及时获得采购的商品；③经济性，即在保证质量的前提下，从供应来源中选择成本最低的，从而可以降低招标项目成本。

3. 确定招标采购资金

对于需要通过招标采购方式来完成的项目，首先应有完成招标项目的资金或者资金来源已经落实，并在招标文件中如实载明。

4. 取得招标许可

对于需要履行审批手续的招标项目，应先取得有关部门的批准，同时还要完成规划许可及相关核准手续，即已经具备招标采购需要的行政许可条件。

（二）招标采购范围及标段划分

招标采购范围是指招标采购的标的范围，在招标采购活动中，招标采购范围的划分影响着满足条件的投标主体的数量，也影响着投标主体参与具体项目投标的积极性，是决定招标采购效果的主要因素之一。如果招标采购主体能在更为广泛的市场空间中选择承包商、供应商或服务商，一定比在狭窄的市场空间中选择有更多的优选机会。所以，在满足招标采购各方要求的前提下，扩大招标采购的选择范围，能够更好地优化招标采购的目标。在招标采购范围之内，可以将招标采购分成几个标段，进行单独招标。

1. 招标采购范围的含义

招标采购范围，也称为招标采购标的范围。招标采购标的分为工程、货物和服务。货物招标标的主要是重要设备及材料，如机电设备和机械成套设备；工程招标标的主要是工程建设和安装；服务招标标的一般包括贷款银行选点、选择物业管理公司、选择咨询单位等。

2. 依法必须招标项目的限额规定

我国依法规定各类工程建设项目，包括项目的勘察、设计、施工、监理及工程建设有关的重要设备、材料等的采购达到下列标准之一的，必须进行招标：施工单项合同估算价在 200 万元以上的；重要设备、材料等货物的采购，单项合同估算价在 100 万元以上的；勘察、设计、监理等服务的采购，单项合同估算价在 50 万元以上的；单项合同估算价低于前三项规定的标准，但项目总投资额在 3000 万元以上的。

3. 招标标段划分

招标采购的标段是指招标人将准备招标采购的项目分成几个部分进行单独招标，即对这几个部分分别编写独立的招标文件并进行招标。这几个部分可同时招标，也可分批招标，可以由数家承包商或供应商分别承包或供应，也可由一家承包商或供应商总承包或供应。从标段的定义来看，将招标采购划分为若干个标段/标包的意义如下。

（1）有利于控制大型采购项目成本。通常情况下，一个项目由一个承包商或供应商完成，不但交叉影响小，便于管理，而且对人力、物力和财力等也便于统一调度，这样在一定程度上可以降低造价。但是，一个大型并且较为复杂的项目，对承包商或供应商的能力、项目经验等有较高的要求，在此种情况下，应当将项目划分为几个标段，使参加投标的承包商或供应商的数量增加，进一步增加投标人之间的价格竞争，一定程度上有利于控制项目成本。

（2）有利于采购组织与管理。将采购项目划分为几个标段，也就是说，将一个复杂的项目划分为几个较为简单的项目。这样在具体的较小项目的实施过程中，承包商或供应商可以对整个标段充分了解，从全局上把握该项目，有利于承包商或供应商尽快完成自己承包的任务。但是，由于承包商或供应商的数量较多，会加重招标人的管理负担。

（3）有利于进一步发挥承包商或供应商的专长。在项目实践中，承包商或供应商通过项目实施经验，往往在某一领域具有比较优势。因此，在划分标段时，将类似的招标内容划分到一个标段中，使得每一个标段具有更强的专业性，这将有利于承包商或供应商利用自身的专长进行项目实施，也有利于吸引更多的承包商或供应商投标。更重要的是，在充分发挥承包商或供应商专业优势的情况下，可以更好地保证项目质量。招标采购的标段划分是正式编制招标文件前一项非常重要的工作，采购部门必须对上述因素认真考虑，使标段划分合理，满足各方需求。必要时应同时拟几个划分草案，综合比较确定。

（三）招标采购方式及招标组织形式

1. 招标采购方式

招标采购是采购的基本方式，决定着招标投标的竞争程度，也是防止不正当交易的重要手段。我国的招标采购方式有两种：一种是公开招标；另一种是邀请招标。

1）公开招标

公开招标，又称无限竞争性招标，是由招标人在指定的报刊、网络或其他媒体上刊登招标公告，吸引众多企业单位参加投标竞争，招标人从中择优选择中标单位的一种招标方式。公开招标的目的在于使所有符合条件的潜在投标人可以有相对平等的机会参加投标，便于招标人从中择优确定中标人。其特点是招标人的招标公告针对对象不特定，没有数量限制，所有对招标项目感兴趣的法人或者其他组织都可以参加投标，因而具有广泛的竞争性。此外，公告方式提高了招标活动的透明度，能够使社会公众了解招标内容和要求，保证招标采购的公开性，有利于减少和限制招标过程中可能出现的违规操作与不正当交易行为。同时，这种招标方式最符合优胜劣汰和"公平、公正、公开"的原则。

2）邀请招标

邀请招标，也称有限竞争性招标或选择性招标，即由招标单位选择一定数目的满足特定条件的企业，向其发出投标邀请书，邀请他们参加招标。一般选择 3～10 家企业较为适宜，具体要视招标项目的规模大小而定。由于被邀请参加的投标竞争者有限，不仅可以节约招标费用，而且可以提高每个投标者的中标机会。邀请招标的特点是：不使用公开的公告形式；接受邀请的单位才可以对项目进行投标；投标人的数量有限。

2. 招标组织形式

招标组织形式是指通过何种形式确定中标人，即招标人是通过自行招标的形式择优选择项目中标人，还是委托招标代理机构组织招标确定中标人。

1）招标人自行招标

招标人具有编制招标文件和组织评标能力的，可以自行组织招标。自行招标虽然便于协调管理，但往往容易受到招标人认识水平、法律和技术专业水平的限制，从而影响和制约招标采购的规范性以及招标采购结果的合理性。因此，如果招标人不具备自行组织招标的能力条件，或者不愿意进行自行招标，应当选择委托招标代理机构完成招标事宜。招标人进行自行招标时，应当具备下列条件：招标人具有项目法人资格（或者法人资格）；具有与招标项目规模和复杂程度相适应的技术、概预算、财务和项目管理等方面的专业技术力量；有从事同类项目招标的相关经验；设有专门的招标机构或者拥有 3 名以上专职招标业务人员；熟悉和掌握《招标投标法》及有关法规和规章。

2）委托招标

招标人不具备自行招标能力条件的或虽有条件但招标人不愿意自行招标的,可以委托招标机构代理进行招标。招标代理机构应当在招标人的委托招标范围内办理招标事宜。招标代理机构是依法设立、从事招标代理业务并提供相关服务的社会中介组织,应当具备下列基本条件:必须通过从事招标代理的资格审查,取得招标代理的资格证书,才可以承接招标代理业务;有从事招标代理业务的营业场所和相应资金;有能够编制招标文件和组织评标的相应力量;有符合《招标投标法》规定的条件,可以作为评标委员会成员人选的技术、经济等方面的专家库。

（四）招标采购的目标

日常采购过程中,人们最为关心的采购目标是标的的质量和价格。在招标采购过程中,招标人也同样关心招标采购对象的质量和价格,同时要考虑招标项目的完成期。

招标采购对象的质量目标,即招标项目完成后必须满足招标人的使用功能要求,满足项目使用的适用性、经济性、安全性、可靠性、环境的协调性等要求,同时还应满足国家有关法规、规范、设计、质量要求和验收标准。招标采购对象的价格目标是指招标项目费用必须控制在招标项目的预算或者控制价之内,正常情况下,不能超过项目的预算或者控制价。招标采购对象的完成期目标,是招标项目应当在招标文件中规定的日期内完成。

招标采购对象的质量、价格和完成期三大目标之间具有相互依赖和相互制约的关系。一般而言,要想提前完成项目,缩短项目完成期,需要提高项目成本,从而增加项目费用,但这会影响采购质量;要想提高采购的质量标准,就需要采取严格的质量控制措施,这可能会影响项目的完成期,同时会增加费用;要想降低费用,就会在一定程度上减缓总进度,并且影响质量。总之,招标采购者应根据项目的具体特点,处理好三大目标之间的关系,从而提高招标采购的综合效益。

二、编制招标文件

（一）招标文件的概念

招标文件是指由招标人或招标代理机构编制并向潜在投标人发售的明确资格条件、合同条款、评标方法和与投标文件相应格式的文件。

（二）招标文件的内容

（1）招标公告。

（2）投标人须知。即具体制定投标的规则,使投标商在投标时有所遵循。投标须知的主要内容如下。

①资金来源。

②如果没有进行资格预审的，要提出投标商的资格要求。

③货物原产地要求。

④招标文件和投标文件的澄清程序。

⑤投标文件的内容要求。

⑥投标语言。尤其是国际性招标，由于参与竞标的供应商来自世界各地，必须对投标语言做出规定。

⑦投标价格和货币规定。对投标报价的范围做出规定，即报价应包括哪些方面，统一报价口径便于评标时计算和比较最低评标价。

⑧修改和撤销投标的规定。

⑨标书格式和投标保证金的要求。

⑩评标的标准和程序。

⑪国内优惠的规定。

⑫投标程序。

⑬投标有效期。

⑭投标截止日期。

⑮开标的时间、地点等。

（三）招标文件的组成部分

（1）前附表。

（2）投标须知。

（3）合同主要条款。

（4）合同格式。

（5）采用工程量清单招标的，应当提供工程量清单。

（6）技术规范。

（7）设计图纸。

（8）评标标准和方法。

（9）投标文件的格式。

（四）招标文件应注意的问题

（1）所有采购的货物、设备或工程的内容，必须详细地一一说明，以构成竞争性招标的基础。

（2）制定技术规格和合同条款不应造成对有资格投标的任何供应商或承包商的歧视。

（3）评标的标准应公开和合理，对偏离招标文件另行提出新的技术规格的标书的评审标准，更应切合实际，力求公平。

（4）符合本国政府的有关规定，如有不一致之处要妥善处理。

采购招标的相关文件如图 5-2～图 5-5 所示。

```
                          标书范本
   投标单位：(盖章)                 单位地址：
   法定代表人：(签字、盖章)           邮政编码：
   电　话：                        传　真：
   开户银行名称：                   银行帐号：
   开户行地址：                     日期：　　年　月　日
   开标一览表
   投标单位名称：
   序号　工程名称
   投标总价为：(大写人民币)：
                (小写人民币)：
   请将开标一览表单独装在一信封内便于唱标。(放入商务标内)
```

图 5-2　标书范本

```
                          授权委托书
     本授权委托书声明，我_____(姓名)系_____(投标单位名称)
   的法定代表人，现授权委托_____(单位名称)的_____(姓名)为该
   公司代理人，以该公司的名义参加_____(招标单位)的工程的投
   标活动。代理人在开标、评标、合同谈判过程中所签署的一切文件和处理与之有关
   的一切事务，我均予以承认。
     代理人无转委权。特此委托。
   代理人：              性别：          年龄：
   单　位：              部门：          职务：
   投标单位：(盖章)
   法定代表人：(签字、盖章)
   日　期：
```

图 5-3　授权委托书

```
                          报价表
   施工单位名称：
   招标文件编号：
   序号：                        工程名称：
   1. 投标报价 (大写)：
      金额单位：人民币元
   2. 要求工期天 (日历日)：
   3. 保修承诺：
   4. 质量等级：
   5. 投标保证金：
   6. 项目经理：
   7. 项目经理资质等级：
   8. 备注：
   投标单位：(盖章)
   法定代表人：(签字、盖章)
   年　　月　　日
   注：报价表装订在商务标书中。
```

图 5-4　报价表

```
┌─────────────────────────────────────────────────────────┐
│                法定代表人资格证明书                        │
│   单位名称：                                               │
│   地址：                                                   │
│   姓名：_____ 性别：____年龄：____ 职务：_____ 系____│
│   _____的法定代表人。为施工、竣工和保修_____工     │
│  程，签署上述工程的投标文件、进行合同谈判、签署合同和处理与之有关的一│
│  切事务                                                    │
│   特此证明。                                               │
│   投标单位：(盖章)                   上级主管部门：(盖章)  │
│   日期：  年 月 日                   日期：  年 月 日      │
└─────────────────────────────────────────────────────────┘
```

图 5-5　法定代表人资格证明书

第三节　投　　标

一、投标策划

投标策划应注意竞争对手的实力、优势及投标环境的优劣情况等。投标过程中，要根据不同的竞争环境制定相应的投标策略，才能达到中标的结果。在具体投标活动中，要通过采集相关的资源、环境等信息，采用定性、定量的方法对资料进行整理、研究、分析。通过全方位的比较，找出自己的优势、不足及竞争对手的各种优势与缺点。结合企业的投标目标和发展战略，扬长避短，制定竞争策略。然后比较各个策略实施的可能性及预期效果，通过对比，选出最适合自己的策略作为投标决策。

（一）投标资料准备

投标资料是编制投标书的基础，准备的好坏直接关系到投标书的编制质量，包括公司的资信资料准备、报价资料准备、技术资料准备。另外，在投标之前要做好对业主和竞争对手的分析。

（二）研读招标文件

招标文件主要包括投标邀请函、投标人须知、招标项目的技术要求及附件、投标保证文件、合同条件、技术标准、规范、图纸、投标企业资格文件、投标书要求和格式及参考资料等。招标文件是编制标书的重要依据，领取到招标文件后参与投标工作的每个人员均需认真阅读招标文件及相关资料，充分了解招标文件的内容和要求。

1. 商务标文件

1）商务标内容

商务标的内容主要包括投标致函、投标人营业执照及资质、资格证书复印件、法定代表人授权委托书、投标人基本情况表、资格证书复印件等。

2）商务标要求

凡需投标人、法定代表人或其授权委托人签字的部位，应以蓝黑或碳素墨水笔在签字栏上签字；由授权委托人签字的，必须同时提交本招标文件规定格式的法定代表人授权委托书；商务标必须有目录；商务标每页应加盖投标人印章和法定代表人印章。

2. 技术标文件

投标文件技术标必须打印，统一采用 A4 纸且每页均需编页码，技术标必须有目录，技术标面页上应加盖投标人印章和法定代表人或授权委托人印章。

3. 制定投标报价策略

1）高价赢利策略

高价赢利策略是指在报价过程中以较大利润为投标目标的策略。这种策略的使用通常基于以下情况：施工条件差的工程，专业要求高的技术密集型工程而本公司在这方面又有专长、声望也较高，总价低的小工程，以及自己不愿做又不方便不投标的工程、特殊工程等。

2）低价薄利策略

低价薄利策略指在报价过程中以薄利投标的策略。这种策略的使用通常基于以下情况：施工条件好的工程，工程简单、工程量大且一般公司都可以做的工程等。

3）无利润算标策略

这种策略一般用于以下情况：可能在得标后将大部分工程分包给索价较低的一些分包商，对于分期建设的项目先以低价获得首期工程而后赢得机会创造第二期工程中的竞争优势。

二、编制投标文件

（一）投标文件概念

投标文件是指投标人应招标文件要求编制的响应性文件，一般由商务文件、技术文件、报价文件和其他部分组成。《政府采购货物和服务招标投标管理办法-第三十条款》指具备承担招标项目能力的投标人，按照招标文件的要求编制的文件。在投标文件中应当对招标文件提出的实质性要求和条件做出响应，这里所指的实质性要求和条件，一般是指招标文件中有关招标项目的价格、招标项目的计划、招标项目的技术规范方面的要求和条件，合同的主要条款（包括一般条款和特殊条款）。投标文件需要在这些方面做出回答，或称响应,响应的方式是投标人按照招标文件进行填报,不得遗漏或回避招标文件中的问题。交易的双方只能就交易的内容也就是围绕招标项目来编制招标文件、投标文件。《招标投标法》还对投标文件的送达、签收、保存的程序做出规定,有明确的规则。对于投标文件的补充、修改、撤回也有具体规定,明确了投标人的权利和义务,这些都是适应公平竞争需要而确立的共同规则。从对这些事项的有关规定来看,招标投标需要规范化,应当在规范中体现保护竞争的宗旨。

(二)投标文件内容组成

投标文件一般包含三部分,即商务部分、价格部分、技术部分。商务部分包括公司资质、公司情况介绍等一系列内容,同时也是招标文件要求提供的其他文件等相关内容,包括公司的业绩和各种证件、报告等。技术部分包括工程的描述、设计和施工方案等技术方案,工程量清单、人员配置、图纸、表格等与技术相关的资料。价格部分包括投标报价说明、投标总价、主要材料价格表等。

第四节　开　评　标

一、开标

(一)开标的定义

开标是指在招标投标活动中,由招标人主持、邀请所有投标人和行政监督部门或公证机构人员参加的情况下,在招标文件预先约定的时间和地点当众对投标文件进行开启的法定流程。应当按招标文件规定的时间、地点和程序,以公开方式进行。开标时间与投标截止时间应为同一时间。唱标内容应完整、明确,只有唱出的价格优惠才是合法、有效的。唱标及记录人员不得将投标内容遗漏不唱或不记。

开标既然是公开进行的,就应当有一定的相关人员参加,这样才能做到公开性,让投标人的投标为各投标人及有关方面所共知。一般情况下,开标由招标人主持;在招标人委托招标代理机构代理招标时,开标也可由该代理机构主持。主持人按照规定的程序负责开标的全过程,其他开标工作人员办理开标作业及制作记录等事项。邀请所有的投标人或其代表出席开标,可以使投标人得以了解开标是否依法进行,有助于使他们相信招标人不会任意做出不适当的决定;同时,也可以使投标人了解其他投标人的投标情况,做到知己知彼,大体衡量一下自己中标的可能性,这对招标人的中标决定也将起到一定的监督作用。此外,为了保证开标的公正性,一般还邀请相关单位的代表参加,如招标项目主管部门的人员、监察部门代表等。有些招标项目，招标人还可以委托公证部门的公证人员对整个开标过程依法进行公证。

（二）开标的程序

（1）由投标人或者其推选的代表检查投标文件的密封情况，也可以由招标人委托的公证机构检查并公证。

➤知识扩展

投标人数较少时，可由投标人自行检查；投标人数较多时，也可以由投标人推举代表进行检查。招标人也可以根据情况委托公证机构进行检查并公证。所谓公证，是指国家专门设立的公证机构根据法律的规定和当事人的申请，按照法定的程序证明法律行为、有法律意义的事实和文书的真实性、合法性的非诉讼活动。公证机构是国家专门设立的，依法行使国家公证职权，代表国家办理公证事务，进行公证证明活动的司法证明机构。按照《公证暂行条例》的规定，公证处是国家公证机关。是否需要委托公证机关到场检查并公证，完全由招标人根据具体情况决定。招标人或者其推选的代表或者公证机构经检查发现密封被破坏的投标文件，应当予以拒收。

（2）经确认无误的投标文件，由工作人员当众拆封。投标人或者投标人推选的代表或者公证机构对投标文件的密封情况进行检查以后，确认密封情况良好，没有问题，则可以由现场的工作人员在所有在场人的监督之下进行当众拆封。

（3）宣读投标人名称、投标价格和投标文件的其他主要内容。即拆封以后，现场的工作人员应当高声唱读投标人的名称、每一个投标的投标价格以及投标文件中的其他主要内容。其他主要内容主要是指投标报价有无折扣或者价格修改等，如果要求或者允许报替代方案的话，还应包括替代方案投标的总金额。这样做的目的在于，使全体投标者了解各家投标者的报价和自己在其中的顺序，了解其他投标的基本情况，以充分体现公开开标的透明度。

二、评标的程序

（一）评标的定义

所谓评标，是指按照规定的评标标准和方法，对各投标人的投标文件进行评价比较和分析，从中选出最佳投标人的过程。评标是招标投标活动中十分重要的阶段，评标是否真正做到公开、公平、公正，决定着整个招标投标活动是否公平和公正；评标的质量决定着能否从众多投标竞争者中选出最能满足招标项目各项要求的中标者。

评标应由招标人依法组建的评标委员会负责，即由招标人按照法律的规定，挑选符合条件的人员组成评标委员会，负责对各投标文件的评审工作。对于依法必须进行招标的项目即法定强制招标的项目，评标委员会的组成必须符合相关规定；对法定强制招标项目以外的自愿招标项目的评标委员会的组成，招标人可以自行决定。招标人组建的评标委员会应按照招标文件中规定的评标标准和方法进行评标工作，对招标人负责，从投标竞争者中评选出最符合招标文件各项要求的投标者，最大限度地实现招标人的利益。

（二）评标委员会

评标委员会由以下人员组成。

（1）招标人的代表。招标人的代表参加评标委员会，以在评标过程中充分表达招标人的意见，与评标委员会的其他成员进行沟通，并对评标的全过程实施必要的监督，都是必要的。

（2）相关技术方面的专家。由招标项目相关专业的技术专家参加评标委员会，对投标文件所提方案的技术上的可行性、合理性、先进性和质量可靠性等技术指标进行评审比较，以确定在技术和质量方面能满足招标文件要求的投标。

（3）经济方面的专家。由经济方面的专家对投标文件所报的投标价格、投标方案的运营成本、投标人的财务状况等投标文件的商务条款进行评审比较，以确定在经济上对招标人最有利的投标。

（4）其他方面的专家。根据招标项目的不同情况，招标人还可聘请除技术专家和经济专家以外的其他方面的专家参加评标委员会。例如，对一些大型的或国际性的招标采购项目，还可聘请法律方面的专家参加评标委员会，以对投标文件的合法性进行审查把关。

（5）成员人数。评标委员会成员人数须为 5 人以上单数。评标委员会成员人数过少，不利于集思广益，从经济、技术各方面对投标文件进行全面的分析比较，以保证评审结论的科学性、合理性。当然，评标委员会成员人数也不宜过多，否则会影响评审工作效率，增加评审费用。要求评审委员会成员人数须为单数，以便于在各成员评审意见不一致时，可按照多数通过的原则产生评标委员会的评审结论，推荐中标候选人或直接确定中标人。

（三）评标标准

一般包括价格标准和价格标准以外的其他有关标准（又称非价格标准），以及如何运用这些标准来确定中选的投标。非价格标准应尽可能客观和定量化，并按货币额表示，或规定相对的权重（即"系数"或"得分"）。通常来说，在货物评标时，非价格标准主要有运费和保险费、付款计划、交货期、运营成本、货物的有效性和配套、零配件和服务的供给能力、相关的培训、安全性和环境效益等。在服务评标时，非价格标准主要有投标人及参与提供服务的人员的资格、经验、信誉、可靠性、专业和管理能力等。在工程评标时，非价格标准主要有工期、质量、施工人员和管理人员的素质、以往的经验等。

（四）评标方法

按照定标所采用的排序依据，可以分为四类，即分值评审法（以分值排序，包括综合评分法、性价比法)、价格评审法(以价格排序,包括最低评标价法、最低投标价法、价分比法等)、综合评议法(以总体优劣排序)、分步评审法[先以技术分(和商务分)为衡量标准确定入围的投标人,再以他们的报价排序]。

1. 综合评分法

综合评分法是指在满足招标文件实质性要求的条件下,依据招标文件中规定的各项因素进行综合评审,以评审总得分最高的投标人作为中标(候选)人的评标方法。

2. 性价比法

性价比法是指在满足招标文件实质性要求的条件下,依据招标文件中规定的除价格以外的各项因素进行综合评审,以所得总分除以该投标人的投标报价,所得商数(评标总得分)最高的投标人为中标(候选)人的评标方法。

3. 评议法

评议法是指在满足招标文件实质性要求的条件下,评委依据招标文件规定的评审因素进行定性评议,从而确定中标(候选)人的评标方法。

4. 投标价法

投标价法是指在满足招标文件实质性要求的条件下,投标报价最低的投标人作为中标(候选)人的评标方法。

5. 评标价法

评标价法是指在满足招标文件实质性要求的条件下,评委对投标报价以外的商务因素、技术因素进行量化并折算成相应的价格,再与报价合并计算得到评标价,从中确定评标价最低的投标人作为中标(候选)人的评标方法。

6. 运行年限评标法

运行年限评标法是指在满足招标文件实质性要求的条件下,在最低评标价法的基础上考虑运行的年限及其运行与维护费用和贴现率的评标方法。

7. 低价评标法

低价评标法是指投标人的报价必须等于招标人发布的合理低价,当投标文件满足招标文件的其他实质性要求时,就进入随机抽取中标人的环节的评标方法。

8. 组合低价评标法

组合低价评标法是组合低价标底法(也称经抽取系数的低价投标价法)中特有的评标方法。该方法基于预先公布的成本预测价,通过开标后系数、权数的随机抽取,计算出组合低价，以组合低价至其向上浮动至某一点的区间作为合理低价区间，最后，对报价属于合理低价区间的投标人进行随机抽取，从而确定中标人。

（五）评标目的与程序

评标的目的是根据招标文件中确定的标准和方法，对每个投标商的标书进行评价和比较，以评出最低投标价的投标商。评标必须以招标文件为依据，不得采用招标文件规定以外的标准和方法进行评标，凡是评标中需要考虑的因素都必须写入招标文件之中。评标的一般程序包括组建评标委员会、评标准备、初步评审和详细评审并编写评标报告。

三、定标与合同管理

（一）定标

1. 定标的概念与途径

定标是指根据评标结果产生中标（候选）人。定标途径分为两种：①依据评分、评议结果或评审价格直接产生中标（候选）人；②经评审合格后以随机抽取的方式产生中标（候选）人，如固定低价评标法、组合低价评标法。

2. 定标模式

（1）经授权、由评标委员会直接确定中标人。
（2）未经授权，评标委员会向招标人推荐中标候选人。

3. 定标方法

评标委员会推荐的中标候选人为1～3人（注：科技项目、科研课题一般只推荐一名中标候选人），需有排列顺序。对于法定采购项目，招标人应确定排名第一的中标候选人为中标人。若第一中标候选人放弃中标，因不可抗力提出不能履行合同，或招标文件规定应提交履约保证金而未在规定期限内提交的，招标人可以确定第二中标候选人为中标人。第二中标候选人因前述同样原因不能签订合同的，招标人可以确定第三中标候选人为中标人。无论采用何种定标途径、定标模式和评标方法，对于法定采购项目（依据《政府采购法》或《招标投标法》及其配套法规、规章规定必须招标采购的项目），招标人都不得在评标委员会依法推荐的中标候选人之外确定中标人，也不得在所有投标被评标委员会否决后自行确定中标人，否则中标无效，招标人还会受到相应处理；对于非法定采购项目，若采用公开招标或邀请招标，则招标人如果在评标委员会依法推荐的中标候选人之外确定中标人的，也将承担法律责任。

（二）合同管理

企业的经济往来主要是通过合同形式进行的。一个企业的经营成败与合同和合同管理有密切关系。企业合同管理是指企业对以自身为当事人的合同依法进行订立、履行、变更、解除、转让、终止以及审查、监督、控制等一系列行为的总称。其中订立、履行、变更、解除、转让、终止是合同管理的内容；审查、监督、控制是合同管理的手段。合同管理必须是全过程的、系统性的、动态性的。

合同管理办法（列举）

第一章 总则

第一条 为了实现依法治理企业，促进公司对外经济活动的开展，规范对外经济行为，提高经济效益，防止不必要的经济损失，根据国家有关法律归定，特制定本管理办法。

1. 凡以公司名义对外发生经济活动的，应当签订经济合同。

2. 订立经济合同，必须遵守国家的法律法规，贯彻平等互利、协商一致、等价有偿的原则。

3. 本办法所包括的合同有设计、销售、采购、借款、维修、保险等方面的合同，不包括劳动合同。

4. 除即时清结者外，合同均应采用书面形式，有关修改合同的文书、图表、传真件等均为合同的组成部分。

5. 国家规定采用标准合同文本的则必须采用标准文本。

6. 公司由法律顾问根据总经理的授权，全面负责合同管理工作，指导、监督有关部门的合同订立、履行等工作。

➤实践

一、实践目的

1. 了解采购与招标采购的概念

招标采购是指采购方作为招标方，事先提出采购的条件和要求，邀请众多企业参加投标，然后由采购方按照规定的程序和标准一次性从中择优选择交易对象，并提出最有利条件的投标方签订协议等过程。

2. 熟悉采购的特点与招标采购的流程

招标采购的流程主要包括招标资格与备案，确定招标方式，发布招标公告或投标邀请书，编制、发放资格预审文件和递交资格预审申请书，资格预审，确定合格的投标申请人，编制、发出招标文件，现场踏勘，编制、递交投标文件，组建评标委员会等。

3. 掌握招标、投标、评标、开标、定标的相关要点

主要针对前两部分理论知识的讲解，通过情景模拟及角色扮演寓教于乐中，让学生体会实际招标、投标、评标、开标、定标过程中可能经历的事情，并掌握相关要点。

二、实践准备

教师引导学生通过分小组角色扮演法，虚拟招标项目，通过不同角色与情景模拟让学生进行演练，掌握招标、投标、评标、开标、定标的相关要点。

1. 角色扮演地点布置。首先需要申请教室将教室布置成为招投标现场，并进行功能区划分，将虚拟的办公空间及相应的办公设备准备好。

2. 对学生进行分组。通常 4～6 人为一组，不同组别分别为招标企业、投标企业及评标专家等，必要时还要扮演国家政府人员，特别是法律相关程序需要学生掌握。

3. 不同角色小组需针对不同任务进行材料撰写。学生应以小组为单位提前撰写招标书、投标书、评标规则等内容。

三、实践步骤

1. 4～6 人一组，以小组为单位到政府部门与企业实际调查，收集相关资料。
2. 以小组为单位交流调查收获，推荐代表发言。
3. 全班角色模拟，不同小组进行政府、投标商、评标委员会的扮演。
4. 老师进行实践总结。

四、注意事项

1. 要求学生必须认真撰写招标书、投标书，并对开标、评标、定标的方法与程序进行监督，模拟实际情况。

2. 教师根据学生综合表现进行评价，同时各小组之间也可相互评价、沟通学习。

本 章 小 结

本章主要讲解了采购、招标采购的相关含义、特点及使用范围，在此基础之上介绍了

招标、投标、开标、评标以及定标的相关程序及所需文件，重点在于学生能够运用相关的理论知识结合企业实际情况进行招投标管理。

➤复习思考题

一、单选题

1. 下列属于买方竞争的采购方式是（　　　）
    A. 招标　　　　　　B. 询价　　　　　　C. 比选　　　　　　D. 竞买

2. 下列关于采购的分类中，属于按采购标的物属性划分的是（　　　）
    A. 公共采购、企业采购、个人采购　　　B. 工程采购、货物采购、服务采购
    C. 购买、租赁、委托、雇佣、交换　　　D. 招标、询价、比选、磋商、竞买

3. 下列关于价廉的理解有误的是（　　　）
    A. 应本着经济、节约的原则
    B. 以合理的采购成本获得所需的工程、货物或服务
    C. 提高采购资金使用效益
    D. 不断追求低价

4. 在招标投标的特性中，能体现社会市场经济的本质要求，也是招标投标根本特性的是（　　　）
    A. 竞争性　　　　　B. 程序性　　　　　C. 规范性　　　　　D. 技术经济性

5. 招标投标与询价采购、谈判采购以及拍卖竞价的主要区别体现在（　　　）
    A. 竞争性　　　　　B. 程序性　　　　　C. 规范性　　　　　D. 一次性

6. 在招标方式和手段中，特别适用于一个招标人下属多个实施主体，采用集中招标统一招标项目的是（　　　）
    A. 两阶段招标　　　B. 框架协议招标　　C. 电子招标　　　　D. 纸质招标

7. 下列关于邀请招标说法错误的是（　　　）
    A. 属于有限竞争性招标
    B. 充分体现投标竞争公平性
    C. 投标人不应少于 3 个
    D. 适用于因涉及国家安全而无法公开的招标项目

8. 下列关于招标投标基本程序的排列，正确的是（　　　）
①招标准备　②组织资格审查　③开标、评标、中标　④投标预备会　⑤现场踏勘⑥组建评标委员会
    A. ①②④⑤⑥③　B. ①②⑤④⑥③　C. ①②⑥④⑤③　D. ①⑤②④⑥③

9. 《政府采购法》规定投标人向招标人和招标代理机构表达争议的方式是（　　　）
    A. 质疑　　　　　　B. 异议　　　　　　C. 投诉　　　　　　D. 行政复议

10. 招标文件内容组成中，投标人最为关注的核心内容是（　　　）
    A. 投标人须知　　B. 评标办法　　　C. 合同条件及格式　D. 工程量清单

二、多选题

1. 政府采购方式有（　　　）

    A. 公开招标　　　　　　　　B. 邀请招标　　　　　　　　C. 竞争性谈判

    D. 单一来源采购　　　　　　E. 询价

2. 投标截止时间结束后参加投标的供应商不足 3 家的，除采购任务取消情形外，招标采购单位应当报告设区的市、自治州以上人民政府财政部门，由财政部门按照以下原则处理（　　　）

    A. 招标文件没有不合理条款、招标公告时间及程序符合规定的，同意采取竞争性谈判、询价或者单一来源方式采购

    B. 招标文件存在不合理条款的，招标公告时间及程序不符合规定的，应予废标，并责成招标采购单位依法重新招标

    C. 采购组织机构一般应降低供应商特定资格条件或采购技术标准，重新组织采购活动的评标期间

    D. 取消采购任务

3. 供应商投诉书应当包括下列主要内容（　　　）

    A. 投诉人和被投诉人的名称、地址、电话等

    B. 具体的投诉事项及事实依据

    C. 质疑和质疑答复情况及相关证明材料

    D. 提起投诉的日期

4. 招标分为（　　　）

    A. 公开招标　　　　B. 定向招标　　　　C. 邀请招标　　　　D. 约定招标

5. 下列选项中，不属于我国《政府采购法》适用范围的有（　　　）

    A. 我国境内事业单位使用财政性拨款采购限额标准以上的货物

    B. 因发生大地震所实施的紧急采购

    C. 军事采购

    D. 特别行政区的政府采购

三、简答题

1. 简述招标文件包括的内容。

2. 简述资格预审文件的基本内容。

3. 简述招标公告必须包含的内容。

4. 简述招标文件的组成内容。

➤案例思考与解析

某高速公路工程施工招标全过程分析

某省国道主干线高速公路土建施工项目实行公开招标，根据项目的特点和要求，招标

人提出了招标方案和工作计划。采用资格预审方式组织项目土建施工招标，招标过程中出现了下列事件：

事件1：7月1日（星期一）发布资格预审公告。公告载明资格预审文件自7月2日起发售，资格预审申请文件于7月22日16：00之前递交至招标人处。某投标人因从外地赶来，7月8日（星期一）上午上班时间前来购买资审文件，被告知已经停售。

事件2：资格审查过程中，资格审查委员会发现某省路桥总公司提供的业绩证明材料部分是其下属第一工程有限公司业绩证明材料，且其下属的第一工程有限公司具有独立法人资格和相关资质。考虑到属于一个大单位，资格审查委员会认可了其下属公司业绩为其业绩。

事件3：投标邀请书向所有通过资格预审的申请单位发出，投标人在规定的时间内购买了招标文件。按照招标文件要求，投标人需在投标截止时间5日前递交投标保证金，因为项目较大，要求每个标段100万元投标担保金。

事件4：评标委员会人数为5人，其中3人为工程技术专家，2人为招标人代表。

事件5：评标委员会在评标过程中发现B单位投标报价远低于其他报价。评标委员会认定B单位报价过低，按照废标处理。

事件6：招标人根据评标委员会书面报告，确定各个标段排名第一的中标候选人为中标人，并按照要求发出中标通知书后，向有关部门提交招标投标情况的书面报告，同中标人签订合同并退还投标保证金。

事件7：招标人在签订合同前，认为中标人C的价格略高于自己期望的合同价格，因而又与投标人C就合同价格进行了多次谈判。考虑到招标人的要求，中标人C觉得小幅度降价可以满足自己利润的要求，同意降低合同价，并最终签订了书面合同。

问题：（1）招标人自行办理招标事宜需要什么条件？

（2）所有事件中有哪些不妥当，请逐一说明。

➤教学实践

章	节	任务	形式与方法	课时分配	知识目标	能力目标	素质目标
招标采购	招标采购概述	1. 理解招标采购 2. 掌握招标采购的过程	启发式教学+案例教学+课堂讲授+讨论式 多媒体教学+网络教学+实践教学手段 1. 教师讲解招标采购概念、特点和适用范围 2. 学生撰写招标采购策划书 3. 教师总结学生撰写策划书情况	1	理解招标采购的概念、特点、和适用范围	能够把握招标采购的发展趋势及应用情况	分析学习沟通协作团队意识实事求是
	招标	1. 招标采购计划编制 2. 招标采购文件编制	案例教学+课堂讲授+启发式+讨论式+探究式 多媒体教学+网络教学+实践教学手段 1. 教师讲解招标采购计划与文件编制的理论知识 2. 学生熟悉、讨论招标采购计划与文件编制的注意事项、采购功能模块和流程 3. 教师总结学生探究招标采购文件编制的情况	1	熟悉招标采购计划的制订与文件编制的流程	能够按照招标采购文件编制的流程进行实际操作	分析学习沟通协作团队意识客观公正

续表

章	节	任务	形式与方法	课时分配	知识目标	能力目标	素质目标
招标采购	投标	1. 投标策划 2. 投标文件编制	案例教学+课堂讲授+启发式+讨论式+探究式 多媒体教学+网络教学+实践教学手段 1. 教师讲解投标策划与投标文件编制 2. 学生熟悉模拟演练投标的全过程 3. 教师总结学生模拟演练的情况	1	熟悉投标策划与投标文件编制的流程	能够运用理论知识进行角色模拟	分析学习 沟通协作 团队意识 客观公正
	开评标	1. 开标 2. 评标与定标	案例教学+课堂讲授+启发式+讨论式+探究式 多媒体教学+网络教学+实践教学手段 1. 教师讲解开标、评标、定标的流程 2. 学生熟悉模拟演练开标到定标的全过程 3. 教师总结学生模拟演练的情况	1	熟悉开标、评标、定标的流程	能够运用理论知识进行角色模拟	分析学习 沟通协作 团队意识 客观公正

➤教学评价

名称：招标采购							
评价类别	评价项目	评价标准	评价依据	评价方式			权重
				学生自评	同学互评	教师评价	
				0.1	0.1	0.8	
过程评价	学习能力	学习态度,学习兴趣,学习习惯,沟通表达能力,团队合作精神	学生考勤,课后作业完成情况,课堂表现,收集和使用资料情况,合作学习情况				0.2
	专业能力	精确掌握招标采购要点,能够进行招标采购规划,能够从招标方、投标方不同角度出发进行招标采购及投标分析	课堂表现,运用招标采购的技巧和能力,投标书内容的完善程度				0.3
	其他方面	探究、创新能力	积极参与研究性学习,有独到的见解,能提出多种解决问题的方法				0.1
结果评价	理论考核						0.2
	实操考核						0.2

第六章

电子采购

➤学习目标

◇知识目标

理解电子采购的概念、特点、优势及形式；熟悉电子采购的功能模块流程；熟悉电子采购软件。

◇能力目标

能够把握电子采购的发展趋势及应用情况；能够按照电子采购流程应用电子采购各功能模块；能够使用电子采购软件进行采购。

◇素质目标

学习掌握电子采购，沟通协作、团队意识、实事求是、客观公正。

➤本章实施体系

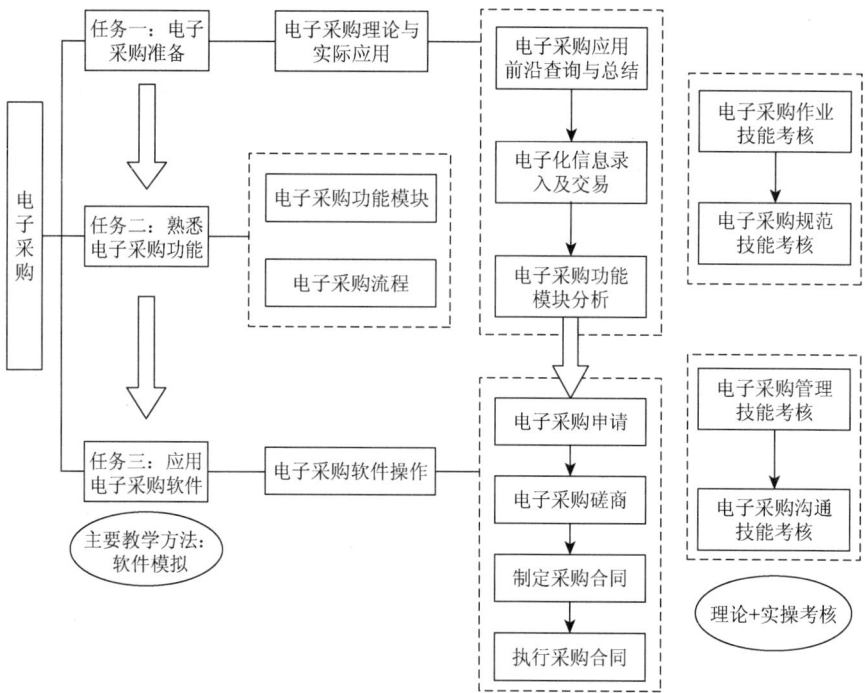

➤案例引导

零售业巨子努力实现电子采购

全球大零售商一致认为：电子技术已经融入产品制造到销售的整个供应链之中。北美零售业巨子 Sears, Roebuck & Co 堪称零售业电子革命的典范。以电子方式处理订单和发票；以电子邮件作为主要通信手段，将供应-库存-销售三者相联，大幅度提高了生产效益。对供应商来说，曾视作"最好拥有"的电子功能现已成为做生意的必备条件。Sears 是一家拥有超 2000 家商店和每年营业额达到 350 亿美元的集团，电子技术的广泛应用巩固了该集团作为美国零售业成功典范的地位。Sears 的成功，很大程度上归因于电子技术的巧妙运用。他们促使甚至迫使供应商也同样采用电子贸易。在美国、加拿大和墨西哥，Sears 正利用电子方式处理订单，支付货款和保证库存，公司资讯总监 Smialowski 认为下一步将优先考虑与亚洲和欧洲的供应商开展电子贸易。他表示：通过韩国、泰国、中国香港、新加坡、巴基斯坦及意大利等地的办事处，公司将扩大电子交易活动。这对 Sears 及其供应商都将是一个挑战。发展中国家尚未具备电子贸易所需的基础设施，尽管存在着挑战，但有望于不久的将来实现电子交易。Smialowsik 表示："我们认为，这些国家两三年后的应用水平相当于美国目前的水平。"利用电子技术的另一动机是促进与供应商之间的电子邮件联系。Sears 内部已采用内部电子邮件连接全球各地办事处；下一步计划通过国际互联网电子邮件系统来建立供应商网络。"电子沟通能力已成为我们对供应商最基本的要求，供应商将用电子邮件与我们做生意。"

资料来源：http://www.ceconline.com/sales_marketing/ ma/8800023867/01/。

请思考：电子采购的功能有哪些？

第一节　电子采购基础

一、理解电子采购

（一）电子采购概念

电子采购是指利用电子商务形式进行的采购活动。因为电子商务主要是在计算机网络上进行的，所以电子商务采购也称为网上采购。随着科学技术的突飞猛进以及网络技术的迅速普及，电子商务采购作为一种新型的采购方式，在国际国内采购活动中成为一道亮丽的风景线。目前，许多企业和公共事业单位已在一定范围内和一定程度上运用了电子商务采购技术。

传统的采购模式存在下列问题：采购、供应双方为了各自利益互相封锁消息，进行非对称信息博弈，采购很容易发展成为一种盲目行为；供需关系一般为临时或短期行为，竞争多于合作，容易造成双输后果；信息交流不畅，无法对供应商产品质量、交货期进行跟踪；响应用户需求的能力不足，无法面对快速变化的市场；利益驱动造成暗箱操作，舍好求次、舍贱求贵、舍近求远，产生腐败温床；设计部门、生产部门与采购部门联系脱节，造成库存积压，占用大量流动资金。

（二）电子采购的特点

1. 公开性

既然在网上采购，由于因特网有公开性的特点，全世界都可以看到采购方的招标公告，谁都可以前来投标。

2. 广泛性

网络没有边界，所有的供应商都可以向采购方投票，采购方也可以调查所有的供应商。

3. 交互性

电子商务采购过程中，采购方与供应商的网上联系非常方便，可以通过电子邮件或聊天的方式进行信息交流。

4. 低成本

网上操作可以节省大量的人工业务环节，省人、省时间、省工作量，总成本最小。

5. 高速度

网上信息传输既方便，速度又快。

6. 高效率

以上几点综合起来，显然是高效率。

（三）电子采购的优势

1. 有利于扩大供应商范围，提高采购效率，降低采购成本，产生规模效益

由于电子商务面对的是全球市场，可以突破传统采购模式的局限，从货比三家到货比多家，在比质比价的基础上找到满意的供应商，大幅度地降低采购成本。由于不需要出差，可以大大降低采购费用，通过网站信息的共享，可以节省纸张，实现无纸化办公，大大提高采购效率。

2. 有利于提高采购的透明度，实现采购过程的公开、公平、公正

杜绝采购过程中的腐败。由于电子商务是一种不谋面的交易，通过将采购信息在网站公开，采购流程公开，避免交易双方有关人员的私下接触，由计算机根据设定标准自动完成供应商的选择工作，有利于实现实时监控，避免采购中的黑洞，使采购更透明、更规范。

3. 有利于实现采购业务程序标准化

电子商务采购是在对业务流程进行优化的基础上进行的，必须按软件规定的标准流程进行，可以规范采购行为，规范采购市场，有利于建立一种比较良好的经济环境和社会环境，大大减少采购过程的随意性。

4. 满足企业即时化生产和柔性化制造的需要，缩短采购周期

使生产企业由"为库存而采购"转变为"为订单而采购"。为了满足不断变化的市场需求，企业必须具有针对市场变化的快速反应能力，通过电子商务网站可以快速收集用户订单信息，然后进行生产计划安排，接着根据生产需求进行物资采购或及时补货，即时响应用户需求，降低库存，提高物流速度和库存周转率。

5. 实现采购管理向供应链管理的转变

由于现代企业的竞争不再是单个企业之间的竞争，而是供应链与供应链之间的竞争，因此要求供需双方建立起长期的、互利的、信息共享的合作关系，而电子商务采购模式可以使参与采购的供需双方进入供应链，从以往的"输赢关系"变为"双赢关系"。采购方可以及时将数量、质量、服务、交货期等信息通过商务网站或 EDI 方式传送给供应方，并根据生产需求及时调整采购计划，使供方严格按要求提供产品与服务，实现准时化采购和生产，降低整个供应链的总成本。

6. 实现本地化采购向全球化采购的转变

由于世界经济的一体化，全球化采购成为企业降低成本的一种必然选择，其基本模式就是应用电子商务进行采购。

7. 有利于信息的沟通

促进采购管理定量化、科学化，为决策提供更多、更准确、更及时的信息，使决策依据更充分。

（四）电子采购的形式

电子商务的形式多种多样，因此电子商务采购也可以有多种形式。目前，国际流行的网上采购数据传送途径主要包括以下几种形式：电子商务网站招标；人工向供应商打电话或发送书面文件、传真订购；向供应商发送电子邮件订单；向供应商的站点提交订单；与供应商的 ERP 系统进行集成；电子交易平台等。上述形式可以分为以下三类。

（1）完全网上采购，即完全通过网上电子商务采购完成采购的全部活动（除运输配送外）。网上和网下相结合采购，即在网上完成部分采购活动，如发布采购消息、招标公告等，其他活动如采购谈判、供应商调查、交易支付等则在网下进行。

（2）自己网上采购，即企业自己建立网站，进行电子商务采购活动。代理网上采购，即不是自己建立网站，而是利用别人的网站进行电子商务采购。

（3）网上查询采购，即由采购商自己登录网站，在网上寻找供应商和所需要的产品而进行的网上采购。网上招标采购，即采购商只在网上发布招标公告，由供应商主动来投标而进行的采购活动。

二、电子采购发展与应用

（一）电子采购的发展

电子采购最早兴于美国，它的最初形式是一对一的电子数据交换系统，即 EDI，该电子商务系统大幅度提高了采购效率；但早期的解决方式价格昂贵、耗费庞大，且由于其封闭性，仅能为一家采购商服务。20 世纪 90 年代中期，电子采购目录开始兴起，这是供应商通过将其产品上网来提高供应商信息透明度、市场涵盖面。近年来，全方位综合电子采购平台出现且通过广泛连接买卖双方来进行电子采购服务。企业的采购管理是企业全面控制成本、提高效率、优化供应链管理的重要部分。国际大型企业在纷纷整合供应商资源，建立或联合建立电子采购平台，主要特点表现在以下五个方面。

1. 发展速度较快

新的电子采购网站和新的电子采购项目逐渐增加，令人目不暇接，各类电子采购信息与咨询网站、网上采购站点在网上诞生。发展地域迅速扩大，从局限于北京、上海、深圳等极少数城市，开始向沿海及东部、中部各大城市发展。

2. 立法与管理逐渐完善

政府对电子采购的支持与协调力度明显增加。不少地方政府也都对电子采购给予了前所未有的关注与支持，开始将电子采购作为重要的产业发展方向。作为电子采购全面立法前的过渡，不少电子采购企业制定和推出了内部电子采购规则或守则，以规范企业和消费者的电子采购行为。

3. 网上支付投入使用

网上支付曾经被认为是制约中国电子采购应用与发展的重要因素之一，目前电子商务支付问题已经迅速得到解决，很多电子采购网站已经采用不止一家网上支付手段，以支持其网上业务，而且总体运行良好。

4. 国际化程度逐步提高

从投入资金来看，具有外资背景的电子采购企业和项目日益增加，其表现形式是双向的：既有海外风险投资直接进入国内的电子采购企业，也有国内企业通过海外上市吸收海外资金。在不少电子采购企业内，外籍或具有外资企业背景的高级管理人员显著增加。与此同时，海外电子采购企业开始直接进入中国市场。随着中国加入世界贸易组织，基于超越国界的网络电子采购逐渐步入世界经济一体化阶段。

5. 电子采购模式呈现多样化

现在很多电子商务企业和工商企业开始运用企业间电子商务，一些行业龙头企业建立了各具特色的个性网站，其发展的速度与取得的结果已让人眼花缭乱。归根结底，电子采购的共同出发点都是采购用户的需求，这种需求经济的拉动作用显而易见地向人们展示出未来的风景。

6. 物流与信息化基础设施进一步配套发展

电子采购的发展离不开信息化基础设施、网络安全及物流配送体系，这一点对主要靠技术推动而形成的电子采购来说显得尤其重要。目前，我国网络带宽及速度较低，反应速度慢，网络运行质量差，电信费用较高；信息安全论证体系、社会信用体系、配送体系不健全，消费者上网交易的信心不足。目前，我国物流及配送的经济环境和市场条件虽然有了一定的基础，作为一个发展中国家，我国正在致力于信息技术的应用，高度重视"知识经济"将会带来的机遇和挑战。对我国的企业来说，现在面临的不仅仅是内部问题，很多时候是企业外部或企业间的问题，其解决问题的办法是通过建立和增强企业间电子交互的能力来解决企业间的问题。

（二）电子采购的应用

1. 电子采购在企业中的应用

电子采购在企业中的应用主要是大型企业，中小型企业电子采购的运用水平相对较低。我国中小型企业虽然数量规模巨大，但相比较而言，实力却相对薄弱。企业将面对严峻的竞争压力，通过运用电子采购打破地域时空和国界的限制，帮助企业迅速成长发展。IT 采购的增长、网络应用的普及以及周围企业的示范带动加快了企业对电子商务环境的理解，企业的电子采购意识也日趋成熟。目前，一部分企业仍使用传统渠道从事采购、营销等活动，相关企业的电子商务需求仍未得到充分的释放，企业电子采购市场潜力巨大。

2. 电子采购在政府中的应用

政府采购电子化是伴随着政府采购制度、电子政务、电子商务等的发展而出现并快速发展，是将信息技术在线应用于政府采购的管理、实施、评估和报告各个阶段的一项新的工作方式。它不仅是对传统政府采购方式方法的变革，更是对政府采购管理制度、操作模式的重大改革，需要对现行政府采购的管理理念、工作职能、机构性质等一系列问题进行重新定位和改造，其本质是一项重大的政府采购制度改革。与传统采购方式相比，政府采购电子化不仅在提高采购效率、降低采购成本等方面优势明显，在加强监督管理、从源头上预防和治理腐败方面也大有可为。政府采购电子化可以让公众在网上看到采购的全过程，相关政府机构和社会组织也可以方便地通过网络对采购过程进行监督，从而提高了政府采购过程的透明度，使各个环节操作者的作弊机会大大降低，有利于从源头上遏制腐败现象的发生，使政府采购活动真正趋近于"阳光下的交易"。政府采购电子化通过搭建信用信息平台，将政府采购失信者的不良行为在统一电子化监管平台上进行披露和曝光，借助电子化渠道广而告之，让失信腐败行为"坏事传千里"，推动形成社会性惩戒合力，达到强化行政监管约束的效果。因此，政府采购电子记录的管理必须与政府采购事业的快速发展相适应，实现管理工作的规范化、制度化、科学化。

　　3. 电子采购的第三方平台应用

　　电子采购的第三方平台是一个开放平台，它能够支撑企业采购业务的多样性。可以运用标准化的应用逻辑，也可以支撑采购企业特殊的业务逻辑，或者说特殊的安全需要。作为一个开放平台，通过标准化的接口，完全可以实现从企业内部系统到社会化平台的对接，通过和企业内部信息系统的对接保证了业务的连贯性。电子采购第三方平台可以做到和企业内部一样直接与供应商协同起来，把这些数据自动化地接到 ERP 等系统里面，这样就做到了保证业务的连贯性。开放平台使不同企业的业务对接变成可能。电子采购平台是一个开放形式的，所以就把不同企业之间的业务流串起来了，形成不同企业之间的业务对接。在采购信息化当中，专业化服务是非常重要的。它的重要性在于：IT 服务功能复杂，技术要求高，且不断升级；形成完整标准和自我优化的社会化信用体系；大数据挖掘的能力和价值；安全交易保障，专业化配套服务。电子采购平台目前在零售医药、化工、能源、建材、纺织等行业都有应用。

第二节　电子采购功能模块与流程解读

一、电子采购功能模块解读

电子采购的功能模块如图 6-1 所示。

（一）采购申请模块

接受公司员工提出的产品（如办公用品、书籍或电脑零配件）或服务申请；接受企业关键原材料供应部门或生产部门提交的采购申请；接受企业ERP 系统自动提交的原材料采购申请。公司员工提交申请或供应部门手工提交申请，都应通过浏览器登录网上采购站点的页面进行，ERP 系统的采购单据则可根据数据交换标准自动传递。

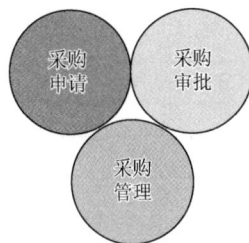

（二）采购审批模块

图 6-1　电子采购的功能模块

根据预设的审批规则自动审核并批准所接收到的任何申请。对于企业内部提交的并经审批通过的产品申请，直接向仓库管理系统检查库存，如果库存有，立即通知申请者领用，如果库存没有，采用邮件通知申请者：申请已批准，正在采购中。对于审批未获通过的申请，立即通知或邮件通知申请者：申请由于何种原因未获批准，请修改申请或重新申请。通过审批无法确定是否批准或否决的申请，邮件通知申请者的主管领导，由主管领导登录采购系统的 URL，审批申请。对于已经通过的采购申请，一方面要邮件通知申请者；另一方面还要提交给采购管理模块。

（三）采购管理模块

（1）采购管理部门针对已经审批通过并且需要进行网上采购的采购任务，进行统计整理，并进行网上采购策划、制订采购计划，如采购程序、进度、政策、招标书的规范、评标小组。

（2）设计招标书，发布招标公告。招标书可以比较简单，主要说明招标任务、内容和要求，招标程序，时间进度，评标原则、标准和定标方法等。招标书可以采取招标公告形式发表，也可以附在招标公告上发表。招标公告可以在企业自己的电子商务网站发布，也可以链接到某些著名的门户网站或在著名的广告公司注册，这样可以扩大宣传范围。

（3）招标公告在电子商务网站发布以后，收集各个供应商的投标。并且注意调查各个供应商的情况，进行信息沟通。

（4）建立评标小组和评标指标体系，组织评标。评标方式可以在网下进行，也可以在网上进行。

（5）公布评标结果，确定中标单位。

（6）与中标单位签订采购合同。

（7）采购活动实施。采购活动的实施可以网上网下结合进行。网上搞信息联系，网下搞送货。网下进货程序和其他采购方式相同。

二、电子采购的实施流程

电子采购的实施流程主要包括：采购前的准备工作、采购中供需双方的磋商、合同的制定与执行、交付与清算等环节，如图 6-2 所示。

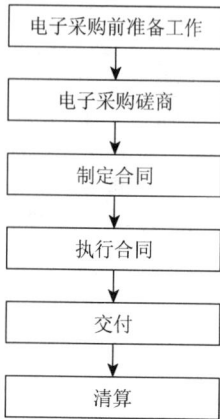

电子采购前准备工作

↓

电子采购磋商

↓

制定合同

↓

执行合同

↓

交付

↓

清算

图 6-2　电子采购流程

（一）采购前的准备工作

对采购商来说，采购前的准备过程就是向供应商进行宣传和获取有效信息的过程。在网络环境下，将演变成供应商积极把自己产品的信息资源（如产品价格、质量、公司状况、技术支持等）在网上发布，企业则随时上网查询并掌握自己所需要的商品信息资源。双方推拉互动，共同完成商品信息的供需实现过程。在网络环境中，信息的交流通常通过登录及浏览对方的网站和主页完成，其速度和效率是传统方式无法比拟的。采购前的信息交流主要是企业对供应商的产品价格和质量进行了解。因此，价格在很大程度上决定着采购决策。

（二）供需双方的磋商

在网络环境下，传统采购磋商的单据交换可以演变为记录、文件或报文在网络中传输。各种网络工具和专用数据交换协议自动保证了网络传递的准确性和安全可靠性。企业一旦选择了合适的能保证最佳产品质量、最合理价格、最优质服务的供应商，就可以在网上与其进行磋商、谈判。各种商贸单据、文件（如价目表、报价表、询盘、发盘、订单、订购单应答、订购单变更要求、运输说明、发货通知、付款通知、发票等）在网络交易中都变成了标准的报文形式，减少了漏洞和失误，规范了整个采购过程。

（三）合同的制定与执行

磋商过程完成之后，需要以法律文书的形式将磋商的结果确定下来，以监督合同的履行，因此双方必须以书面形式签约采购合同。这样一方面可以杜绝采购过程中的不规范行为，另一方面也可以避免因无效合同引起的经济纠纷。因为网络协议和网络商务信息工具能够保证所有采购磋商文件的准确性和安全可靠性，所以双方都可以通过磋商文件来约束采购行为和执行磋商的结果。

（四）支付与清算过程

采购完成以后，货物入库，企业要与供应商进行支付与结算活动。企业支付供应商采购价款的方式目前主要有两大类：一类是电子货币类，包括电子现金、电子钱包和电子信用卡等；另一类是电子支票类，如电子支票、电子汇款、电子划款等。前者主要用于企业与供应商之间的小额支付，比较简单；后者主要用于企业与供应商之间的大额资金结算，比较复杂。

第三节　电子采购应用实例

一、电子采购软件介绍

电子采购实例软件为试用版，来源于网络 http://www.skycn.com/soft/appid/19561.html。

（一）应用目的

了解电子采购软件的基础应用，学会采购环节基本信息的录入，方便查询，更形象地了解采购的管理运作模式。

掌握商品采购管理的流程，包括供应商信息，部门及员工信息，物品信息，收支账户信息，操作员及管理权限设置，系统设置的录入及填制方法，各种单据的管理（包括采购申请单、采购订货单编制、采购入库单编制、采购付款单编制）。

（二）应用要求

熟练地运用电子商务采购管理系统软件的功能，掌握采购的流程，为后续的生产销售提供必要的保证。操作过程要谨慎小心，避免不必要的失误，采购商的信息、采购员的信息和采购商品的信息都要准确录入，保证各种单据的合理编制，涉及金钱的单据更要小心认真，确保数据准确无误。

二、电子采购软件应用

（一）业务导航

首先，打开该采购管理系统，看到的是业务导航，如图 6-3 所示。

（二）供应商信息

（1）单击基础资料中的供应商信息。

（2）通过单击所有地区出现新下级地区，单击后新建省（市、自治区）包括黑龙江省、辽宁省、内蒙古自治区、山东省。

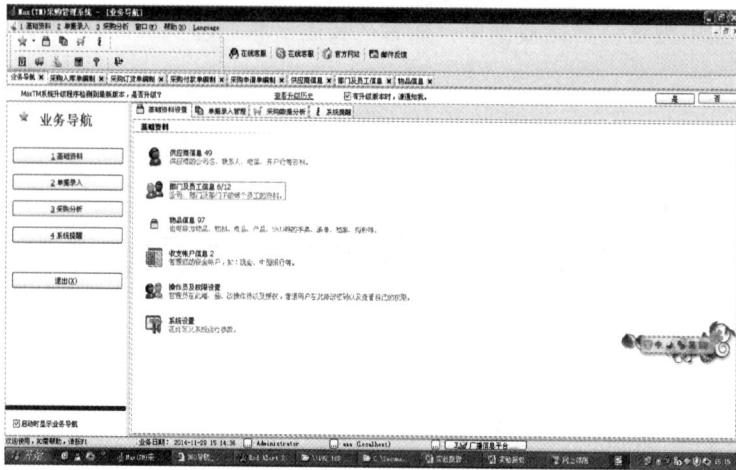

图 6-3　采购管理系统

（3）选择黑龙江省然后单击新下级地区建立哈尔滨市，新同级地区为鸡西市、牡丹江市、七台河市、齐齐哈尔市。

（4）哈尔滨市的新同级地区分为松北区、道里区、南岗区。

（5）选择哈尔滨市，单击增加项添加供方编号、单位名、首要联系人、手机、座机、传真、详细地址、邮编、QQ、电子邮箱、首要开户银行、账号以及税号。单击确定完成输入，其他供应商依次进行输入，即完成供应商信息的填制，如图 6-4 所示。

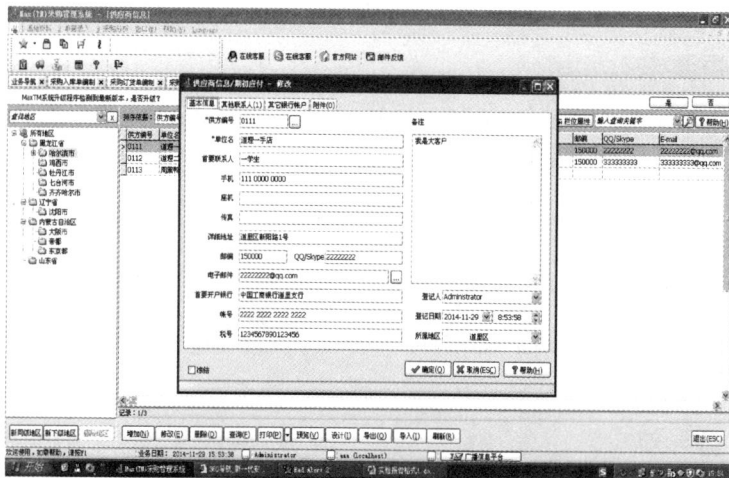

图 6-4　供应商信息

（三）部门及员工信息

（1）单击进入部门及员工信息。

（2）单击我的公司，选择增加部门，公司共设有六个部门，分别为人力资源部、生产部、财务部、市场部、采购部和销售部。编制完成后单击确定。

（3）选择生产部，然后单击增加按钮，在出现的框中设置人员的信息，包括员工的工号、姓名、性别、岗位、住址、电话、身份证号、E-mail，录入完成后单击确定，其他部门的信息也同样输入，即完成了部门及员工信息的录入，如图6-5所示。

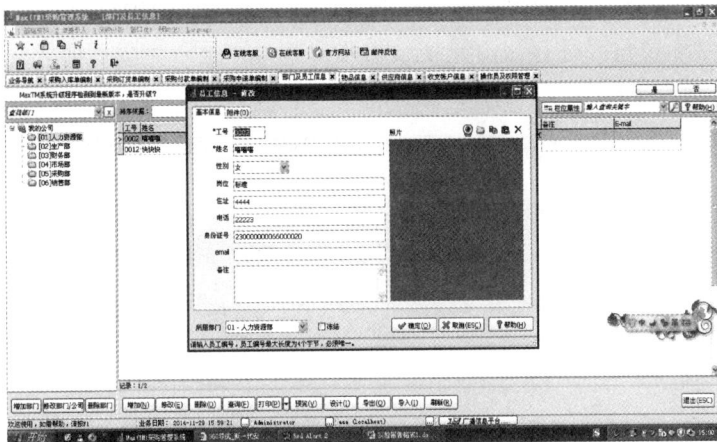

图 6-5　部门及员工信息

（四）物品信息

（1）单击进入物品信息，如图6-6所示。

（2）根据企业的采购信息进行填制，首先单击"新孩子类别"添加办公设备、销售物品、生产设备、其他等。

（3）选中办公设备，根据 EXCEL 表中的信息在出现的栏中输入采购物品的信息，包括物品代码、名称、型号等信息。其他类别也重复进行，信息录入完毕后单击确定即完成了物品信息的输入。

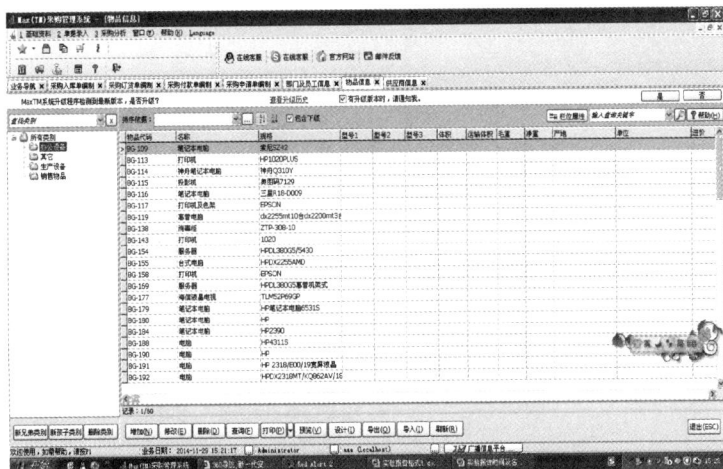

图 6-6　物品信息

（五）收支账户信息

（1）单击进入收支账户信息，如图 6-7 所示。

（2）进入页面后系统自动生成的有现金，需要自行增加的项目为账户编号。

（3）账户名称填写银行存款，继续添加账户编号。录入完成后即收支账户信息录入完毕。

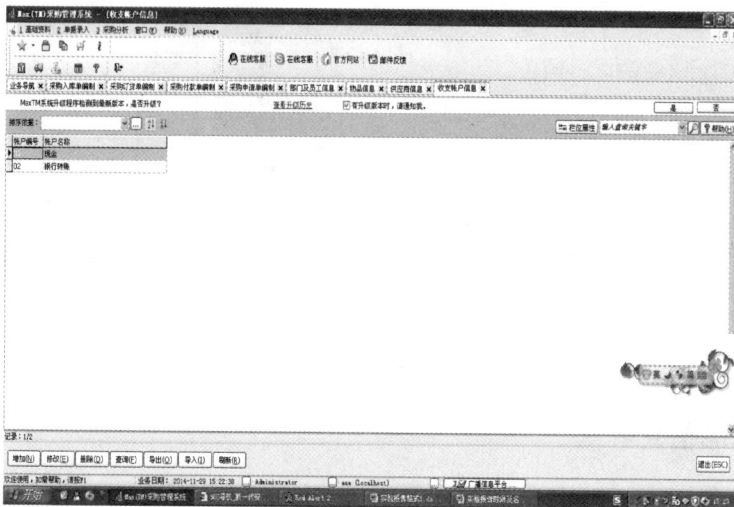

图 6-7　收支账户信息

（六）操作员及权限设置

设置操作员的姓名、关联员工的信息、选择员工的职能以及避免该员工的职责权限。选择完毕后单击确定，即完成操作员及其权限设置的录入，如图 6-8 所示。

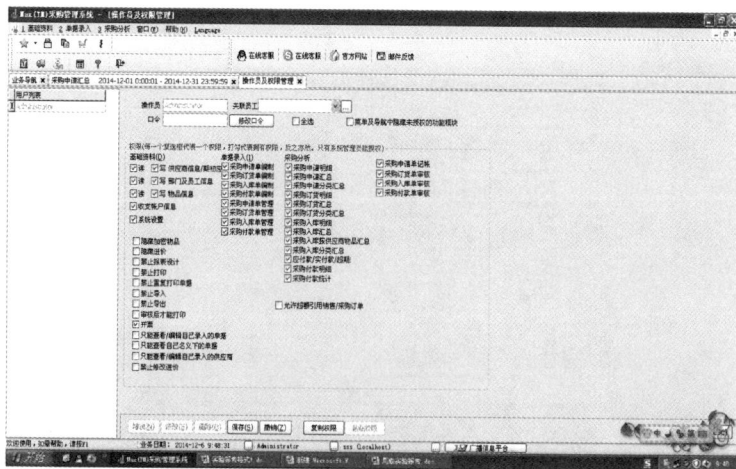

图 6-8　操作员权限

（七）系统设置

单击系统设置，进入系统设置页面后选择好单价的小数位数、体积小数位数、数量小数位数、重量小数位数、金额小数位数、折扣率小数位数、数量描述小数位数和汇率小数位数等具体信息，操作完成后即完成系统的设置，如图 6-9 所示。

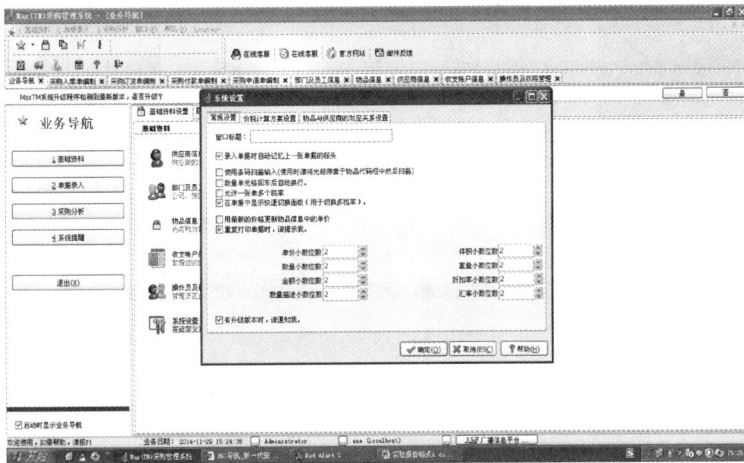

图 6-9　系统设置

（八）采购申请单的编制

进入采购申请单的编制页面后选择新建新单，接着输入单据的编号、申请人、申请日期、物品代码、采购的数量、金额等方面的信息，录入完成后即完成了采购申请单的编制，如图 6-10 所示。

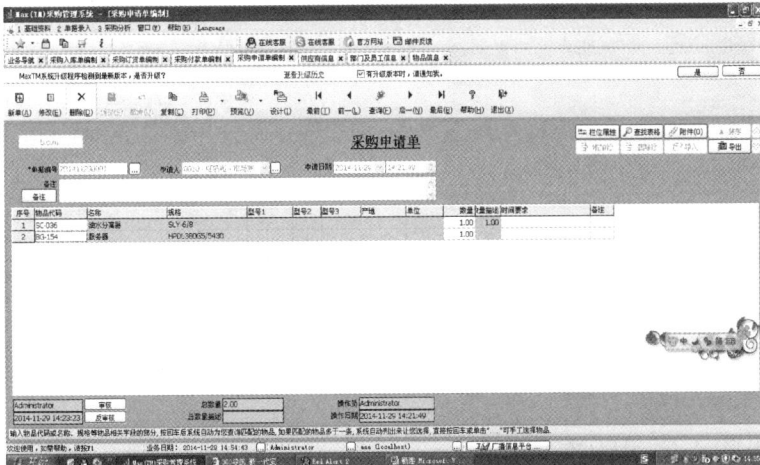

图 6-10　采购申请单的编制

单击预览，可得图 6-11 所示的采购申请单。

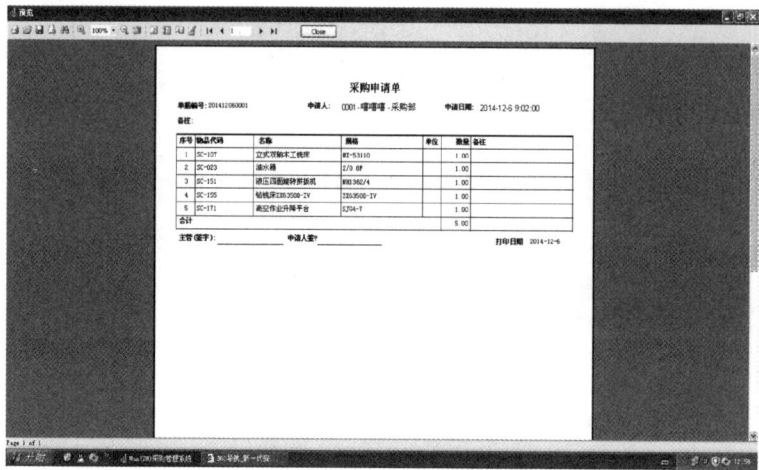

图 6-11　采购申请单

（九）采购订货单的编制

单击进入采购订货单的编制页面，首先输入订货单据编号、合同编号、供应商信息、采购部门、采购人员、到货地址、发货方式、支付方式、订货日期以及汇率。同时选择要订货的物品代码名称、编号，选择完成后即完成了采购订货单的编制，如图 6-12 所示。

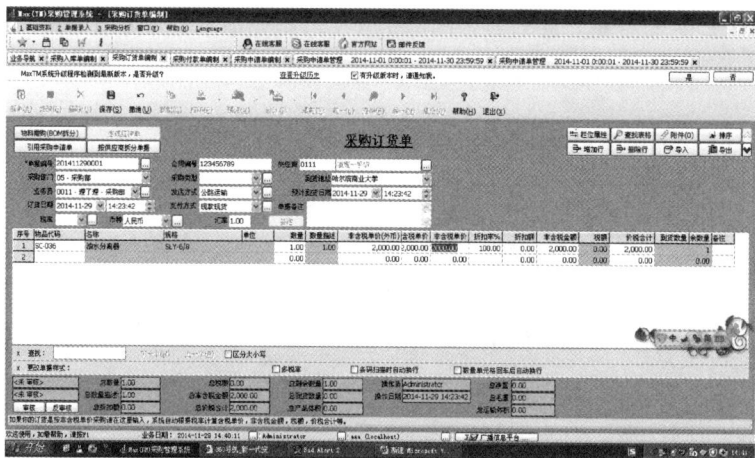

图 6-12　采购订货单的编制

（十）采购入库单的编制

单击进入采购入库单的编制页面后，首先填写入库单的编号，供应商信息，采购部门，入库时间，采购人员，物品的类型，集体物品的编号、名称、规格、数量、单价等具体信息，如图 6-13 所示。

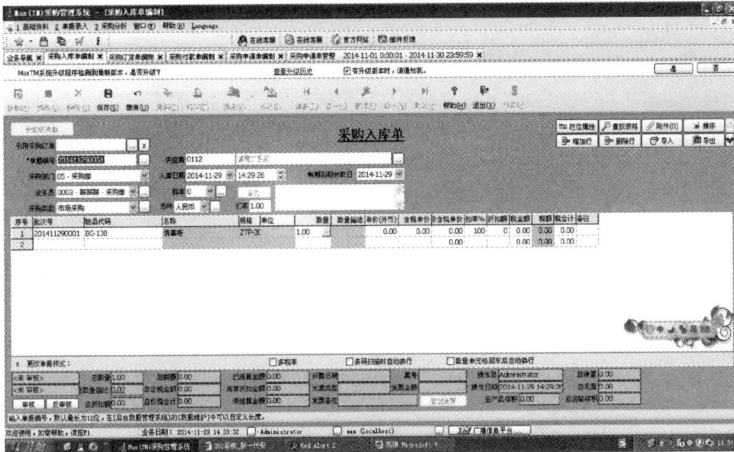

图 6-13　采购入库单的编制

（十一）采购付款单的编制

单击进入采购付款单的编制页面，首先选择采购付款物品的单据编号、供应商信息、付款日期、经办人的姓名及部门，接着选择合适的现金支付方式，填写完成后即完成采购付款单的编制，如图 6-14 所示。

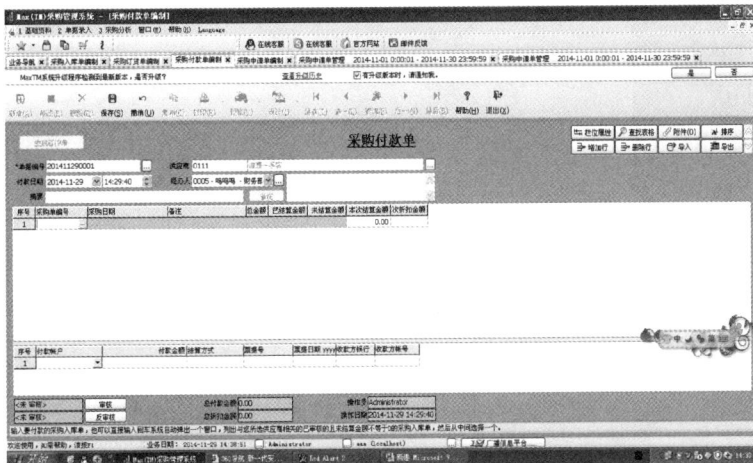

图 6-14　采购付款单的编制

（十二）采购申请单列表

单击进入采购申请单列表页面，接着看到申请单编号、申请日期、申请人、总数量、审核日期、审核人、操作日期、操作员等方面的信息,因为这些是数据分析,所以自动完成了采购申请单列表的编制,如图 6-15 所示。

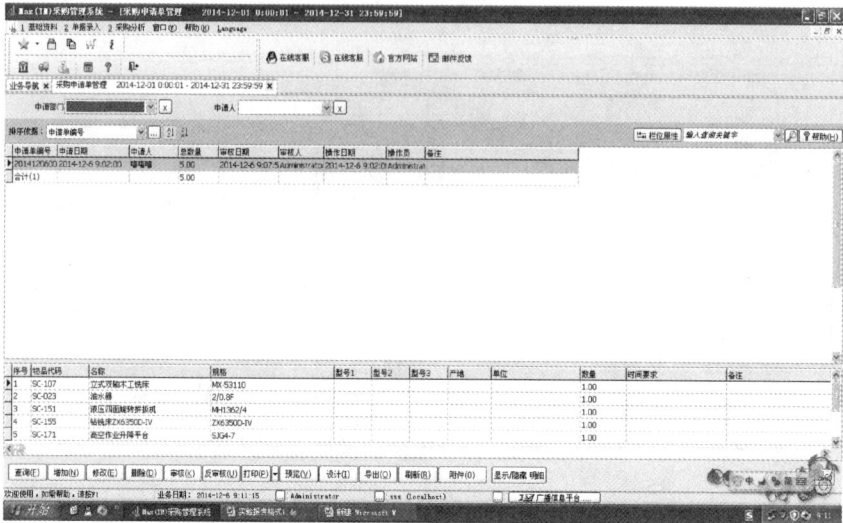

图 6-15　采购申请单列表

单击预览,可得图 6-16 所示的采购申请单一览表。

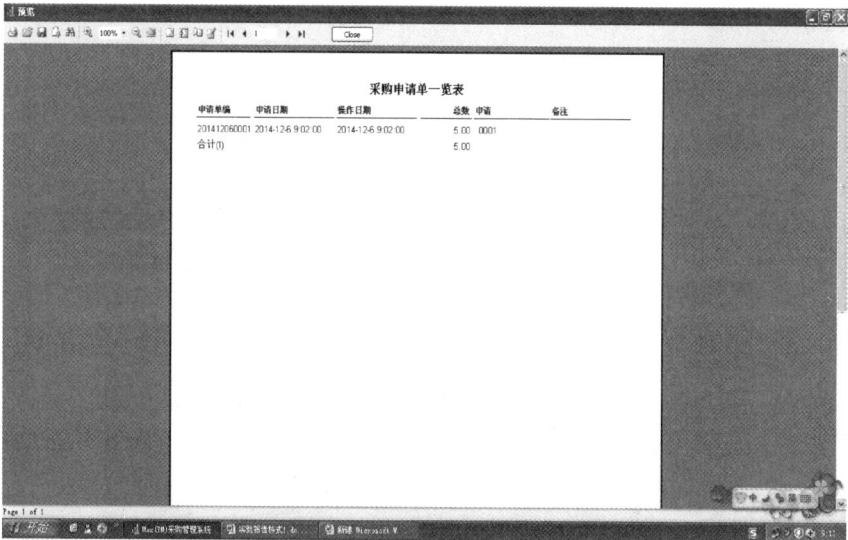

图 6-16　采购申请单一览表

(十三)采购申请明细

单击进入采购数据分析项目,单击采购申请明细页面,接着看到申请单编号、申请日期、序号、物品代码、名称、规格、数量等方面的信息，因这些是数据分析，所以自动完成了采购申请单列表的编制，如图6-17所示。

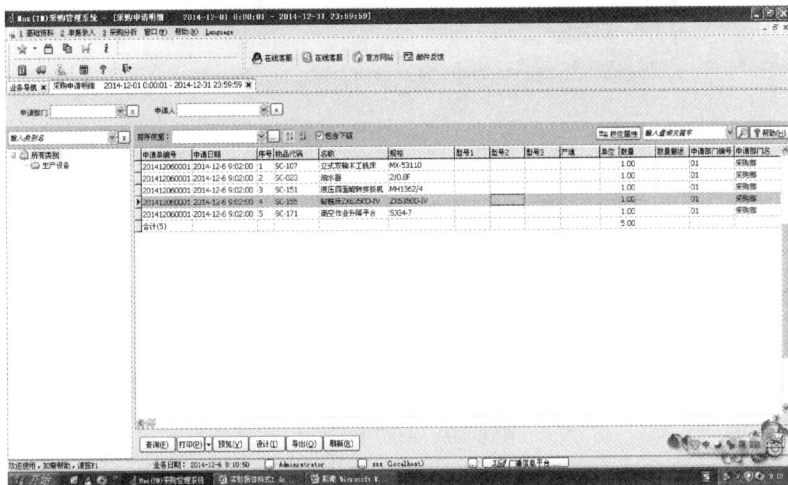

图 6-17 采购申请明细

单击预览，可得图6-18所示的采购申请明细导出图。

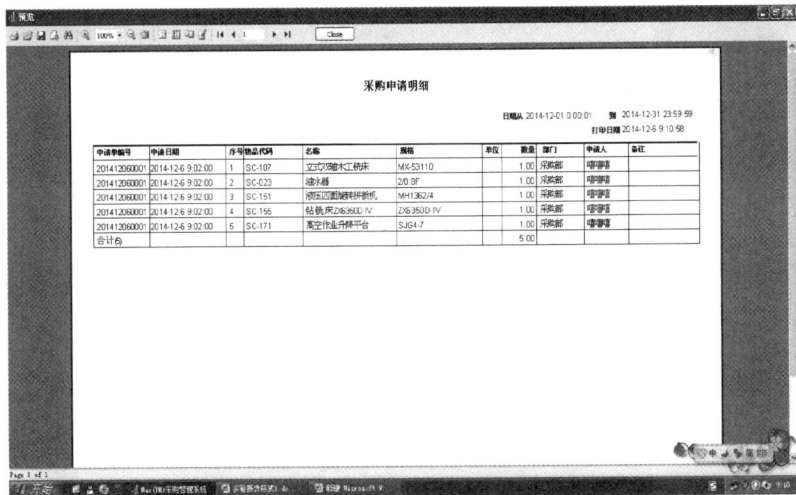

图 6-18 采购申请明细导出图

（十四）采购申请汇总

单击进入采购数据分析项目，单击采购申请汇总页面，接着可以看到物品代码、名称、规格、数量等方面的信息，因为这些是数据分析，所以自动完成了采购申请汇总的编制，如图6-19所示。

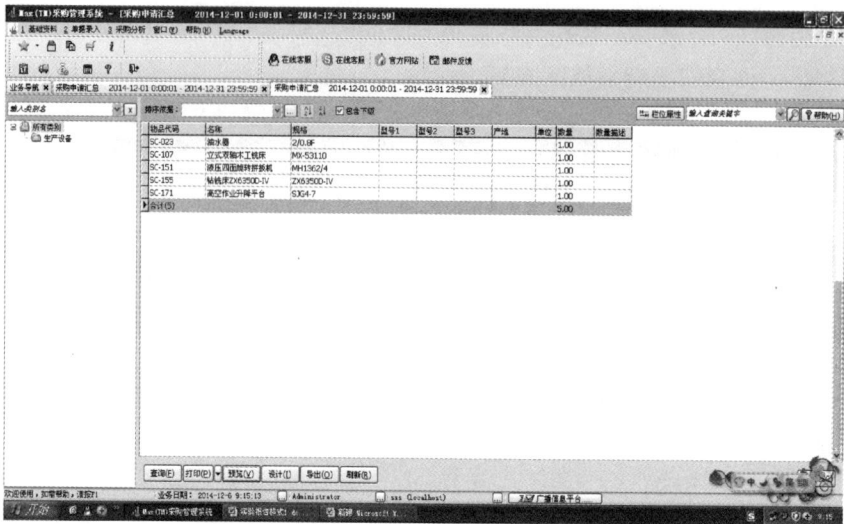

图 6-19　采购申请汇总

单击预览，可得图 6-20 所示的采购申请汇总导出图。

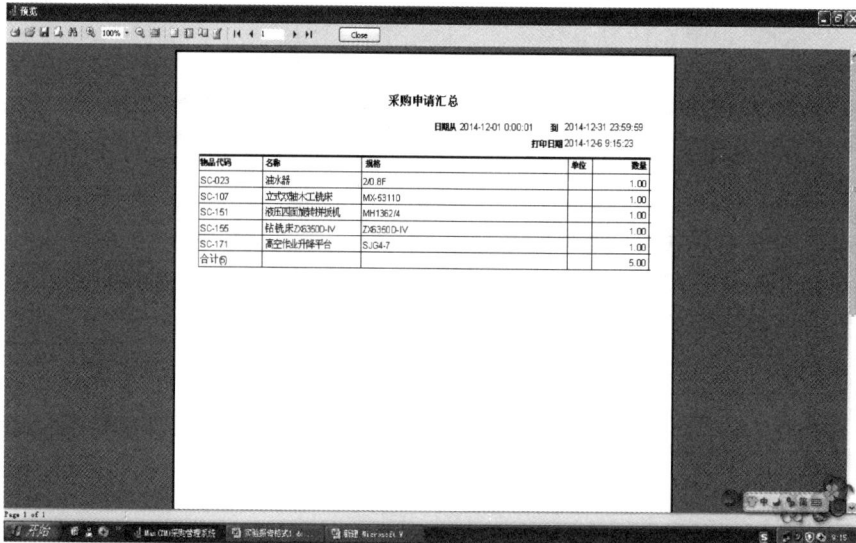

图 6-20　采购申请汇总导出图

（十五）采购申请分类汇总

单击进入采购数据分析项目，单击采购申请分类汇总页面，进入时全部选择，即可看到申请单编号、申请日期、物品代码、名称、规格、申请部门号、申请部门名、申请人编号、申请人名、审核日期、操作日期、操作员、数量等方面的信息，因为在进入汇总时全部选择，所以自动完成了采购申请分类汇总的编制，如图 6-21 所示。

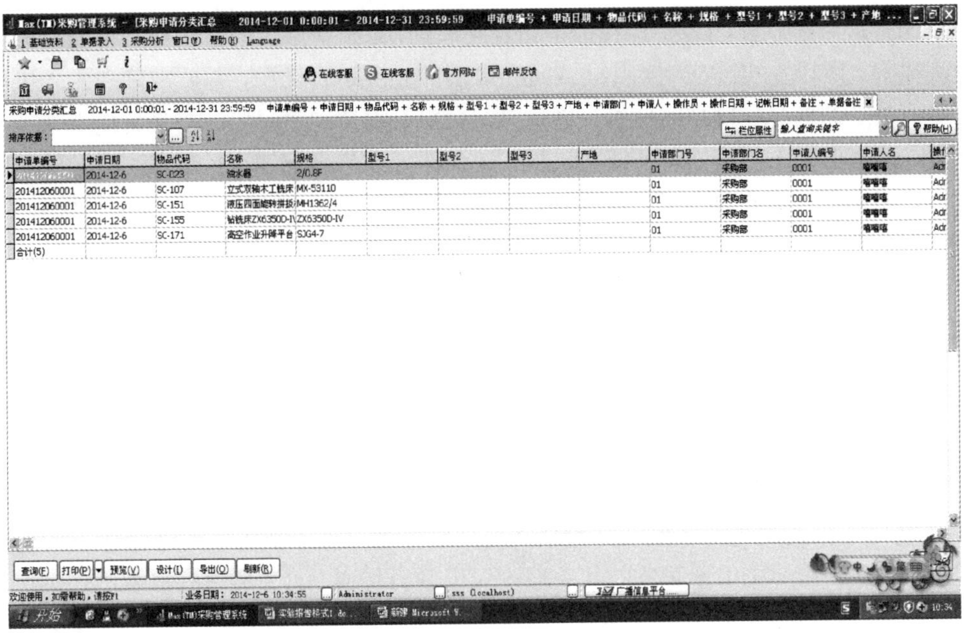

图 6-21　采购申请分类汇总

（十六）系统提醒

单击系统提醒项目，进入系统提醒页面，如图 6-22 所示。

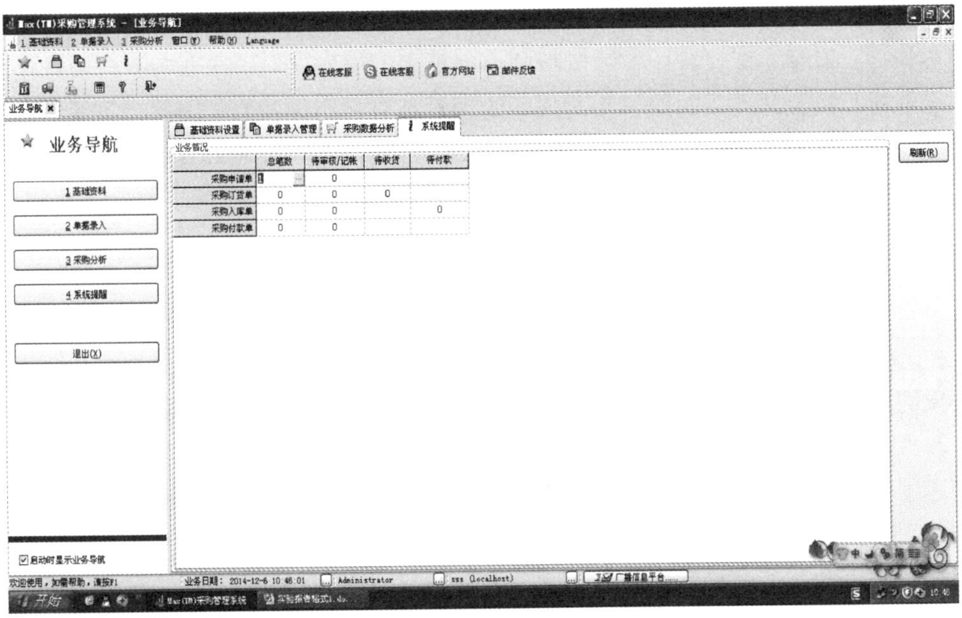

图 6-22　系统提醒

　　采购管理系统软件的各个过程都是相互关联的，每一步信息的错误都有可能带来巨大的经济损失，所以在实际应用当中，或是在以后的企业运行当中，都要准确地录入供应商的信息、员工的信息、物品的信息、付款单的信息、收据的信息等。尤其是作为基础资料的部分，其重要性不可言喻，在使用过程中，这部分如果出现错误，基本上后面的采购单据录入、采购数据分析部分甚至都无法填入数据，而且整个过程的关联性都是很重要的，如 BOM 清单，如果前面输入错误，那么在输出时显示的是无结果。总之，通过软件的使用与输入，合理地完成企业的采购需要。

➤实践

一、实践目的

　　1. 将电子采购理论与实践结合起来，提高学生动手操作能力。在进行电子采购实践教学的过程中，需要把电子采购的相关理论知识融会贯通。首先要进行准备工作，需要学生在掌握采购理论的基础上提出学习电子采购软件并熟悉使用电子采购软件。让学生体验电子采购的全过程，有助于理论与实际更好地结合起来。

　　2. 熟悉电子采购的特点与功能模块，培养学生学习积极性。通过学生亲自体验电子采购软件，通过多媒体教学，提高学生学习的积极性。在电子采购过程中熟练操作过程并掌握如何进行采购商品质量的甄别，增加学生之间的探讨内容，增多教师与学生之间的沟通，逐步激发学生的学习热情，也会提高学生的学习能力。

　　3. 掌握电子采购的流程及应用中存在的问题，提升学生动手能力。电子采购是一个复杂的过程，不仅仅是应用网络软件那么简单，更多的是能够利用电子采购软件方便公司业务管理，但是实际过程中需要掌握的内容更多，如如何在电子商务平台中选出好的合作企业进行商品采购，每个学生对采购的理解都有自己的特点，因此，各谈判小组要根据学生各自的特长进行细致分工，通过分工与合作，发挥集体的力量，来共同完成电子采购。

二、实践准备

　　1. 电子采购软件选择与实验室建设。电子采购软件不仅仅是情景模拟或角色扮演能够实现的，需要具备相应的实验室与电子采购软件，实验室要有计算机及网络。

　　2. 电子采购系统筛选与企业数据收集。推荐使用电子采购管理系统的企业若干家，包括大中小型的零售企业，通过对企业真实数据进行收集，来实现电子采购的真实性。

　　3. 对学生进行分组。通常 4~6 人为一组，不同组别分别对运用电子采购软件的不同企业进行调研。

　　4. 教师布置数据调研内容。教师在给学生分组后要让学生到不同的企业进行数据收集，学生根据教师布置的任务完成调研提纲及数据整理等内容。

三、实践步骤

1. 4~6人一组，以小组为单位到企业实地调查，收集相关资料。
2. 以小组为单位交流调查收获，推荐代表发言。
3. 全班交流，相互提问。
4. 电子采购软件的使用。主要针对实验室所具备的电子采购软件，让学生运用采集的数据，从企业的角度出发，运用电子采购软件与网络平台结合进行购买商品。

四、注意事项

1. 调查过程中注意安全，注意言行举止。
2. 资料收集尽可能全面，包括企业电子商务采购的应用现状、存在问题、相关规定以及采购人员的管理等，提倡收集企业采购中的实际事例。
3. 学生电子采购软件使用过程中要爱护实验室设备，熟悉计算机知识，能够及时反馈电子采购的优缺点，并且在采购过程中一定要站在企业的角度而不是个人网购的角度。

本 章 小 结

本章包括电子采购基础、电子采购功能模块与流程解读、电子采购应用实例三个项目。主要介绍了电子采购的概念、特点、优势、形式，电子采购的发展趋势以及应用情况；并进一步对电子采购的功能模块与流程进行解读；最后阐述了使用电子采购软件进行采购的实例。

➤复习思考题

一、单选题

1. 下列关于价廉的理解有误的是（   ）
   A. 应本着经济、节约的原则
   B. 以合理的采购成本获得所需的工程、货物或服务
   C. 提高采购资金使用效益
   D. 不断追求低价

2. 电子采购的最初形式是（　　　）

　　A. EDI　　　　　　　B. JIT　　　　　　　C. MRP　　　　　　　D. ERP

3. 由采购商自己登录网站，在网上寻找供应商和所需要的产品而进行的网上采购属于（　　　）

　　A. 完全网上采购　　B. 自己网上采购　　C. 网上查询采购　　D. 网上招标采购

二、多选题

1. 构成电子商务系统的主体要素包括（　　　）

　　A. 网络服务商　　　　　B. 电子交易市场　　　　C. 消费者

　　D. 企业　　　　　　　　E. 网上银行

2. 电子商务系统框架的支柱有（　　　）

　　A. Internet 和 Intranet　　B. 身份识别和网上支付　　C. 公共政策和法律

　　D. 技术标准和网络协议　　E. 前台网页和后台数据库

3. 为电子商务系统提供系统支持服务的电子商务服务商包括（　　　）

　　A. 接入服务　　　　　　B. 服务提供商　　　　　C. 内容服务提供商

　　D. 第三方支付提供商　　E. 政府

三、简答题

1. 简述电子采购的特点。

2. 简述电子采购的流程。

3. 简述电子采购功能模块。

4. 简述电子采购的优势。

5. 简述电子采购的作用。

➤案例思考与解析

喜尝电子采购甜头 IBM 扮演网上大买家

对 IBM 公司而言，这是一个不可思议的任务。两年前它开始通过互联网同 12 000 个供应商做生意——发订单、收发票、向供应商支付货款，所有这些交易行为都是通过互联网来完成。现在，IBM 已经通过互联网同 95% 的供应商做生意。首席采购官 Richter 指出，这意味着大概有 360 亿美元的交易额是在网上完成的。他接着说道："让供应商在互联网上进行交易，和 20 年来我们让供应商通过电子数据交换系统（EDI）交易是不一样的。我花了近半生的时间致力于实现供应商通过 EDI 进行采购。"配置 EDI 系统费用高昂，而且需要特殊的软件及增值网络，因此许多供应商一直犹豫不决。对于承接 IBM 大宗订单业务和定期供应大批量零部件的大型供应商，这个费用是值得的。但对于中小型供应商，高昂费用会让他们赢利很少。但是，如果供应商通过互联网和 IBM 公司做生意，就不需要特殊软件或费用昂贵的增值网络系统了。只要一台带有浏览器的计算机和一个互联网服务提供商就足够。

网上采购促使成本锐减

互联网的简易性使 IBM 和供应商大大地节省成本开支。Richter 说道："节省的费用达到数十亿、上百亿美元。"IBM 公司负责生产采购及工程的副总裁 Paterson 也持相同看法。"互联网确实能节省成本，有事半功倍的效果"，他说，"我们转变到一个无纸环境，在这个环境中主要的买家和卖家被直接联系起来，不需要中间商。大量成本就这样被节省。"Richter 认为，互联网的真正价值在于它能让 IBM 和供应商共同协作，并利用他们的专长。他说道："当供应商有时间投入自己的专长时，我们就常常能够节省开支。在此之前，我们很少有时间去合作和沟通。我们的时间常常是很紧迫的。有了互联网，时间可以缩短很多。需要 3~4 周完成的工作，现在 3~4 小时就可以了。"以 IBM 向供应商发出生产半导体的报价查询为例。通常这一零件的某些规格要求可能会使生产增加额外费用。通过互联网，IBM 向众多供应商发出报价查询，并能很快收到他们对于零件规格的反馈，供应商往往会建议改动某些规格以降低制造成本。

网上采购促进双赢协作

互联网使 IBM 在计划安排上能与供应商协作。如果 IBM 想增加某一种产品的产量，它通过网络就能检查零配件供应商的生产情况，了解供应商是否有能力增产。Richter 说道："如果我们的采购计划减少，我们将即时通知供应商，以避免过多库存。"Paterson 认为，互联网正在成为 IBM 同时管理不同层次供应商的重要工具。他说道："就其定义来说，供应链是按照一定的顺序运行的，但这不一定就是我们想要的信息管理及供应商关系管理的方式。我们希望能同时进行多层次的管理。互联网为这样的管理方式创造了环境。"他以 IBM 的合同制造商为例：IBM 把预测需求量和采购订单发送给它的印刷电路板合同制造商，同时也把这些需求信息发送给所有的零部件制造商，而零部件制造商就直接将零部件运输给合同制造商。他指出："去年，通过对这两个层次的供应链同时进行管理，我们节省了 1.5 亿美元的费用。"这个费用的节省来自两个价格的差额，即合同制造商和 IBM 对电路板零件的报价差额，而 IBM 的报价是该公司与零部件生产商谈好的价格。他接着说："我们有一套基于互联网的工具以及围绕合同制造活动而特别设计的流程。没有互联网，我们无法做到这些。没有互联网，管理所有这些零部件需要的时间和资源将不可想象，我们将永远无法把这些事情做好。"网上采购是 IBM 供应商管理战略中的一个关键部分，互联网应用对此至关重要，IBM 正力图使其简易，以便供应商实现网上交易。Paterson 说道："我们正在建设一个门户界面，使供应商能在网上来访问 IBM。"同大多数公司一样，IBM 和供应商之间有许多交互界面。"有工程界面、质量界面、采购界面，还有其他，供应商经常不得不通过各自网址进入各个界面。现在，我们已经为供应商建好一个专用界面。"这唯一的入口界面将提高供应链的速度，使供应商更容易在网上同 IBM 交易。

通过网上采购同供应商建立战略伙伴关系

在生产采购中使用互联网还有许多好处。Paterson 说道："这么多年来，我们一直在讨论如何同供应商建立战略关系，但说的比做的多。其中一个原因是我们大多数生产供应商都是远隔万里。网络给了我们一种工具，使我们可以在虚拟空间和供应商建立战略伙伴关系，这大大巩固了买卖双方的关系。"Paterson 相信，互联网将成为更加重要的采购工具。"将来我们可以坐在办公室里，通过电视会议同供应商会谈。这种方式除了实时显示预测的需求量，还将显示买卖双方的会谈过程。"互联网也将在 IBM 的普通采购业务中起到很大的作用。过去，IBM 只是同核心的生产供应商进行交易时使用 EDI 系统。而在一般的采购中仍以电话和传真的方式订货，既费时又费钱。"同时，网上采购减少了许多在传统采购过程中会出现的错误。通过'交易表（forms exchange）'这个互联网工具，我们可以在网上向供应商发去订单，而供应商只需在电脑屏幕上点击'发票'按纽，就马上可以收到一张发票。如果订单和发票都是通过传真来回发送，一旦有人将数字打错，那么可能订单上写的是 6.7 美元，而发票上写的是 7.6 美元。相反，如果是网上交易，就不会发生这种事情。"一旦由于传真操作出现了这样的错误，供应商不得不重新发出发票。Richter 接着说："供应商以为 45 天内就能收到货款，但过了四五个月，货款还没收到。这时，供应商可能会说，下次再给 IBM 报价，一定要加上 5%，以补偿货款拖欠的成本。"

资料来源：http://www.ceconline.com/operation/ma/8800021060/01/。

根据案例分析与讨论：IBM 公司采用电子采购的原因以及采用电子采购的优点有哪些？

➢教学实践

章	节	任务	形式与方法	课时分配	知识目标	能力目标	素质目标
电子采购	电子采购基础	1. 理解电子采购 2. 电子采购发展与应用	启发式教学+案例教学+课堂讲授+讨论式 多媒体教学+网络教学+实践教学手段 1. 教师讲解电子采购概念、特点、优势和形式，电子采购发展与应用 2. 学生撰写电子采购调查报告 3. 教师总结学生撰写调查报告情况	1	理解电子采购的概念、特点、优势和形式，电子采购发展与应用	能够把握电子采购的发展趋势及应用情况	分析学习 沟通协作 团队意识 实事求是
	电子采购功能模块与流程解读	1. 电子采购功能模块解读 2. 电子采购的实施流程	案例教学+课堂讲授+启发式+讨论式+探究式 多媒体教学+网络教学+实践教学手段 1. 教师讲解电子采购功能模块和实施流程 2. 学生熟悉、讨论电子采购功能模块和流程 3. 教师总结学生探究电子采购功能模块和流程情况	2	熟悉电子采购的功能模块	能够按照电子采购流程应用电子采购各功能模块	分析学习 沟通协作 团队意识 客观公正
	电子采购应用实例	1. 电子采购软件介绍 2. 电子采购软件应用	案例教学+课堂讲授+启发式+讨论式+探究式 多媒体教学+网络教学+实践教学手段 1. 教师讲解电子采购软件的应用 2. 学生熟悉使用电子采购软件 3. 教师总结学生使用电子采购软件的情况	1	电子采购软件知识	能够使用电子采购软件进行采购	分析学习 沟通协作 团队意识 客观公正

➤教学评价

名称：电子采购

评价类别	评价项目	评价标准	评价依据	评价方式			权重
				学生自评	同学互评	教师评价	
				0.1	0.1	0.8	
过程评价	学习能力	学习态度，学习兴趣，学习习惯，沟通表达能力，团队合作精神	学生考勤，课后作业完成情况，课堂表现，收集和使用资料情况，合作学习情况				0.2
	专业能力	精确掌握电子采购流程，能够进行电子采购规划，将能够熟练运用采购软件及网络沟通手段实现电子采购	课堂表现，运用电子采购软件的熟练程度，以及采购物品的准确性				0.3
	其他方面	探究、创新能力	积极参与研究性学习，有独到的见解，能提出多种解决问题的方法				0.1
结果评价	理论考核						0.2
	实操考核						0.2

第七章

国际采购

➤学习目标

◇知识目标

了解国际采购的基础知识；理解国际货物运输与保险；熟悉国际采购的结算方式。

◇能力目标

能够为国际货物运输选择合理的险种；能够熟练运用各种国际结算工具。

◇素质目标

学习国际采购，学会沟通协作意识，锻炼团队意识，做到实事求是和客观公正。

➤本章实施体系

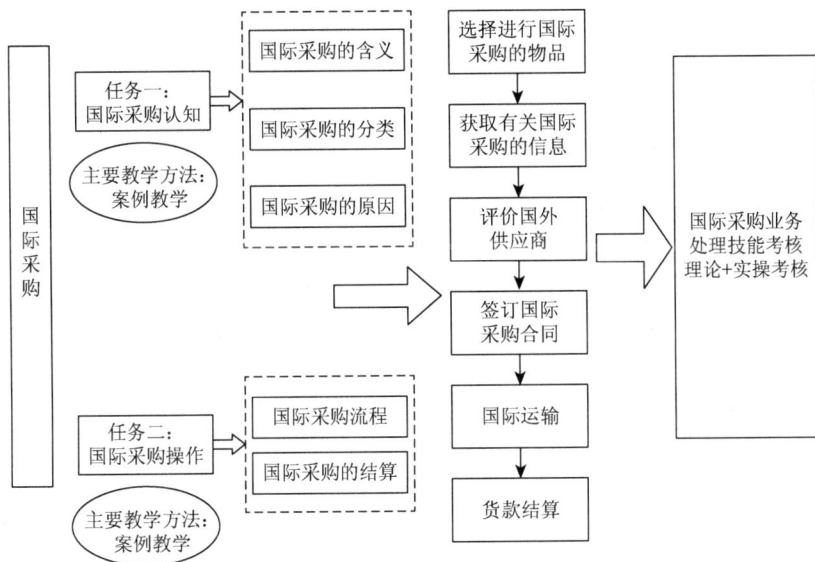

➤案例引导

通用的全球采购体系

全球集团采购策略和市场竞标体系自公司诞生之日起，就自然而然地融入了通用汽车的全球采购联盟系统中。相对于尚在理论层次彷徨的众多国有企业和民营企业而言，通用的采购已经完全上升到企业经营策略的高度，并与企业的供应链管理紧密地结合在一起。

据统计，在美国的采购量每年为 580 亿美金，全球采购金额总共达到 1400 亿～1500 亿美金。1993 年，通用汽车提出了全球化采购的思想，并逐步将各分部的采购权集中到总部统一管理。目前，通用下设四个地区的采购部门：北美采购委员会、亚太采购委员会、非洲采购委员会、欧洲采购委员会，四个区域的采购部门定时召开电视会议，把采购信息放到全球化的平台上来共享，在采购行为中充分利用联合采购组织的优势，协同杀价，并及时通报各地供应商的情况，把某些供应商的不良行为在全球采购系统中备案。

在资源得到合理配置的基础上，通用开发了一整套供应商关系管理程序，对供应商进行评估。对好的供应商，采取持续发展的合作策略，并针对采购中出现的技术问题与供应商一起协商，寻找解决问题的最佳方案；而在评估中表现糟糕的供应商，则请其离开通用的业务体系。同时，通过对全球物流路线的整合，通用将各个公司原来自行拟定的繁杂的海运路线集成为简单的洲际物流路线。采购和海运路线经过整合后，不仅使总体采购成本大大降低，而且使各个公司与供应商的谈判能力也得到了质的提升。

请思考：通用的采购优势表现在哪些方面？

第一节 国际采购基础

一、国际采购认知

（一）国际采购含义

所谓国际采购，是指超过国界的，在一个或几个市场中购买有形产品或无形服务的过程。国际采购的关键在于确定产品规格细则和获得市场准入权，定好协议标准从而能够以适当的价格购进产品，并能在物流环节中进行理想的再分配。

从企业生产经营角度来说，采购是各个企业所共有的职能，也是企业经营的开始环节，同样也为企业创造价值。随着企业规模的不断扩大，以及精益管理和信息技术的广泛应用，采购的作用日益突出。采购不仅是保证生产运转的必要条件，还为企业降低成本、增加盈利创造条件。而国际采购是能创造更高价值的采购形式，已经成为许多企业的主要战略。在全球范围的竞争环境下，产能过剩、企业并购、压缩费用等压力都使国际采购成为企业生存的关键因素。通过利用更为廉价的劳动力、成本更低的物流网络和管制更少的市场环境，可以帮助企业获取更多的利润并保持在市场中的立足之地。与此同时，国际物流容量的增长和通信能力的提高将进一步削减产品的单位成本，成为国际采购发展的动力之一。因此，国际采购已经成为制造商和零售商在制定商业策略时一定要考虑的因素，并成为企业创造客户价值的重要手段之一。

（二）国际采购的原因

国际采购与其他形式的国际贸易相比较，既有相似和交叉的部分，也有它的独特性。在国际采购过程中，不仅要进行严密的市场调查，并对合作方所在地的法律环境进行考查，还要确保产品具有良好的质量和标准。是否要进行国际采购，还需要充分利用国际采购的特点，从公司的实际情况出发，保证购入的产品符合公司的商业规划，适合自身的生产流程、组装程序和产成品的需要，满足物流配送的需要，最终使顾客的需求得到满足。

国际采购被大多数企业所采用，是因为国际采购具有如下优势。

1. 物美价廉

通过国际采购，可以获得买方国内没有的原材料、零部件或产成品。可以从价格最低廉的区域，或在给定价格相同时，从质量或者标准更高的原料基地获得货物或原料。

2. 拓宽产品供应范围

有些产品买方在国内可能无法买到，或者能买到但质量达不到企业的要求，而通过海外购买原材料等资源使得买方的购买范围和标准都得到提高，因而增强了公司产品的竞争力。对于新兴企业，国际采购使启动资本大大降低，远远低于投资建厂的资本。

3. 增加产品的附加值

提高商品竞争力的一个有效途径就是增加产品的附加值。可以通过设计、质量、耐用程度、效率、技术和扩展使用范围来实现，而国际采购来的原材料或产成品恰恰能实现增加产品附加值的目的。

4. 降低风险

国际采购可以更广泛地选择供应商的产品而不必承担运输的费用和风险，所有的研发费用和相关的资本投资风险都由出口商承担。有时这些活动也可由买卖双方共同合作，卖方承担投资风险。买方通过降低风险，可以减少开发方面的投资，从而进一步获得较多的利润空间。这样，买方可以根据市场调查结果和顾客的需要，把精力集中在产品规格和质量上。那么，开发具有较强竞争力产品的任务就转交给世界供应商市场了。这种从国外引进资源的战略使得买方无时无刻不在评估供应商，然后选择最合适的供应商，它使得供应商要随时根据需要的变化而变化。由于海外供应市场的存在，即使购买成为可能，买方也不必在产品开发和生产方面占用大量时间。

5. 完善企业的发展战略

成功的企业应拥有自身的战略计划和战略重点，网络信息资源共享使得买方在产品开发上始终保持领先，于是便可以综合考虑定价、运输、组装和分配地点。越来越多的商家选择在第三国家组装产品，这使得产品更有竞争力，可以通过自由贸易港和配送港来实现。例如，鹿特丹就采用这种方式，大量进口货物，而后通过互联网，根据顾客的需要分配给欧盟各个单一市场。

6. 增强企业能力

通过国际采购可以增强企业的灵活性、适应性和对市场机会的反应能力，这些是商业战略中最重要的因素。国际企业家必须采取全面积极的而不仅仅是消极应对反应的策略。因此，通过选择供应商，企业可以时刻适应时代潮流的变化，并相应地对产品范围进行修正。与供应商不同的是，买方不必承担开发费用。

7. 与国际物流共同发展

物流是在国际市场化的驱动下进行的，运输频率的增加，缩短了供应链，缩短了资本和货物在运输中滞留的时间，成本的降低使买方更受益，因而使国际采购更具吸引力。海运集装箱的运输网络的发展带动了国际采购的发展，随着集装箱种类的增多及船运网络系统能力的提高，国际采购将成为一种趋势继续向前发展。

8. 扩大商业范围

随着高科技信息技术的发展，发达国家许多商业活动都被转移到劳动力价格低廉、人力资源丰富的发展中国家。信息网络技术为这些国际采购活动提供了无限的机会，并在相关领域附有卫生检查记录、财务、预定、销售和统计数据。

（三）国际采购的规定内容

从事国际采购活动必须熟悉进口规定。这些规定纷繁复杂，并且随时都在变化。海外贸易规则和国内、国际标准的现行理论内容广泛，其主要内容如下。

（1）根据国际商会规定的《2000 年国际贸易术语解释通则》和《跟单信用社统一惯例》（第 600 号出版物），建立并维护商业资信。

（2）通过政府控制进口规则来规范和控制贸易往来。

（3）杜绝欺诈行为，尤其是洗钱和挪用资金，这里包括世界贸易组织规定的装船前货物检查。

（4）采用世界贸易组织通过的统一标准和规定。

（5）许多进口商依照进口规定，进口前测试产品的安全性能、污染状况、放射物和质量，而后颁发一个符合国家标准的质量合格证，这是为了保证国家标准的有效性。尤其在日本和美国，工业货物都要经过这种测试。

（6）降低植物和家畜疾病的危险系数，保证健康和卫生标准，进口产品必须定时发检疫证，包括家畜、植物和食品。

（7）外汇管制通常由代表政府的中央银行来规定，通过这一管制来稳定本国货物流通。不能用美元进行可兑换货币流通和贸易欠发达的国家可以使用这一办法。

二、国际采购的流程

企业在进行国际采购时，通常遵循一定的步骤。尽管各公司进行国际采购时，执行的流程顺序有可能会有所差异，但是要想成功地进行国际采购，这些步骤都是必须完成的。

国际采购的流程如图 7-1 所示。

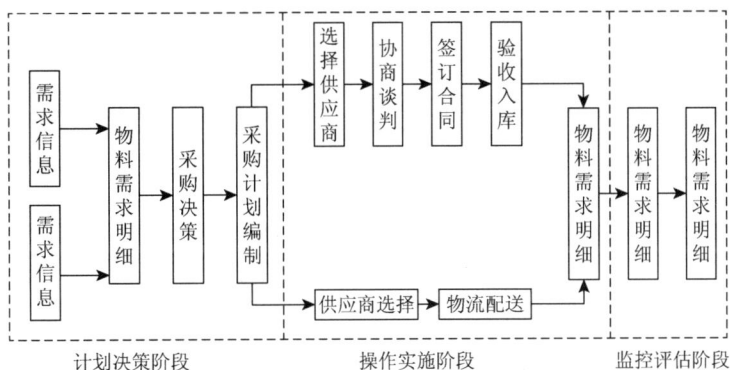

图 7-1　国际采购流程

1. 选择进行国际采购的物品

首先要明确国际采购的动机和国际采购哪些成品或半成品或配件或原材料,国外购买的最初目标可以影响到整个国际采购过程的成功与否。几乎所有能在当地采购到的产品都通过国际采购来获得,尤其是基本的日用品。公司应该选择质量好、成本低、便于装运且无风险的商品进行国外采购。

2. 获取有关国际采购的信息

在确定需要进行国际采购的物品之后,接下来公司就要收集和评价潜在供应商的信息或者识别能够承担该任务的中介。如果公司缺乏国际采购的经验,与外界联系较为有限或获得的信息有限,那么获取有关国际采购的信息对这些公司而言可能就比较困难。获取采购信息可以参考国际工业厂商名录作为公司在确定潜在供应商或中间商的最初途径,工业厂商名录随着互联网的发展而迅速增加,它是产业供应商或者区域供应商信息的一个主要来源。数以千计的企业名录可以帮助公司识别潜在的供应商。

3. 评价供应商

无论是买方公司还是外国代理机构进行国际采购,公司评价国外供应商的标准都应该在评价国内供应商的标准上完善或建立一个相对独立的供应商评判体系。

4. 签订合同

确定了合格的供应商之后,买方就要征求供应商的建议书。如果国外供应商能够满足买方的评价标准,那么买方就可以与供应商磋商合同条款了。无论与哪个供应商合作,买方都要在合同的整个有效期内对供应商进行持续的绩效考察。

5. 确定物流配送方案

在采购品和供应商都确定之后,就要安排货物的运输。由于国际运输的距离和复杂性,运输在采购中所占时间和费用都远高于国内采购。因此,必须选择合理的运输方式,制定经济有效的运输方案,将采购品运送到指定地点,满足生产和经营的需要。

6. 评估并调整采购方案

在一个采购活动阶段性结束之后,都要对供应商配合程度、物流配送、产品质量、售后服务等进行综合评估,并适当调整采购方案,为公司谋取最大福利,同时要对评估结果建立档案,作为下次供应商选择的参考。

第二节 国际货物的运输与保险

一、国际货物的运输

国际采购中的运输是采购业务的重要组成部分。国际运输和制造工序一样能够增加产品的用途和价值。运费是国际采购货物抵岸总费用的一个重要的组成部分,如果国际采购的货物要取得预期的效益,买方必须将其运输费用降至最低水平。除商品本身的因素外,其他影响国际运输费用的两个主要因素是运输的距离和运输方式。一般来说,货物供应地的距离越远,运输费用越大,而决定运费的关键在于运输方式的选择。

国际货物运输方式包括海洋运输、铁路运输、航空运输、公路运输、内河运输、邮包运输、管道运输以及由各种运输方式组合而成的多式联运。

(一)单一运输方式

海洋运输是最重要的一种国际运输方式,据统计,国际贸易货物运输数量的 80%～90%是通过海上运输实现的。因为海洋运输本身具有以下特点。

(1)运输量大。一般万吨级海轮的载重量相当于 250～300 个车皮的载重量。在科学技术日益发展的今天,海洋运输的运输能力不断增强。海洋运输在运输散装货物、油轮货物和液化气方面占有明显优势。

(2)运费低廉。海洋运输可以利用天然航道,通过能力大,运行航程远,分摊到每货运吨上的成本就会比较低。

(3)适应性强。海洋运输不像公路或铁路那样受道路或轨道的限制,而且船舶的容量大，用途多，对多种货物（包括超长、超重的货物）都有较强的适应性。当然海洋运输也存在航行速度慢、运输时间长、易受气候和自然条件影响等缺点，甚至平均每年有 200～300 艘各国货轮遭受损失。但是比较起来，在各种运输方式中海洋运输仍然使用最为广泛。

国际采购的海上运输经营方式主要有班轮运输和租船运输两大类，前者又称为定期船运输，后者称为不定期船运输。

班轮运输是指船舶在固定的航线上和港口间按事先公布的船期表航行，以从事客、货运输业务并按事先公布的费率收取运费。

班轮运输有利于一般杂货和小额贸易货物运输。在国际采购中，除大宗商品利用租船运输外，零星成交、批次多、到港分散的货物，只要班轮有航班和舱位，无论数量多少，也无论直达还是转船，班轮公司一般均愿意接受承运。

班轮运输有利于国际采购的发展。由于班轮运输具有"四定"——固定航线、固定港口、固定租期和固定费率的特点，为买卖双方洽谈运输条件提供了必要依据，使买卖双方可能事先根据班轮船期表，商定交货期和装运期以及装运港口，并可以根据班轮费率表事先核算运费和附加费用。这些都为双方洽谈贸易提供了便利。

班轮运输可以提供较好的运输质量。为了保证船期，提高竞争力，吸引货载，班轮船舶一般设备较全、质量较高。此外，在班轮停靠的港口，一般都有自己的专用码头、仓库和装卸设备，并有一套专门的管理制度，所以货运质量比较有保证。

班轮运输方便货方，手续简便。班轮承运人一般均采取码头仓库交接货物，而且负责办理货物的装卸作业和全部费用。通常班轮承运人还负责货物的转口工作，并定期公布船期表，这就为货方提供了极大方便。

租船运输又称不定期船运输。它与定期船运输不同，船舶没有预定的船期表、航线、港口，船舶按租船人和船东双方签订的租船合同规定的条款行事。在租船的条件下，船舶的所有权没有转移，只有使用权的转移，所以租船也是一种无形贸易。

租船一般都是通过租船市场，租船市场是船租双方集中进行交易的场所，双方都可以根据自己的需要选择洽租，取得有利的经济效果，满足不同的需要，为开展国际采购提供便利。

租船一般都是整船，国际间的大宗货物主要是用租船运输，由于运量大，单位运输成本较低。

租船运价是竞争价格，而班轮运价是垄断价格，是由班轮公司单方面制定的，所以租船运价一般比班轮运价低，有利于低值大宗货不知所措的运输。

一旦贸易增加，船位不足，而造船、买船又赶不上需要，租船运输即可起到弥补需要的作用。另外，如果一时舱位有余，为避免停船损失，可借租船揽货或转租。

铁路运输是仅次于海洋运输的主要运输方式。铁路运输速度快，运量大，具有高度的连续性。它不大受气候和自然条件的影响，几乎全年均可正常运行，而且办理铁路货运手续比海洋运输简便得多。

随着航空工业技术的迅速发展，航空运输在国际货物运输中的地位越来越重要。航空运输安全迅速、交货及时、损失率低、节省包装、保险和储存费用低的特点更使其得到快速的发展。尤其是运送易腐、鲜活、精密、贵重和急救物资，飞机比其他运载工具更有优势。

总之，在实际采购时，可以根据实际情况来选择合适的运输方式。

（二）国际多式联运

20 世纪 60 年代末，多式联运首先在美国出现，经试办取得显著效果，受到贸易界的欢迎，之后美洲、欧洲及非洲部分地区很快采用。实践证明，它不仅是实现门到门运输的有效方式，还是符合客观经济规律、能取得较好经济效益的一种运输方式。

1. 国际多式联运的概念

根据 1980 年《联合国国际货物多式联运公约》的定义，国际多式联运是指按照多式联运合同，以至少两种不同的运输方式，由多式联运经营人将货物从一国境内接管货物的地点运至另一国境内指定地点交货的货物运输。

根据这一定义可以发现多式联运具备如下条件。

（1）要有一个多式联运合同，明确规定多式联运经营人和托运人之间的权利、义务、责任、豁免的合同关系和多式联运的性质。

（2）必须使用一份全程多式联运单证，即证明多式联运合同以及证明多式联运经营人已接管货物并负责按照合同条款交付货物所签发的单据。

（3）必须是两种不同运输方式的连贯运输。这是确定一票货运是否属于多式联运的重要特征。

（4）必须是国际间的货物运输，这是区别于国内运输及是否适合国际法规的限制条件。

（5）必须是由一个多式联运经营人对全程的运输负总的责任。这是多式联运的一个重要特征，由多式联运经营人去寻找分承运人实现分段的运输。

（6）必须是全程单一的运费费率。多式联运经营人在对货主负全程运输责任的基础上，制定一个货物发运地至目的地全程单一费率并以包干形式一次向货主收取。

2. 国际多式联运经营人

1）国际多式联运经营人的定义

1980 年，《联合国国际多式联运公约》第 12 条规定：多式联运经营人（multimodal transport operator，MTO）是指本人或通过其代表订立多式联运合同的任何人，他是事主，而不是发货人的代理人或代表或参加多式联运的承运人的代理人或代表，并且负有履行合同的责任。从这一定义中，不难发现国际多式联运经营人具有如下基本特征。

（1）国际多式联运经营人是多式联运合同的当事人。它既对全程运输享有承运人的权利，也负有履行多式运输合同的义务，并对责任其间所发生的货物的灭失、损害或迟交付承担责任。

（2）国际多式联运经营人的职能在于负责完成多式运输合同或组织完成多式运输合同。既可以拥有运输工具从事一个或几个区段的实际运输，也可以不拥有任何运输工具，仅负责全程运输组织工作。当经营人以拥有的运输工具从事某一区段运输时，它既是契约承运人，又是该区段的实际承运人。

（3）国际多式联运经营人对实际承运人而言是货物运输的委托人。具有双重身份，既以契约承运人的身份与货主签订国际多式联运合同，又以货主的身份与负责实际运输的各区段运输的承运人签订分运运输合同。因此，可视其为"中间人"。

（4）国际多式联运经营人既可以拥有运输工具，也可以不拥有运输工具。

2）国际多式联运经营人的类型

根据是否拥有运输船舶，国际多式联运经营人可以分成以船舶运输为主的国际多式联运经营人和无船国际多式联运经营人两大类。

（1）以船舶运输为主的国际多式联运经营人。这类国际多式联运经营人在利用自己拥有的船舶提供港到港服务的同时，将他们的服务扩展到包括陆上运输甚至空运在内的门到门服务。在一般情况下，他们可能不拥有也不从事公路、铁路、航空货物运输，而是通过与相关承运人订立分合同来安排相关的运输。此外，他们也可能不拥有也不从事场站设施，而是与相关场站经营人订立装卸与仓储合同来安排相关的装卸与仓储服务。

（2）根据是否拥有运输工具和场所设施，无船国际多式联运经营人可分成如下类型。

①承运人型。不拥有运输船舶，但拥有汽车、火车和飞机等运输工具。这类国际多式联运经营人既是契约承运人，又是某个或几个区段的实际承运人。

②场站经营人型。拥有货运站、堆场、仓库等场站设施。他与货主订立国际多式联运合同后，除了利用自己拥有的场站设施完成装卸、仓储服务外，还需要与相关的各种运输方式的承运人订立分合同，由这些承运人来完成货物运输。

③代理人型。不拥有任何运输工具和场站设施，需要通过与相关的承运人、场站经营人订立分合同履行他与货主订立的国际多式联运合同。

3）国际多式联运经营人的性质和法律地位

（1）国际多式联运经营人以"本人"身份与发货人订立多式联运合同，对全程运输负责，负责组织完成全程运输。

（2）国际多式联运经营人可能以本人身份参加国际多式联运全程运输中的某一个或一个以上区段的实际运输，作为该区段的实际承运人。

（3）国际多式联运经营人以本人身份与自己不承担运输区段的其他承运人订立分运或分包运输合同，以完成这些区段的运输。

（4）国际多式联运经营人以本人身份与各个衔接点的货运代理人订立委托合同，以完成在该点的衔接和其他服务工作。

（5）以本人身份与多式联运所需要涉及的各方面订立相应的合同和协议，在这些合同、协议中，多式联运经营人均是作为货方出现的。

（6）从货主或其他代表那里接管货物时起即签发多式联运单证，并对接管的货物开始负责。

（7）对运输全过程中所发生的货物灭失或损害，国际多式联运经营人首先对货物受损负责，并应具有足够的赔偿能力。

可以看出，国际多式联运人是国际多式联运的当事人，是一个独立的法律实体，这是国际多式联运经营人的性质。

3. 国际多式联运的业务流程

1）国际多式联运合同的订立

国际多式联运合同的主要内容有：托运人、收货人、多式联运经营人，货物的名称、包装、件数、重量、尺寸等情况，接货的地点和时间，交货的地点和约定的时间，不同运输方式的组成和运输线路，货物交接方式及托、承双方的责任和义务，解决争议的途径和方法等。

2）国际多式联运计划的编制

国际多式联运计划的编制要符合如下要求：①合理性，要求运输线路短、各区段运输工具安全可靠、运输时间能保证、不同运输方式之间良好衔接；②经济性，尽可能节省总成本费用；③不可变性，在计划中充分考虑各种因素，留有必要的余地，除不可抗力外，计划一般不能随意改变。

3）接货装运

按照多式联运合同，在约定的时间、地点，由国际多式联运经营人或其代理人从发货人手中接管货物，并按合同要求装上第一程运输工具发运。

4）国际多式联运单证的签发

国际多式联运经营人接管货物在运费预付情况下收取全程运费后，即签发国际多式联运单据，表明国际多式联运对全程联运负有责任的开始。

5）运输保险

为避免较大的损失，国际多式联运经营人通常向保险公司投保货物责任险和集装箱险，以防范巨额赔偿风险。

6）转关手续

国际多式联运若在全程运输中经由第三国，应由国际多式联运经营人或其代理人负责办理过境转关手续，对"国际集装箱海关公约"缔约国之间，转关手续已经相关简化，通常只提交相应的转关文件，并提交必要的担保和费用，不开箱检查，只作记录，然后放行。

7）全程运输的协调管理

主要对以下流程进行协调管理：①不同运输方式之间的转运，不同运输方式之间的转运衔接是保证运输连续性、及时性的关键；②各运输区段的单证传递；③货物的跟踪。

8）交付货物

货物到达后，由国际多式联运经营人或其代理人将货物交国际多式联运单据指示的收货人或按指示交指定的收货人，即告完成全程运输任务。

二、国际货物运输保险

（一）国际货物运输保险概述

1. 国际货物运输保险的概念

在国际采购中，由于买卖双方涉及不同的国家和政体及不同的经济状况和管理体制，另外，货物运输线路较长，时间较久，经过的地形和气候复杂，变换的运输工具和装卸搬运繁多，货物运输过程中可能遇到各种风险而遭受损失。为了使货物遭受损失后能得到经济上的补偿，由第三者来承担风险责任，这种做法称为保险。

保险是一种损害补偿制度，是由保险人承担风险，集中社会上有同一危险的被保险人的分散资金，组成保险基金，对少数被保险人由于特定灾害或事故造成的损失进行经济补偿。从法律角度看，保险是一种补偿性契约行为，被保险人按契约规定，向保险人交纳保险费，保险人按契约规定的责任范围，对被保险人的损失承担赔偿责任。

现代保险业务种类繁多，但总的来说，大体可分为财产保险、责任保险、保证保险和人身保险四类。财产保险是最主要的一种，它是以财产及其有关利益作为保险对象的。货物运输保险属财产保险类。

国际货物运输保险就是指保险人在收取约定的保险费后，对被保险货物遭受承保责任范围内的风险而受到损失时负赔偿责任。

2. 国际货物运输保险的保障范围

在国际采购中，由于各国地理位置上的原因，以及海运具有运费低、运量大等优点，货物运输的大部分是通过海运方式来完成的。因此，各种不同运输方式的货物保险均以海运货物保险为基础，尽管各种货物保险具体责任有所不同，但保险公司保障的范围基本上是一致的。海上货物运输保险的保障范围包括保障的危险、保障的损失和保障的费用三个方面。

1）保障的危险

保险的危险是指保险公司承担的风险。海运保险业务中，风险主要有两类：一类是海上风险，又称为海难；另一类是外来风险。

海上风险包括自然灾害和海上意外事故。自然灾害指恶劣气候、地震、海啸、洪水等自然现象造成的灾害；意外事故指船舶搁浅、触礁、沉没、互撞、爆炸等意外原因造成的事故或其他类似事故。

外来风险又分为一般外来风险和特殊外来风险。一般外来风险指偷窃、雨淋、短量、沾污、渗漏、破碎、串味、受潮、锈损、钩损等外来原因引起风险所造成的损失；特殊外来风险指战争、罢工、交货不到、拒收等特殊外来原因引起风险所造成的损失。

2）保障的损失

保障的损失是指保险公司承保哪些性质的损失。由于是海上货物运输，因此，保险公司承保的损失属于海损，它是指被保险货物在海运中由于海上风险造成的损坏和灭失。海损按损失的程度分为全部损失和部分损失；按损失的性质分为实际全损、推定全损、共同海损和单独海损。

3）保障的费用

保障的费用是指保险公司承保的费用。被保险货物遭遇保险责任范围内的事故，除会使货物本身受到损毁导致经济损失外，还会产生费用方面的损失，如施救费用、救助费用等，保险公司也给予赔偿。

（二）我国海运货物保险险别及其条款

为了适应我国对外经济贸易不断发展的需要,中国人民保险公司根据我国保险工作的实际情况,并参照国际保险市场的习惯做法,自1956年起陆续制定了各种涉外保险业务条款,总称为《中国保险条款》,货物运输保险是它的重要组成部分。

货物运输保险条款包括海洋、陆上、航空及邮包四种运输方式的货物保险条款,以及可以适用于以上各种运输方式货物保险的附加险条款。

我国海洋运输货物的保险险别,按照能否单独投保来划分,有基本险与附加险两类。基本险所承保的主要是自然灾害和意外事故所造成的货物损失或费用;附加险所承保的是其他外来风险所造成的损失或费用。

1. 基本险

基本险也称为主险。同国际保险的习惯一样,我国海运货物保险的基本险分为平安险、水渍险和一切险三种。

1)责任范围

平安险的含义是单独海损不赔。它的承保责任范围如下。

第一,被保险货物在运输途中由于恶劣气候、雷电、海啸、地震、洪水等自然灾害造成整批货物的全部损失或推定损失。

第二,由于运输工具遭受搁浅、触礁、沉没、互撞、与流冰或其他物体碰撞以及失火、爆炸等意外事故造成货物的全部或部分损失。

第三,在运输工具已经发生搁浅、触礁、沉没、焚毁意外事故的情况下,货主在此前后又在海上遭受恶劣气候、雷电、海啸等自然灾害所造成的部分损失。

第四,在装卸或转运时由于一件或数件货物整件落海造成的全部或部分损失。

第五,被保险人对遭受承保责任内危险的货物采取抢救、防止或减少货损的措施而支付的合理费用,但以不超过该批货物的保险金额为限。

第六,运输工具遭遇海难后,在避免港由于卸货所引起的损失以及在中途港、避难港由于卸货、存仓和运送货物所产生的特别费用。

第七,共同海损的牺牲、分摊和施救费用专用。

第八,运输契约订有"船舶互撞责任"条款,根据该条款规定应由货方偿还船方的损失。

由于平安险的承保责任范围不广,一般多适用于大宗、低值粗糙的无包装货物,如废钢铁、木材、矿砂等。

水渍险的含义是负单独海损责任。它的承保责任范围如下。

第一,平安险所承保的全部责任。

第二,被保险货物在运输途中,由于恶劣气候、雷电、海啸、地震、洪水等自然灾害所造成的部分损失。

水渍险虽对单独海损负责,但对锈损、碰损、破碎以及散装货物的部分损失不负责,因此,一些不易损坏或虽易生锈但不影响使用的货物或旧货物以及散装的原料如大五金板、钢管、线材、旧汽车或旧机械、旧机床、散装化肥以及化工原料和散装的金属原料等，常投保这个险别。

一切险的责任范围除包括平安险和水渍险的责任外，还包括被保险货物在运输途中一般外来原因所造成的全部或部分损失。具体来说，一切险是平安险、水渍险和一般附加险的总和。一切险的承保责任范围是三种基本险中最广泛的一种，因此适用于价值较高、可能遭受损失因素较多的货物投保。

2）除外责任

除外责任是保险人不负赔偿责任的范围，除外责任主要是划清保险人、被保险人、发货人和承运人等有关方面对损失应负的责任，以使保险人的赔偿责任更为明确。

我国《海洋运输货物保险条款》对除外责任的规定主要包括下列各项。

（1）被保险人的故意行为或过失所造成的损失。

（2）属于发货人责任所引起的损失。

（3）在保险责任开始前，被保险货物已存在的品质不良或数量短差所造成的损失。

（4）被保险货物的自然损耗、本质缺陷、特性以及市价跌落、运输延迟所造成的损失或费用。

（5）战争险和罢工险条款规定的责任范围和除外责任。

3）责任起讫

责任起讫亦称保险期间或保险期限，是指保险人承担责任的起讫时限。由于海运货物保险是对特定航程中货物的保险，其保险期限一般没有固定、具体的起讫日期。同国际保险市场的习惯做法一样，我国海运货物基本险的保险期限一般也采取"仓至仓"原则。它的基本内容是保险人对被保险货物所承担的保险责任，从运离保险单所载明的发货人仓库或储存处所时开始生效，在正常运输过程中继续有效。

4）被保险人义务

我国《海洋运输货物保险条款》对被保险人应承担的义务主要作以下规定。

（1）当被保险货物运抵目的地后，被保险人应及时提货。

（2）对遭受损失的货物，被保险人应采取合理抢救措施，以减少损失。

（3）如遇航程变更或发现保险单所载明的货物、船名或航程有遗漏或错误，被保险人应在获悉后立即通知保险人。

（4）在向保险人索赔时，应提供下列单证：保险单正本、提单、发票、装箱单、磅码单、货损货差证明、检验报告及索赔单。

如被保险人未履行以上义务，保险人有权拒绝赔偿有关损失。

2. 附加险

附加险是基本险的扩大和补充，因而不能单独投保，只能在投保了基本险中的一种之后才能加保。为了易于区分，并从保险经营中对风险管理的需要出发，我国保险业习惯将附加险分为一般附加险、特别附加险和特殊附加险三类。

一般附加险包括：偷窃险、提货不着险、淡水雨淋险、短量险、混杂沾污险、渗漏险、碰损破碎险、串味险、受潮受热险、钩损险、包装破裂险和锈损险等 11 种险别。

特别附加险和特殊附加险是指一般附加险别之外的不属于一切险承保范围内的附加险别。特别附加险主要有下列险别：交货不着险、进口关税险、舱面险、拒收险、黄曲霉素险、进口货物到香港或澳门存仓火险责任扩展条款。特殊附加险包括战争险、战争险的附加费用险及罢工险。

（三）其他运输方式的货物保险

货物通过陆上、航空和邮包运输数量不断增加，特别是通过国际多式联运的货物数量与日俱增，在整个国际采购货物运输量中的比例也明显上升。因此，陆上、航空、邮包及多式联运货物保险业务均脱离海上运输保险，成为各自独立的保险条款。

1. 陆运货物保险

中国人民保险公司《陆上运输货物保险条款》规定，陆上运输货物保险的基本险别分为陆运险和陆运一切险两种。此外，还有适用于陆运冷藏货物的专门保险（陆上运输冷藏货物险）和附加险（陆上运输货物战争险）。

1）陆运险和陆运一切险

陆运险的承保责任范围与海洋运输货物保险条款中的水渍险相似。保险公司负责赔偿保险货物在运输途中遭受暴雨、雷电、洪水、地震等自然灾害，或由于运输工具遭受碰撞、倾覆、出轨，或在驳运过程中因驳运工具遭受搁浅、触礁、沉没、碰撞，或由于遭受隧道坍塌、崖崩或失火、爆炸等意外事故所造成的全部或部分损失。此外，被保险人对遭受承保责任内的危险货物采取抢救、防止或减少货损的措施而支付的合理费用，保险公司也负责赔偿，但以不超过该批被救货物的保险金额为限。

陆运一切险的承保责任范围与海上运输货物保险条款中的一切险相似。保险公司除承担上述陆运险的赔偿责任外，还负责被保险货物在运输途中外来原因所造成的全部或部分损失。

陆运险和陆运一切险的除外责任与海洋运输货物险的除外责任基本相同。陆上运输货物险的责任起讫也采用"仓至仓"责任条款。

2）陆上运输货物战争险

陆上运输货物战争险是陆上运输货物险的一种特殊附加险，只有在投保了陆运险或陆运一切险的基础上经过投保人与保险公司协商方可加保。这种陆运战争险，国外私营保险公司大都是不保的，中国人民保险公司为适应外贸业务需要，接收加保，但目前仅限于火车运输，若使用汽车运输则不能加保。

加保陆上运输货物战争险后，保险公司负责赔偿在火车运输途中战争、类似战争行为和敌对行为、武装冲突所致的损失，以及各种常规武器（包括地雷、炸弹）所致的损失。但是，敌对行为使用原子或热核武器所致的损失和费用，以及由于执政者、当权者或其他武装集团的扣押、拘留引起的承保运程的丧失和挫折而造成的损失除外。

2. 空运货物保险

根据中国人民保险公司 1981 年修订的《航空运输货物保险条款》的规定，航空保险的基本险别分为航空运输险和航空运输一切险两种。此外，还有一种附加险——航空运输货物战争险。

1）航空运输险和航空运输一切险

航空运输险的承保责任范围与海洋运输货物保险条款中的水渍险大致相同。保险公司负责赔偿被保险货物在运输途中遭受雷电、火灾、爆炸或由于飞机遭受恶劣气候或其他危难事故而被抛弃，或由于飞机遭受碰撞、倾覆、坠落或失踪等自然灾害和意外事故所造成的全部或部分损失。

航空运输一切险的承保责任范围除包括上述航空运输险的全部责任外，保险公司还负责赔偿被保险货物被偷窃、短少等外来原因所造成的全部或部分损失。

航空运输险和航空运输一切险的除外责任与海洋运输货物险的除外责任基本相同。航空运输货物险的两种基本险的保险责任也采用"仓至仓"条款，但与海洋运输险的"仓至仓"责任条款不同的是，若货物运达保险单所载明目的地而未运抵保险单所载明的收货人仓库或储存处所，则以被保险货物在最后卸载地卸离飞机后满 30 天为止。若在上述 30 天内被保险货物需转送到非保险单所载明的目的地，则以该项货物开始转运时终止。

2）航空运输货物战争险

航空运输货物战争险是航空运输货物险的一种附加险，只有在投保了航空运输险或航空运输一切险的基础上，经过投保人与保险公司协商方可加保。加保时需另加付保险费。加保航空运输货物战争险后，保险公司承担赔偿航空运输途中战争、类似战争行为、敌对行为或武装冲突以及各种常规武器和炸弹所造成的货物的损失，但不包括使用原子或热核制造的武器所造成的损失。

第三节　国际采购的结算

一、结算工具

票据有广义和狭义之分。广义上的票据包括各种有价证券和商业凭证，如股票、国库券、发票、提单等。狭义上的票据是指以支付金钱为目的的特种证券。若约定由出票人本人付款，则是本票；若由另一个付款，则是汇票或支票。本节研究的票据是狭义的票据，也称为支付工具，即汇票、本票、支票。

票据能为当事人提供一定的方便或好处。票据的经济作用主要表现在以下三方面。

（1）结算作用。国际结算的基本方法是非现金结算。在非现金结算条件下，必须使用一定的支付工具，用以结算清国际上的债权债务。票据就是一种支付工具，例如，债务人向银行购买一张银行汇票，寄给债权人，由债权人持该汇票向当地银行兑取一定金额票款，从而结清双方间的债权债务。

（2）信用作用。在商业交易中，交易的一方有时会要求对方提供信用，以利于资金的周转。汇票和本票都具有信用作用，支票则不具有信用功能，因为支票都是见票即付的。

（3）流通作用。票据经过背书可以转让给他人，形成一种流通工具，节约了现金的使用，扩大了流通手段。

票据虽然可以代替现金流通，但票据本身并不是货币。票据与货币的主要区别在于：票据所依靠的是出票人、承兑人或背书人的私人信用，它不具有法定货币的强制流通效力。

（一）汇票

汇票是票据法中最重要的一种票据，由于它最能反映票据的性质、特征和规律，最能集中体现票据所具有的信用、支付和融资等各种经济功能，因而它是票据的典型代表。

1. 汇票的定义与内容

《英国票据法》关于汇票的定义是：汇票是一人（出票人）向另一人（付款人）签发的，要求付款人即期或定期或在可以确定的将来时间，对特定人或其指定的人或持票人无条件支付一定金额的书面命令。汇票票样如图7-2所示。

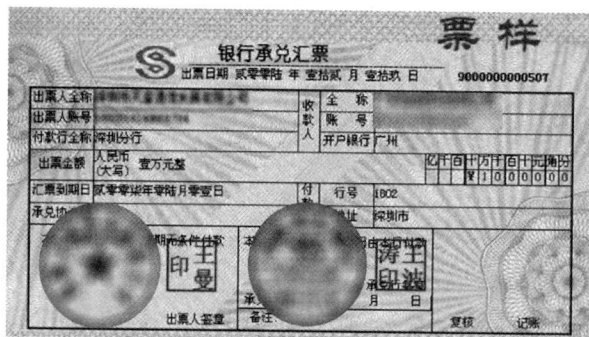

图 7-2　汇票票样（图片来源于网络）

1）汇票的当事人

汇票有以下3个基本当事人。

出票人：签发汇票的人。

受票人：就是汇票中指定履行付款义务的人，因此又称付款人。

受款人或收款人：就是收取汇票金额的人。

2）汇票的基本内容

（1）写明"汇票"字样。

（2）无条件支付命令。

（3）付款人，即受票人。

（4）出票人签字。

（5）出票日期和地点。

（6）付款地点。

（7）付款期限。

（8）汇票金额。

（9）收款人。

除上述必要项目外，还可以记载一些其他项目，如利息与利率、"付一不付二"或"付二不付一"、禁止转让、汇票编号等。

2. 汇票的种类

汇票从不同角度可分为以下几种。

1）银行汇票和商业汇票

汇票按出票人的不同分为银行汇票和商业汇票。由银行签发的汇票为银行汇票，银行汇票的出票人和付款人都是银行；由工商企业开出的汇票为商业汇票，商业汇票的付款人可以是工商企业，也可以是银行。

2）即期汇票和远期汇票

汇票上规定见票后立即付款的称为即期汇票；汇票上规定付款人于一个指定的日期或在将来一个可确定的日期付款的称为远期汇票，将来一个可确定日期的确定办法主要有三种。

（1）付款人见票后若干天付款，如见票后30天、60天等。

（2）出票日后若干天后付款。

（3）提单签发日后若干天付款。

3）光票和跟单汇票

汇票按流转时是否附有货运单据，分为光票和跟单汇票。光票是不附带货运单据的汇票，光票的流通完全依靠人的信用，即依靠出票人、付款人或背书人的资信，当事人信用较好的汇票易于在市场上流通，银行汇票多是光票。附有提单等货运单据的为跟单汇票，国际采购中的货款结算，绝大多数使用跟单汇票。

4）商业承兑汇票和银行承兑汇票

商业承兑汇票是由企业或个人承兑的远期汇票，它是建立在商业信用基础上的。银行承兑汇票是由银行承兑的远期汇票，它是建立在银行信用基础上的。

5）国内汇票和国外汇票

按流通地域不同，可以分为国内汇票和国外汇票。国内汇票的出票地和付款地同在一国境内，汇票的流通也在国内。国外汇票的出票地和付款地是一方在国外或双方均在国外，汇票的流通涉及两国以上。

3. 汇票的使用

汇票的使用要经过出票、背书、提示、贴现和付款等手续。

1）出票

出票是指出票人签发票据并将其交付给收款人的票据行为。在出票时，对收款人通常有三种写法。

限制性抬头：如"仅付×××公司"或"付给×××公司，不准转让"，这种抬头的汇票不能转让。

指示式抬头：如"付×××公司或其他指定人"，这种抬头的汇票可经背书转让。

持票人或来人抬头：如"付给来人"或"付给持票人"，这种抬头的汇票无需由持票人背书即可转让。

2）背书

收款人一栏为指示性抬头的汇票必须由持票人作背书才能转让汇票上的收款权利。所谓背书，就是由汇票的受款人或持票人在汇票的背面签上自己的名字，或再加上受让人的名称，并把汇票交给受让人的行为。通过背书，汇票的收款权利就转让给了受让人。通常，汇票可以经过再次背书在市场上继续转让。对受让人来说，所有在他以前的背书人和出票人都是他的"前手"；而对出让人来说，所有在他让与以后的受让人都是他的"后手"。"前手"对"后手"负有担保汇票必然会被承兑或付款的责任。

背书通常有以下三种。

记名背书。又称正式背书，完全背书。作记名背书时，背书人先作被背书人的记载，再签字。

空白背书。空白背书的背书人仅在票据背面签名，而不记载谁是被背书人，因此空白背书又称为无记名背书，略式背书。

限制性背书。背书指定某人的名字。

3）提示

持票人将汇票提交付款人要求承兑或付款的行为，叫做提示。付款人看到汇票叫见票。承兑是指付款人对远期汇票表示承担到期付款责任的行为。办理承兑手续，就是在汇票提示时，汇票付款人在汇票正面写上"承况"字样，注明承兑日期，并由付款人签名后交还持票人。

4）贴现

远期汇票在到期之日，汇票的付款人（即承兑人）才需付款。汇票持有人如果想提前取得票款，可以办理汇票的贴现。所谓贴现，是指银行或贴现公司买进未到期票据，从票面金额中扣除从贴现日至到期日的利息后，将余额付给持票人的一种业务。并不是所有票据都能进行贴现，票据毕竟不是现金，票据只是由签字于其上的债务人担保的债权凭证，接受由信用很差的债务人付款的票据会有很大风险。因此，只有身价较高的汇票才能贴现，汇票身份的高低取决于汇票上签字的债务人的信用。一般地讲，银行承兑汇票的信用优于商业承兑汇票，在金融市场上各方更乐于接受。

5）付款

持票人在规定时效内，在规定地点向付款人作付款提示时，付款人就应当付款。如果持票人按票据的规定行事却不获承兑或不获付款，那么汇票就被拒付了。一旦拒付发生，持票人就可以行使追索权。从当事人的责任而言，汇票付款人之所以履行付款的义务，并不是因为出票人对他开立了汇票，而是因为出票前他与出票人之间存在债务的契约，并约定采用汇票付款的办法。因此，当付款人拒付汇款时，出票人要根据原契约而不是根据拒付的汇票进行交涉。但是，付款人一经在汇票上承兑，他就确认了汇票的主债务人身份，承担起到期付款的责任。

（二）本票与支票

1. 本票

本票是一个人向另一个人签发的，保证于见票时或定期或在可以确定的将来时间，对某人或其指定人或持票人支付一定金额的无条件的书面承诺。由工商企业或个人签发的本票称为商业本票，由银行签发的本票称为银行本票。商业本票有即期和远期之分，银行本票则都是即期的，在国际采购中使用的本票多为银行本票。本票票样如图 7-3 所示。

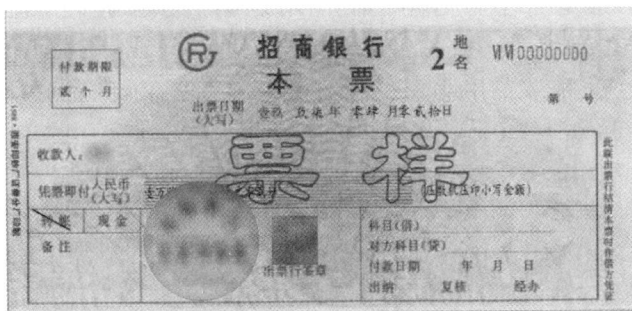

图 7-3　本票票样（图片来源于网络）

2. 支票

以银行为付款人的即期汇票即是支票，出票人在支票上签发一定的金额，要求受票的银行见票后立即支付一定金额给特定人或持票人。出票人在签发支票时应在付款银行存有不低于票面金额的存款，如果存款不足，会遭到银行拒付，这种支票是空头支票，开出空头支票的出票人应负法律责任。支票票样如图 7-4 所示。

图 7-4　支票票样（图片来源于网络）

二、结算方式

目前，在我国进口采购业务中所采用的结算方式主要有汇付、托收和信用证三种。以汇付方式支付货款是顺汇法；以托收和信用证方式收取货款是逆汇法。除了以上三种基本结算方式，还可采用银行保证函、备用信用证以及采用两种或两种以上方式结合的办法进行结算。

（一）非信用证支付方式

1. 汇付

汇付是指进口方将货款交给银行汇给出口方的结算方式。汇付方式又可分为信汇、电汇和票汇三种。

信汇是汇出行应汇款人的申请，将信汇委托书寄给汇入行，授权其向指定收款人解付一定金额的汇付方式。信汇不需发电，所以费用比电汇低廉，但因邮递关系，收款时间较晚。信汇委托书需由汇出行签字，经汇入行核对签字无误，证实信汇真实性后，方能解汇。

电汇是汇出行应付款人的申请，用电汇或电传通知它在国外的分行或代理行，向指定收款人解付一定金额的汇款方式。在电报或电传上，汇出行应加注双方约定的"密押"，以便汇入行核对金额和证实电报的真实性。

票汇是汇出行应汇款人的申请，代汇款人开立以其分行或代理行为解付行的银行即期汇票，支付一定金额给收款人的一种汇款方式。

汇付方式具有如下特点。

（1）风险大。对预付货款的买方及货到付款的卖方来说，一旦付了款或发了货就失去了制约对方的手段，他们能否收货或收款，完全依赖对方的商业信用，如果对方信用不好，很可能钱货两空。

（2）手续简便，费用少。汇付方式手续是最简单的，银行的手续费也最少，只有一笔数额很小的汇款手续费。因此，在交易双方相互信任的情况下，或者在跨国公司的不同子公司之间，用汇付方式是最理想的。

2. 托收

托收是国际结算中常见的一种方式。用于货款结算时，托收是出口人委托银行向进口人收款的一种方法。

托收是由债权人（出口方）签发汇票，委托当地银行通过其在债务人所在地的银行或代理行向债务人（进口方）收取款项的结算方式。

托收方式的基本当事人有4个，即委托人、托收行、代收行和付款人。

委托人是开出汇票（或不开汇票）委托银行向国外付款人收款的出票人，通常就是卖方。

托收行是委托人的代理人，是接受委托人的委托转托国外银行向国外付款人代为收款的银行，通常为出品地银行。

代收行是托收行的代理人，是接受托收行的委托代向付款人收款的银行，通常为进口地银行。

付款人通常就是买卖合同的买方，是汇票的受票人。

按托收项下的汇票是否附有货运单据的标准，一般将托收分为光票托收和跟单托收。

光票托收是指汇票不附带货运单据的托收。由于不涉及货权的转移或货物的处理，光票托收的业务处理非常简单。它主要适用于向进口方收取货款差额、贸易从属费用等。

跟单托收指汇票附有货运单据的长收。国际货物采购结算中使用的托收一般都是跟单托收。在跟单托收业务中，单据的移交条件有付款交单和承兑交单两种。付款交单指卖方的交单以买方的付款为条件，承兑交单指卖方的交单以买方承兑汇票为条件。

（二）信用证支付方式

信用证是资本主义信用危机的产物，是随着资本主义生产方式的建立以及商业经济的增长和国际采购的发展，在银行参与国际采购结算时，从仅提供服务逐步演变到既提供服务又提供信用和资金融通的过程中产生的。目前，用信用证方式收付货款已成为国际采购中最重要的结算方式。

1. 信用证的主要内容与特点

信用证是指开证银行应申请人的要求并按其指示向第三方开立的载有一定金额的、在一定的期限内凭符合规定的单据付款的书面保证文件。信用证主要包括以下几个方面的内容。

（1）总的说明。如信用证的编号、开证日期、到期日和到期地点、交单期限等。

（2）信用证的种类。是即期付款、延期付款、承兑，还是议付信用证，以及可否撤销、可否转让、是否经另一银行保兑等。

（3）信用证的当事人。开证人、开证行、受益人、通知行等。

（4）汇票条款。凡使用汇票的信用证，通常规定汇票的出票人、受票人、付款期限、出票条款及出票日期等。凡不需汇票的信用证无此内容。

（5）兑付方式。是即期付款、延期付款、承兑、议付，还是这四种兑付方式中的某一种，应在信用证中载明。

（6）货物条款。包括品名、规格、数量、包装等。

（7）价格条款。单价和总价以及使用的贸易术语。

（8）支付货币和信用证金额。包括币别和总额。

（9）装运与保险条款。如装运港或启运地、卸货港或目的地、装运期限、可否分批装运、可否转运等。所需投保的金额和险别以及适用的保险金额等。

（10）单据条款。通常要求提交商业发票、运输单据和保险单据，此外还有装箱单、产地证、检验证书等。

（11）特殊条款。视具体交易的需要各异。

2. 信用证的种类

信用证的种类很多，从其性质、用途、期限、流通方式等不同角度，可分为以下几种。

1）跟单信用证和光票信用证

这是以信用证项下的票据是否随附货运单据划分的。

跟单信用证是指开证行凭跟单汇票或仅凭单据付款的信用证。此处的单据指代表货物所有权的单据（如海运提单等），或证明货物已交运的单据（如铁路运单、航空运单等）。

光票信用证是指开证行凭不随之附货运单据的汇票付款的信用证。银行凭光票信用证付款，也可要求受益人附交一些非货运单据，如发票、垫款清单等。

在国际采购业务的货款结算中，绝大部分使用跟单信用证。

2）不可撤销信用证和可撤销信用证

这是以开证行付款保证的责任划分的。

不可撤销信用证是指开证行一经开出，在有效期内未经受益人或议付行等有关当事人同意，不得随意修改或撤销的信用证，只要受益人按该证规定提供有关单据，开证行就必须保证付清货款。凡使用这种信用证，必须在该证上注明"不可撤销"的字样，并载有开证行保证付款的文句。

可撤销信用证与不可撤销信用证相反，它是指开证行对其所开出的、在有效期内可以不经过受益人和其他当事人同意，也可在不必事先通知受益人的情况下，有权随时做出修改或撤销的信用证。

3）保兑信用证和不保兑信用证

这是从信用证是否加以保证兑付货款的角度划分的。

保兑信用证是指由另一家银行即保兑行（通常是保兑行，也可是其他第三者银行）对开证行开立的，不可撤销信用证加负保证兑付责任的信用证。

不保兑信用证是指未经另一家银行加以保兑的信用证。

4）即期信用证和远期信用证

这是根据付款期限的不同划分的。

即期信用证是指开证行或议付行根据信用证的规定，收到符合信用证条款的即期跟单汇票或货运单据后，立即履行付款义务的信用证。

远期信用证是指开证行或其指定付款行收到受益人开来的远期汇票或单据后，并不立即付款，而是先行承兑，俟汇票到期日再行付款的信用证。

5）付款信用证、承兑信用证和议付信用证

这是根据信用证兑现方式的不同来划分的。

付款信用证是指指定一银行付款的信用证，如上述即期付款信用证和延期付款信用证。

承兑信用证是指指定某一银行承兑远期汇票，于该汇票到期日再行付款的信用证，如上述银行承兑远期信用证。

议付信用证是指开证行在信用证中允许受益人向受邀或授权的指定银行或不以付款行身份出现的其他银行交单议付的信用证。

6）可转让信用证与不可转让信用证

可转让信用证指信用证的受益人可以要求授权付款、承担延期付款责任，承兑或议付的银行，或当信用证是自由议付时，可以要求信用证中特别授权的转让银行，将信用证全部或部分转让给一个或数个受益人使用的信用证。

不可转让信用证指受益人不能将信用证的权利转让给他人的信用证。凡信用证中未注明"可转让"，即是不可转让信用证。

除以上分类外，信用证还包括循环信用证、对开信用证、预支信用证、备用信用证等。

3. 信用证的当事人

信用证可能涉及的关系人很多，其中开证申请人、开证银行和受益人是最基本的三个当事人。如果开证银行为其本身业务需要而开立的信用证，不存在开证申请人，其基本的当事人就只有开证银行和受益人两个，因此有人把这种信用证称为双名信用证。除基本当事人以外，信用证通常还需要通知行、议付行、付款行、保兑行、偿付行等当事人的配合和协作，才能顺利完成一宗信用证业务。

（1）开证申请人。又称开证人，是指向银行提出申请开立信用证的人，在国际采购结算中，通常是进口人，也就是买卖合同的买方。开证申请人为信用证业务中的发起人。

（2）开证行。开证行是指接受开证人的要求和指示或根据其自身需要，开立信用证的银行，一般是进口地的银行。

（3）受益人。受益人是指信用证所指定的有权使用该证并且享有权益的人。一般即为出口人，也就是买卖合同的卖方。

（4）通知行。通知行是指受开证行的委托，将信用证通知受益人的银行。通知行一般是设立在出口人所在地的开证行的代理行。

（5）议付行。议付行又称押汇银行、购票银行或贴现银行，是根据开证行的授权买入或贴现受益人开立和提交的符合信用证条款规定的汇票及/或单据的银行。

（6）付款行。付款行是开证行指定担任信用证项下付款或充当汇票付款人的银行。由于付款行通常是在信用证业务下汇票的受票人，亦称受票银行。

（7）保兑行。保兑行是指应开证行请求对信用证予以保证兑付的银行。它具有与开证行相同的责任和地位。

（8）偿付行。偿付行又称信用证清算银行，是指受开证行的委托或授权，对有关代付行或议付行清偿垫款的银行。

在信用证业务中，除以上常见的当事人外，在特定情况下，还会出现一些其他的当事人，如转让行、第一受益人、第二受益人、承兑行、局外议付行等。

信用证的转让行是应第一受益人的委托，将可转让信用证转让给信用证的受让人，即第二受益人的银行。

信用证的第一受益人，又称可转让信用证的转让人，是委托转让行转让可转让信用证的原受益人。

信用证的第二受益人，又称可转让信用证的受让人或被转让人，是接受可转让信用证的受益人。

信用证的承兑行是指在汇票正面签字承诺到期付款的银行。在承兑信用证项下，承兑行可以是开证行本身，也可以是信用证所指定的其他银行。

4. 信用证的一般收付程序

（1）开证申请人根据合同填写开证申请书并交纳押金或提供其他保证，请开证行开证。

（2）开证行根据申请书内容，向受益人开出信用证并寄交出口人所在地通知行。

（3）通知行核对印鉴无误后，将信用证交受益人。

（4）受益人审核信用证内容与合同规定相符后，按信用证规定装运货物、备妥单据并开出汇票，在信用证有效期内，送议付行议付。

（5）议付行按信用证条款审核单据无误后，把货款垫付给受益人。

（6）议付行将汇票和货运单据寄开证行或其特定的付款行索偿。

（7）开证行核对单据无误后，付款给议付行。

（8）开证行通知开证人付款赎单。

➢实践

一、实践目的

智胜国际结算模拟系统主要从汇付、托收、信用证三种不同类型的结算方式，逼真地模拟了出口商、进口商、汇入行、汇出行等角色的办事流程。在各种结算方式的操作过程中，系统提供了直观的流程图和具体流程，让学生可以方便地掌握国际结算的流程和操作。通过对智胜国际结算模拟系统的操作，熟悉一些在国际结算中有关信用证、托收和汇款的相关业务，并且能够较好地运用到实践中去。通过实习熟悉国际结算的具体操作，增强感性认识和社会适应能力，进一步巩固、深化已学过的理论知识，提高综合运用所学知识发现问题、解决问题的能力。

二、实践准备

第一，国际结算理论知识回顾，让学生自行复习国际结算的基本理论知识；第二，软件的安装，需要安装智胜国际结算模拟系统；第三，编写实践案例。

三、实践步骤

1. 远期信用证的开立

（1）申请人进入经办角色（开证行）进行开证申请。填写开证申请书，并添加相应的面函及电文→进入复核角色（开证行），对信用证申请书进行复核→进入授权角色（开证行），进行最后的确认，经过授权角色（开证行）的确认开证申请书生效。

（2）选择通知行，通知行在收到代理行的信用证后，核对印鉴、密押，登记信用证的主要内容→打印通知面函，系统在收到境外开来的信用证时，分行押汇中心柜员做录入登记，并产生通知面函→经过相应的复核角色的复核和授权角色的最终确认。

（3）开出信用证后，开证申请人因为金额、货运方式等内容需要变动向开证行提出修改申请→填写信用证修改通知书,添加电文和面函等→经过复核角色的复核和授权角色的最终确定。

（4）通知行在收到信用证修改书后，押汇中心柜员做录入登记，并产生修改通知面函，经过复核角色的复核和授权角色的最终确定，通知受益人。

（5）通知行告知客户信用证修改书，客户可以接受修改，也可以拒绝修改，并作本次交易的登记标识。如果作拒绝标识，可以恢复改证前的信用证内容。

（6）受益人收到通知行后选择是否接受修改信用证，并生成电文发往开证行。

（7）开证行收到通知行的拒绝信用证修改的电文后，登记拒绝内容。

2. 即期信用证的开立

即期信用证的开立和远期信用证的开立在步骤上基本一样，只需根据远期信用证的开立步骤，并根据即期信用证的案例对其进行适当的修改即可。

3. 远期信用证议付

（1）进入议付行，进行出口寄单登记，填写信用证议付/委托收款申请书和信用证议付登记簿，备齐信用证要求的各种单据，并生成相应的面函和电文。经过议付行复核角色的复核和授权角色的最终确认。

（2）回到开证行，在进口来单/来单登记项下对单据进行业务录入，填写相关内容生成面函，并经过开证行复核角色的复核和授权角色的最终确定。

（3）结束来单登记后，开证行需要进行承兑，在进口来单/承兑项下填写相关的内容并生成电文通知议付行，并经开证行复核角色的复核和授权角色的最终确定。

（4）进入议付行进行承兑登记，并经议付行复核角色的复核和授权角色的最终确定。

（5）进入开证行，选择进口来单/付款填写相关的内容并生成电文，并经开证行复核角色的复核和授权角色的最终确定。

（6）进入议付行，选择收汇解付进行业务录入并经议付行复核角色的复核和授权角色的最终确定。远期信用证议付流程结束。

4. 远期托收

（1）进入托收行，进行出口托收登记（业务启动），根据案例内容填写发出到托收登记簿，并经托收行复核角色的复核和授权角色的最终确定。

（2）进入代收行，进行进口代收登记，填写相关内容并生成电文和面函，并经代收行复核角色的复核和授权角色的最终确定。

（3）代收行进行登记之后需要进行承兑操作，并生成电文，经代收行复核角色的复核和授权角色的最终确定。

（4）代收行在进行承兑操作之后要进行付款操作，并生成电文，经代收行复核角色的复核和授权角色的最终确定。

（5）由代收行转入托收行直接进行收汇及解付操作，选择业务录入，填写相关的内容并经托收行复核角色的复核和授权角色的最终确定。

（6）收汇和解付操作之后是承兑登记操作，进行业务录入填写相关的内容并经托收行复核角色的复核和授权角色的最终确定。远期托收流程结束。

5. 汇入行汇出行业务操作

（1）选择汇出行，进行汇出汇款登记，根据案例填写相关内容，生成电文和面函，经汇出行复核角色的复核和授权角色的最终确定。

（2）进入汇入行，选择汇入汇款登记，进行业务录入填写相关内容并生成电文，经汇入行复核角色的复核和授权角色的最终确定。汇入行汇出行业务操作流程结束。

四、注意事项

1. 操作要与理论相结合。
2. 指导学生按步骤操作，不能跳跃。

本 章 小 结

本章从三个方面介绍了国际采购的相关内容。第一，我们知道了国际采购是一种能为企业带来更大价值的采购形式，它的内容和流程区别于一般采购，同时知道了它的基本形式；第二，国际采购涉及不同的国家和地区，所以它的货物运输也更复杂，为了使国际采购运输过程中的风险减少，可以采用保险的方式；第三，国际采购的结算工具主要是汇票、本票与支票，其结算方式有非信用证支付方式和信用证支付方式。

➤复习思考题

一、单选题

1. 多个企业之间的采购联盟行为称为（　　　）
   A. 分散采购　　　　B. 集中采购　　　　C. 联合采购　　　　D. 电子采购

2. 船舶在固定的航线上和港口间按事先公布的船期表航行属于（   ）

    A. 班轮运输   B. 不定期运输   C. 私人运输   D. 联合运输

3. 汇票的基本当事人有出票人、受票人和（   ）

    A. 付款人   B. 收款人   C. 签票人   D. 运输人

二、多选题

1. 国际采购的结算方式包括（   ）

    A. 汇票   B. 本票   C. 支票

    D. 非信用证   E. 信用证

2. 我国海运货物保险的基本险分为（   ）

    A. 平安险   B. 水渍险   C. 一切险

    D. 特殊险   E. 特别险

3. 国际采购的模式包括（   ）

    A. 集中采购   B. 分散采购   C. 联合采购

    D. 询价采购   E. 电子采购

三、简答题

1. 简述国际采购的优势。

2. 简述国际采购的流程。

3. 多式联运应具备哪些条件？

4. 我国海洋运输货物保险条款对除外责任的规定有哪些？

5. 简述信用证的主要内容。

四、案例分析题

A 公司是美国采购商在上海的办事处，主要采购电子产品，如鼠标、音响、U盘、彩盒包装材料等，而 A 公司的供应商主要在广东，原来的做法是让广东的多家供应商分别将货物发到上海，然后 A 公司安排拼箱出口到美国，再由美国采购商将所有的产品做成组合套装供应到商场。

思考题：这样的操作方式存在哪些缺陷？

➤案例思考与解析

出口过程中信用证的问题

我某国际贸易公司对英国乔治公司出口花生仁，总货量为 500 公吨，采用信用证结算，通知行为开证行在出口地的分行。来证规定：分 5 个月装运。3 月 80 公吨，4 月 120 公吨，5 月 140 公吨，6 月 110 公吨，7 月 50 公吨。每月不许分批装运，从中国港口至伦敦。我公司收到信用证后，按信用证规定，于 3 月 15 日在青岛港装运了 80 公吨；于 4 月 20 日在青岛港装运了 120 公吨，均顺利收回了货款。我公司后因货源不足，于 5 月 20 日在青岛港只装了 70 公吨，后经联系烟台某公司再装其不足之数。船方考虑目前仓位空载，同意在烟台港又装了 64 公吨的货物。我公司向银行办理议付时，提交了两套提单：一套于 5 月 20 日在青岛签发，货量为 70 公吨；另一套于 5 月 28 日在烟台签发，货量为 64 吨。单据寄到开证行被认为单证不符，拒收单据。

所列不符点如下：①我信用证规定 5 月应装运 140 公吨，不允许分批装运。你方在 5 月 20 日于青岛港装了 70 公吨；于 5 月 28 日又在烟台港装了 64 公吨，不符合信用证不许分批装运的规定；②我信用证规定 5 月装运 140 公吨，你方只装运了 134 公吨，短装 6 公吨，不符合信用证要求。以上不符点经联系开证申请人（进口方），其不同意接受单据。请告对单据的处理意见。

开证行提出上述意见的同时，我公司也接到乔治公司来电：第××号合同项下的花生仁，你 5 月交货不足，造成实际用户停工待料，损失××美元。你方应赔偿我方的损失，否则我方无法付款。

我公司收电后，对乔治公司的索赔意见提出如下反驳：你××日电收悉。关于所谓短交问题，我们认为 5 月份实交 134 公吨，而信用证规定为 140 公吨，实际数量占规定数量的 96%，只短交了 4%。根据第××合同规定："Seller to have the option of delivering 5% more or less on the contract quantity."（卖方交货数量可以比合同的数量增减 5%），我公司 5 月仅少交 4%，未超过 5%，符合合同规定，请你方按时付款。反驳意见提出后，一个多月仍未得到对方的答复，却又接到开证行来电称：关于第××号信用证项下单据的不符点，多时未见对单据处理意见的答复。我行已再三联系开证申请人，对方仍坚持不接受单据。速告单据处理意见。

我公司对开证行的答复如下：①我方虽在青岛港装了 70 公吨，又在烟台港装了 64 公吨，但它们是装在一条船上，到目的港时收货人可以同时收到两批货，无异于一批装运。对收货人来说，仍然是一次收到 134 公吨，所以不应认为是分批装运。②信用证规定总货量 500 公吨分 5 个月装出。由于船舱容量、包装条件等因素的影响，所以每批货量不能完全按照原数装运，即应有一定的增减幅度，而且合同也规定货量允许有 5%的增减，是否短交以最后能否达到总数量 500 公吨来衡量。综上所述，我们单据不存在单证不符情况，你行应按时接受单据，立即付款。开证行对我公司的答复仍持不同的见解，又提出如下意见：信用证规定不许分批装运，你却分两批装运：于 5 月 20 日在青岛装 70 公吨，又于 5 月 28 日在烟台港装 64 公吨。我行不管你实际货到目的港能否同时在一条船上卸货，分了两次装运就是单证不符。根据国际商会制定的《跟单信用证统一惯例》（以下简称《UCP500》）第 4 条规定："在信用证业务中，各有关当事人所处理的只是单据，而不是单据所涉及的货物、服务或其他行为。"所以我行不管实际货物如何，只管单据与信用证相符。信用证规定不允许分批装运，你分两批在两个港装，就是不符合信用证规定。至于信用证规定 5 月装运 140 公吨，你仅装 134 公吨，短装 6 公吨。即使合同规定允许有 5%的增减，只是买卖双方贸易合同的规定，与我行无关，我行也不受其约束。根据《UCP500》第 3 条规定："就性质而言，信用证与可能作为其依据的销售合同或其他合同，银行与该合同完全无关，且不受其约束。因此，一家银行做出付款、承兑并支付汇票或议付及/或履行信用证项下其他义务的承诺，不受申请人与开证行或与受益人之间在已有关系下产生索偿或抗辩的制约。"你方认为"是否短交应以最后能否达到总数量500公吨来衡量"。但我信用证已明确规定5月必须装140公吨，不许分批装运，则只能以是否达到5月装运140公吨来衡量，不足140公吨就构成短交。

根据以上情况，你方单据仍然是单证不符，开证申请人不同意接受，故无法付款。

思考题：你认为该如何处理此案？你怎样看待这笔交易？

案例解析：根据本案的情况分析，国际贸易公司接受乔治公司赔偿完全是错误的。因为国际贸易公司从装运到单据根本没有任何差错。开证行所提出单证不符完全是子虚乌有。根据《UCP600》规定，信用证是开证行应申请人的要求，以银行自身的名义，在单证相符的条件下凭规定的单据向受益人保证付款，开证行是第一个负责保证付款的责任者，即使申请人倒闭，银行也必须负责赔付全部货款。关于分批装运，《UCP600》第31条B款规定："运输单据表面注明货物系使用同一运输工具并经由同次航程运输的数套运输单据在同一次提交时，只要显示相同目的地，将不视为部分发运，即使运输单据上表明的发运日期不同或装卸港、接管地或发送地点不同。"关于信用证金额和数量的增减幅度，根据《UCP600》第30条B款规定："除非信用证规定货物的指定数量不得有增减，在所支付款项不超过信用证金额的条件下，货物数量准许有5%的增减幅度。但是，当信用证规定数量以包装单位或个数计数时，此项增减幅度则不适用。"

➤教学实践

章	节	任务	形式与方法	课时分配	知识目标	能力目标	素质目标
国际采购	国际采购基础	1. 国际采购认知 2. 国际采购的流程	启发式教学+案例教学+课堂讲授+讨论式 多媒体教学+网络教学+实践教学手段 1. 教师讲解国际采购的定义、国际采购的原因、流程和国际采购的基本模式 2. 学生查阅国际采购平台，并集体讨论各平台的优劣势 3. 教师结合理论知识对学生的讨论进行总结	1	国际采购的定义、国际采购的优势、国际采购的流程、国际采购的基本模式	能够为企业找到合适的国际采购平台，能够识别国际采购的模式	分析学习 沟通协作 团队意识
	国际货物的运输与保险	1. 国际货物运输 2. 国际货物运输保险	案例教学+课堂讲授+启发式+讨论式+探究式 多媒体教学+网络教学+实践教学手段 1. 教师讲解国际货物的运输方式和国际货物的运输保险种类 2. 学生熟悉国际货物运输保险的险种和投保方式 3. 教师总结国际货物运输保险的险种和投保方式	1	国际货物运输与保险	能够把握为国际货物运输选择合理的险种	分析学习 沟通协作 团队意识 客观公正
	国际采购的结算	1. 结算工具 2. 结算方式	案例教学+课堂讲授+启发式+讨论式+探究式 多媒体教学+网络教学+实践教学手段 1. 教师讲解国际采购的结算方式和结算工具 2. 学生熟悉各种结算工具的模板 3. 教师解答各模板中存在的疑问	2	国际采购的结算方式和结算工具	能够熟练运用各种国际结算工具	沟通协作 团队意识 客观公正

➤教学评价

<table>
<tr><td colspan="9" align="center">名称：国际采购</td></tr>
<tr><td rowspan="2">评价类别</td><td rowspan="2">评价项目</td><td rowspan="2">评价标准</td><td rowspan="2">评价依据</td><td colspan="3">评价方式</td><td rowspan="2">权重</td></tr>
<tr><td>学生自评</td><td>同学互评</td><td>教师评价</td></tr>
<tr><td></td><td></td><td></td><td></td><td>0.1</td><td>0.1</td><td>0.8</td><td></td></tr>
<tr><td rowspan="3">过程评价</td><td>学习能力</td><td>学习态度，学习兴趣，学习习惯，沟通表达能力，团队合作精神</td><td>学生考勤，课后作业完成情况，课堂表现，收集和使用资料情况，合作学习情况</td><td></td><td></td><td></td><td>0.2</td></tr>
<tr><td>专业能力</td><td>能够把握为国际货物运输选择合理的险种；能够熟练运用各种国际结算工具</td><td>识别国际采购结算工具的结果，国际运输工具选择的结果</td><td></td><td></td><td></td><td>0.3</td></tr>
<tr><td>其他方面</td><td>探究、创新能力</td><td>积极参与研究性学习，有独到的见解，积极查阅相关国际采购网站，能提出多种解决问题的方法</td><td></td><td></td><td></td><td>0.1</td></tr>
<tr><td rowspan="2">结果评价</td><td colspan="6" align="center">理论考核</td><td>0.2</td></tr>
<tr><td colspan="6" align="center">实操考核</td><td>0.2</td></tr>
</table>

参 考 文 献

安建伟. 2014. 采购部 10 大管理模板与工具. 北京：化学工业出版社.

白晓娟，王静. 2014. 采购运作管理. 北京：机械工业出版社.

丁海军. 2011. 采购学. 北京：经济科学出版社.

付莉萍. 2010. 采购管理实务. 北京：科学出版社.

韩建国. 2013. 采购管理工具大全. 北京：人民邮电出版社.

杭言勇. 2007. 国际采购实务. 大连：大连理工大学出版社.

黄卫平，董丽丽. 2012. 国际商务谈判. 2 版. 北京：机械工业出版社.

霍红，张玉斌. 2009. 采购管理实务. 北京：科学出版社.

鞠颂东，徐杰. 2009. 采购管理. 2 版. 北京：机械工业出版社.

梁世翔. 2014. 采购管理. 北京：高等教育出版社.

刘宝红. 2014. 采购与供应链管理. 2 版. 北京：机械工业出版社.

逯宇铎，王海涛. 2005. 国际采购与管理. 北京：机械工业出版社.

鹿丽宁. 2010. 国际工程项目货物采购. 北京：中国建筑工业出版社.

钱芝网，王晓光. 2013. 采购管理实务. 北京：机械工业出版社.

秦小辉. 2004. 采购管理. 北京：高等教育出版社.

任南. 2013. 商品采购管理一本通. 北京：北京工业大学出版社.

孙佩红，唐磊. 2015. 采购与招标精细化管理全案. 北京：中国工信出版集团，人民邮电出版社.

王槐林. 2012. 采购管理与库存控制. 3 版. 北京：中国物资出版社.

王槐林，刘昌华. 2014. 采购管理与库存控制. 4 版. 北京：中国财富出版社.

王静. 2009. 采购人员岗位培训手册. 北京：人民邮电出版社.

王炬香，温艳，王磊. 2012. 采购管理实务. 北京：电子工业出版社.

王生平，吴丽芳. 2013. 采购经理 365 天超级管理手册. 北京：人民邮电出版社.

王忠宗. 2001. 采购管理手册. 广州：广东经济出版社.

吴汪友. 2013. 采购管理实务. 2 版. 北京：电子工业出版社.

肖书和等. 2015. 采购管理业务规范化操作全案. 北京：机械工业出版社.

谢勤龙，王成，崔伟. 2002. 企业采购业务运作精要. 北京：机械工业出版社.

张浩. 2010. 采购管理与库存控制. 3 版. 北京：北京大学出版社.

张芮，伍蓓. 2008. 采购运作管理. 北京：中国物资出版社.

周浩明，米双红，彭军. 2012. 国际商务纠纷处理技巧. 上海：上海交通大学出版社.

周鸿. 2008. 采购部规范化管理工具箱. 北京：人民邮电出版社.

Cavinato J L，Kauffman R G. 2005. 采购手册. 北京：机械工业出版社.